滄海叢刊

歷史轉捩點上的反思

韋政通 著

1989

東大圖書公司印行

歷史轉捩點上的反思 / 韋政通著 - - 初版 - -
台北市：東大出版：三民總經銷，民78
〔10〕，362面；21公分
ISBN 957-19-0003-6（平裝）
ISBN 957-19-0002-8（精裝）

1. 論叢與雜著—民國67(1978)— I 韋政通著
078/8577

歷史轉捩點上的反思

作　者　韋政通
發行人　劉仲文
出版者　東大圖書股份有限公司
總經銷　三民書局股份有限公司
印刷所　東大圖書股份有限公司
地址／臺北市重慶南路一段六十一號二樓
郵撥／〇一〇七一七五—〇號
初　版　中華民國七十八年七月
編　號　E 83195
基本定價　肆元陸角柒分
行政院新聞局登記證局版臺業字第〇一九七號

ISBN 957-19-0003-6

自序

最近幾年，臺灣正經歷四十年來最激烈的變化：經濟方面面臨產業升級的問題，政治方面正普遍要求由人治轉向法治，社會方面的自力救濟與羣眾運動層出不窮，文化方面正面臨由消費性的大衆文化如何提升其品味和精神境界的問題。

各方面的激烈變化，無疑的，已使臺灣處於歷史的轉捩點上，本書所收集長短不一的文章，都是針對這關鍵性轉變的時刻，所產生的種種問題加以反思，這些問題大抵可凝縮為三部分：

第一、在進入現代社會的過程中，傳統所能提供的資源及其侷限的問題。這一部分有幾個論題，值得特別一提：如⑴〈民間之學：傳統中國學術的源頭活泉〉，是因近年來臺灣社會已出現「民間之學」，它不但傳達了一項重要訊息，也代表文化學術一股新生的活力，此文乃根據傳統中國思想史的經驗，賦與「民間之學」歷史性的意義。⑵〈思考方式的突破〉，提出一個一向被忽視的中國文化裏的根本問題，傳統的思考方式，當然有它獨特的功能，但就創造知識而言，它的侷限十分明顯。近百年來中國人學習西方文化績效不彰，這也是重要原因之一，因此必須努力突破。⑶〈「那也是人性」〉，是針對性善論的傳統，提出一個新的人性觀，打開一條了解複雜人性——尤其是人性在政治、社會面的表現的可能之路，使我們今後面對屠殺殘暴事件，反應不再是：「他（或他們）簡直沒有人性」，而是：「那也是人性」！

以上三個論題，⑴是闡揚傳統，⑵⑶則足以促成傳統思想與觀念的轉化，都是極具發展性的論題，書中只是緒論而已。

⑷〈走出道德思考的死胡同〉、〈當前道德問題的診斷〉二文，是就臺灣當前的道德問題，提出思考的概念架構，以及解決問題的途徑。〈民主法治社會裏倫理問題的探討〉，是根據我《倫理思想的突破》一書的理路，探討儒家倫理現代化之路。二十多年來，在倫理、道德的問題上，已寫下不少文字，這方面的工作，恰好是「批判的繼承，創造的發展」這一方法的應用。

第二、是扣就近年臺灣的現況，討論自由、民主、法治等問題。此三者也就是〈開放社會的基礎建構〉一文中所說的基礎建構。〈民主：播種不易，收成尤難〉、〈政治形態的轉變〉二文，是討論如何由人治轉向法治的問題。〈民主之紮根〉是强調民主教育的重要，這方面如不認真去進行，民主很難在我們這個社會生根。近幾年來，統、獨之爭已由熱門話題演變為組織性的對抗，提出〈民主優先於統獨〉的命題，是希望在這爭民主的關鍵時刻，不要迷失了方向。〈儒家與臺灣的民主運動〉是探討在臺灣爭民主的經驗中，儒家扮演的角色，以事實來說明儒家在這方面所能提供的資源極為有限。

民主是實現自由的程序，自由才是民主的目標。自由永遠是要由人爭取來的，為了達成這個目標，無論付出多少代價都是值得的，否則永遠被專制獨裁所奴役，〈沒有獨立自由的精神，那來健全的政治文化〉，是表彰一位為了自由而孤身與獨裁者對抗的勇者典範。此外，沒有法治的民主必是假民主，有了法治才能保障民主程序在公平和合法的秩序中進行。〈談兩大政經風暴〉談的是江南案與十信案，這兩個大案暴露了法治上的嚴重問題，而這些問題又與不民主的專權體制分不開的。

第三、探討近四十年知識份子在臺灣追求自由民主的過程中，扮演的角色及其貢獻和限制。〈三十多年來知識份子追求自由民主的歷程〉，是陳述八十年代前為實踐自由民主，知識份子所經歷的沮喪與挫折，沒有他們前仆後繼的奮鬪，不可能有今天這點成果。〈以傳統主義衞道，以自由主義論政——徐復觀先生的志業〉，以及對《民主評論》和《文星》所做的檢討，恰好是為上文做了一點補充。〈臺灣三十年來的思想界〉，是透過思想界的演變，討論兩個問題：(1)我們的思想為何如此貧乏？(2)要如何才能克服思想的貧乏？其他的文章如〈我們正處在歷史的轉捩點上〉、〈導引國家走上正確的方向〉、〈歷史的鏡子〉、〈意識形態與知識份子〉、〈知識份子與大衆文化〉、〈知識份子的愛心與勇敢〉、〈開創中國女性的新世紀〉等，都是從不同角度，分析知識份子在近年來社會的激烈變化中，所發揮的功能。

以上的提要，希望對本書的讀者，多少有些幫助。

韋政通

一九八九年六月十二日
於內湖碧湖之濱

目次

二

民間之學：傳統中國學術的源頭活泉

中國學術自下倡之則益善，自上建立則日衰。

——章太炎

傳統中國學術思想的活力，主要是來自民間，而非朝廷，朝廷只知利用民間已成氣候的學說，以「緣飾」專制。民間之學一旦昇爲官學，除了成爲統治術的一部分之外，也變爲士人博取功名利祿的工具，而導致其活力的停滯、僵化，形成學術思想發展的桎梏，漢代的經學，宋代的新儒學，都曾經過這一起伏的歷程，也終難逃脫這一命運。所以章太炎說：「中國學術自下倡之則益善，自上建立則日衰。」

發揮思想創造力，自由比安定重要

中國的民間之學最發皇的時代，當然是春秋、戰國，這是大家都知道的。春秋有孔、墨顯學，戰國有諸子百家，其最大特色，是思想有多元性的發展，無論是思想的形式和內容，幾乎個個不同，卽使同一學派，也絕少陳陳相因的跡象，都有他自已獨特的創見。這一被史家稱爲中國學術思想的黃金時代之所以形成，是因周代封建解紐，諸侯各霸一方，使原先操縱在中央政府的王官之學流散到民間，這期間孔子是一承先啟後的關鍵性人物，是他首先在民間開始私人講學，從此洙泗學風，不僅成爲歷代自由講學的典範，也是中國學術思想的源頭活泉，文化價值與文化命脈，也就在這一學風中得以維繫、延續。傳統理想性知識份子出處、進退的規範，也在這一學風中漸次形成，其中最重要的一點，是爲知識份子建立了「道尊於勢」的信念，這個信念不僅影響了所有傑出知識份子對朝廷的態度，也使知識份子處於難以適應的專制天下的環境裏，仍能有守有爲。

春秋、戰國是中國古史上社會最自由的時代，因爲有自由的環境，才使知識份子充分發揮潛能和天才，才能百家爭鳴，百花齊放。這時代在政治上是亂世，此最足以說明要使學術思想發揮創造力，自由比安定還重要。自秦大一統之局出現，旣頒「游士律」，又禁百家言，使民間之學首次遭刼。漢初因在大亂之後，實行與民休息的黃老之治，遂使民間之學再興，也爲所謂的尊儒運動舖了路。尊儒運動使五經立爲官學，雖不嚴禁百家言，但斷了治百家言者的前程。劉邦得天下後，下詔：「賢士大夫有能從我遊者，吾能尊顯之。」劉邦向來輕視儒生，當上皇帝才僞善地展開笑臉攻勢，其實「從我遊」就是要知識份子做他的臣僕，所以也只有像善於迎逢的叔孫通，曲學阿世的公孫弘之流，才能爲他所「尊顯」，才有機會爬上高位。在先秦，知識份子堅信道尊於勢，能以德抗位，所以氣焰很盛。大一統的皇權出現之後，皇帝是「獨制天下而無所制」的，因此道勢逆轉，知識份子想與朝廷對抗，從來沒有勝利的機會。雖然，天子不能不與知識份子「共治天下」，但所有選拔人才的制度，不但使知識份子與民間脫節，也使知識份子的經世之志落空。朱熹批評貢擧之弊：「名爲治經，而實爲經學之賊；號爲作文，而實爲文字之妖。……怪妄無稽，實足敗壞學者之心志，是以人材日衰，風俗日薄。」所以中國學術大傳統兩千年中得以維繫而不致墜滅者，主要靠微薄的民間之學。從事民間之學者，不在其身分如何，而在其講學的態度與宗旨。民間之學一個明顯的特徵，是不以朝廷的是非爲是非，使民間另有其價值的標準。

開創民間之學的幾位學者

中國傳統的民間之學，大抵是靠下列幾個條件在表現它的活力：

㈠個別之士　是指憑個人之力，而能開一代學風的人物，如漢末的鄭玄，隋代的王通，宋初的胡瑗。鄭玄生性好學，「不樂爲吏」，在外游學十幾年，回到家鄉，因家貧，「客耕東萊，學徒相隨已數百千人」。後因涉及黨禍，被禁錮十四年，「遂隱修經業，杜門不出」。憑其超人的毅力，「括囊大典，網羅眾家」終於鑄成為百代所宗的經學大師。靈帝末，黨禁解除，各方權貴爭相邀聘，他答以「吾自忖度，無任於此」。〈戒子書〉有謂：「吾雖無紱冕之緒，頗有讓爵之高，自樂以論贊之功，庶不遺後人之羞。」可見其平生之志。「年六十，弟子河內、趙商等自遠方至者數千。」建安元年，他從徐州回高密，途中遇黃巾數萬人，這羣被迫造反的農民，一聽說他是鄭玄，竟然下拜，並相約不入高密縣境，因此有「經神」之號。

由魏至隋的三百多年中，重要的知識份子，不是來自道家，便是出於佛門。這期間能重振洙泗之風者，蓋只有王通。由於時代因素，在理想上雖儒佛同尊，但他一生所從事的工作，卻和仲尼一樣，是「修詩書」、「正禮樂」、「修元經」、「讚易道」。人生經歷，也近似孔子，年輕時頗有經世之志，二十歲遊長安，並向隋文帝上〈太平十二策〉，文帝雖欣賞他的才學，卻因當朝公卿的反對，未能錄用。於是作東征之歌，悵然返歸故里，從此在河汾之間聚徒講學，受教者多達千餘人。他僅僅活了三十四歲，影響卻不小，相傳唐初名臣房玄齡、魏徵卽出於其門，雖不必可信，但以常情推斷，必是因王通在學術上建有相當名望，才可能產生如此傳說。

胡瑗乃理學先驅，年輕時「家貧無以自給」，遂往泰山與孫明復、石守道同學於棲眞觀，從此「攻苦食淡，終夜不寢，一坐十年不歸」。苦學有成之後，到湖州，以佛徒創建道場的開拓精神，開始私人講學生涯。後爲范仲淹所賞識，聘爲蘇州教席，直至掌教太學，始終不失平民書生的本色。不論在民間或是在太學，莫不以倡明儒學爲宗旨，並以聖賢自期許。對提拔人才，崇獎學術，更是不遺餘力。理學家程頤、徐積曾是他的弟子。他一生講學，「始於蘇、湖，終於太學；出其門者，無慮數千餘人」，弟子中又「教於四方之民者，殆數十輩」。宋代理學家自由講學的風氣十分流行，胡瑗不愧爲開風氣之先的人物。

佛教爲民間之學保存活力

(二)佛寺　佛教傳入中國，風行六百餘年，不僅與中國文化、社會有着千絲萬縷的關係，甚至也改變了中國文化的精神面貌與社會的生活方式。不過，佛教因長期受中國文化的浸潤，逐漸發展出「中國化」的人間性格，也非常顯著，禪宗代表這一發展的成熟，尤其是由慧能開宗的南派，更爲中國傳統的民間之學創立了新的典範。禪宗在唐代能由眾多的宗派中脫穎而出，成爲影響最大的一派，原因雖相當複雜，其中極重要的一點，是因他們善用與平民最接近的淺白語言，通過「唱導」的方式，「以宣唱法理，開導眾心」。由這種語言而形成的語錄體，遂成爲宋、明復興儒學重要而有力的工具。王陽明門下泰州一派，連樵夫朱恕、陶匠韓貞都能在農村隨處聚徒談學，造成「農工商賈從之遊者千餘」的盛況。如果沒有禪門宗風導之於前，是不可能有如此效果的。

佛教因帝王的提倡、權貴的附和而大行，至唐亦因帝王崇信並蓄意利用，而造成內部的腐化。佛教在中國也無法跳出「自下倡之則益善，自上建立則日衰」的歷史規律。但另一方面，中國佛教傳統中，也有類似儒家「道尊於勢」的信念，那便是東晉慧遠提出的〈沙門不敬王者論〉，這個信念使歷代許多高僧仍能保持與權力政治隔離的教風。與慧能對峙的北派神秀，在當時是位紅了半片天的人物，而後世言禪宗者，多歸宗於慧能，此固由於慧能後南派人才濟濟，而北派與現實政治的關係過密，未嘗不是一個原因。

如果說佛教在中國傳統中，爲學術在民間保存了一股強大的活力，那末與佛寺所處的環境有相當大的關係。杜牧詩：「南朝四百八十寺，多少樓臺烟雨中。」佛寺風景秀麗，環境清幽，規模稍大的，多半有豐富藏書，中國史上最偉大的文學理論家劉勰所撰《文心雕龍》，就是在這種環境裏孕育出來的。劉氏是個孤兒，因家貧依沙門僧祐，共居十餘年，遂博通經論，如果沒有高深的佛學造詣，他不可能寫出這部體大思精的偉構。歷代寒苦子弟在佛寺中苦讀成名的很多，連異端思想家李卓吾，當他因反儒教，官也做不成，好友又死去，四處碰壁，無以爲家時，也是到麻城龍湖的芝佛院，度過二十年的寺院生活，假如沒有佛寺收容他，我們今天將看不到一部部內容宏豐的鉅著。

書院是民間之學蓬勃發展的象徵

㈢書院　宋代新儒學崛起於民間，與同時代興起的書院運動密不可分，而書院運動正是民間之學蓬勃發展的象徵。書院最早始於唐玄宗時的麗正與集賢兩書院，後衡州李寬建石鼓書院，與白鹿洞、應天、嶽麓並稱四大書院。其中白鹿洞與嶽麓兩書院皆由朱熹重建，並講學其中，朱熹是南宋以降七八百年間影響最大的儒者，在當時推展書院運動也最力。根據陳榮捷教授的研究（以下關於書院的種種，多半據陳氏〈朱子與書院〉一文），朱熹曾與二十四所書院有過關係，僅湖南一地，就有十所書院，除一所外，其他九所都在一種或他種方式下，與朱熹有關。此外，朱熹至少有八位門人建立書院，七位充任書院堂長，六人在七所書院中講授，其中陳植久在明道書院主講席，四方學子從遊者多達數百人。

書院的功能，以朱子重建的白鹿洞爲例：(1)招中舉以後的士子在書院進修，希望他們不要止於記誦綴緝無根之談，借山林闃寂的環境，學點修身處事之道。(2)建立學規，以整合倫理道德的導向。白鹿洞的學規，不僅影響了官學，影響也擴及日本。(3)課程設計以《論》、《孟》爲主，後朱子輯《學》、《庸》、《論》、《孟》爲四子書，支配中國人的思想達數百年。(4)講學，朱子除親自講授之外，曾邀請學旨和他不同的陸象山到院主講，講題：「君子喻於義，小人喻於利」，聽者感動流淚。(5)供祭，供奉民間崇敬的人物。朱子於書院重建落成之日，曾祭告先聖，並在所居精舍供奉孔子。北宋各書院多崇拜張載、周濂溪、邵康節、程顥、程頤，南宋則崇拜朱子。(6)藏書、印書，朱子嘗從事印書的事業，對建立宋代新儒家的學統極有助益。

民間學者是學術史上一條長明的火炬

除以上六項功能之外，特別值得一提的，是書院所代表的民間之學與官學最大的不同之點，在自由研究的風氣，胡適曾認爲與近世教育中所倡導的道爾頓制的精神相同。由漢至淸，以宋代思想最爲自由，所以學術上人才輩出，再加宋太祖遺誡子孫不殺士大夫，徐復觀認爲這是宋代儒學能夠復興的重要條件。基於這些條件，使書院在講學以外並兼議政，藉議政表達儒者的抗議精神。胡適說：「宋朝朱子一派的學者，其干涉國家政治之氣燄，盛極一時，以致在宋朝時候，政府立黨籍碑，禁朱子一派學者應試，並不准起復爲官。」干政風氣後來愈演愈烈，明代張居正遂主張查封所有私人書院，但到明末的東林、復社，仍照樣出現規模空前的抗議運動。

在上述三個條件下活躍的民間知識份子，代表中國學術史上一條長明的火炬，是因爲他們才點燃了代代不絕的希望，使中華民族度過許多黑暗的時期。

一九八八・二・二十五《中國論壇》

胡適心目中的孔子

——爲中國近代思想史上一宗公案進一解

(一)討論公案的基本觀點

胡適心目中的孔子，自民初新文化運動以來，就一直是許多人感興趣而又聚訟紛紜的一宗公案。這宗公案主要是由於對同樣一個人物，竟然出現正負兩面完全相反的評價所致。來自正面的，不僅認爲胡先生立身行事，並無不合孔子之教，甚至認爲足以比美孔子，乃是一位聖者；來自負面的，「五四」時代就有人視之爲「覆孔孟，剷倫常」的罪人，直到去世前不久，仍有著名學者說他「叛道離經」。總之，在過去大半個世紀裏，胡先生在保守派的心目中，一直是「反孔非儒」的重要代表。

關於正面的評價，我們無意在此討論，因爲它是永遠也得不到「共識」的問題。至於負面的評價，則正是這裏要討論的重點，討論，並不是要替胡適翻案，學者的工作，並沒有這個義務，而只是就大家並不陌生的文獻資料，做一點簡單的分析，看看是否能對這宗公案，提出一點比較公允的看法。

加之於胡先生身上的許多負面評價，它的動機和立場並不單純，其中經常被提到的，卻是那句在近代反孔非儒運動中最著名的口號：「打倒孔家店」。這句口號在保守派看來，幾乎是鐵證如山的罪狀。

勞榦先生在〈追悼胡適之先生並論「全盤西化」問題〉一文中說：「胡先生在《吳虞文錄》序言中的確說過吳虞隻手打倒孔家店這句話，不過在《中國哲學史大綱》以及在〈說儒〉中並無任何對孔子不敬的文句。……陳大齊先生在一次公開講演中，曾反覆證明胡先生從未反對孔子，我們深明陳先生的分析是對的，現在就是對於這一句序文如何解釋的問題。」首先得指出，勞先生似乎忽略了在上述文字之後十一年，胡先自己又講過的話：「孔家店之倒也，也不自今日始也。……我們打孔家店，及今回想，眞同打死老虎，既不能居功，亦不足言罪也！」（見〈論六經不夠作領袖人才的來源〉一文）序文的話可以了解爲只是胡先生很贊同吳虞的做法，這與胡先生公開承認「我們打孔家店」的意義是不一樣的，對胡家甚至胡門的大小掌故如數家珍的唐德剛先生，不也說過「胡氏是搞『打倒孔家店』起家的」嗎？所以這宗公案恐怕不只是「對於這一句序文如何解釋的問題」，而是要進一步認識它的性質，以及它在胡適與孔子相關的言論中居於何種地位的問題。

胡適打孔家店，是一件無可改變的歷史事實，問題在「孔家店」究何所指？依勞榦先生的解釋，「孔家店實是指教條的招牌」，「胡先生是贊成孔子學說的人，但他卻反對將孔子過分教條化」；用胡先生自己的話說，它是指在歷史上「經過長期發展的儒教」；如照余英時先生的「學術思想」與「意識形態」的區分，「孔家店」是屬於意識形態，也就是從先秦儒學滲透下來，已經庸俗化與歪曲的部分（見〈意識形態與中國思想史〉一文），它顯然與孔子學說不在同一個層次，如不把握這一分別，我們對這宗公案將無法獲得比較公允的了解。除此之外，這宗公案還涉及到另一個層次的問題，這是站在中國現代化的立場與評判的態度出發的。如把學術思想與意識形態統稱之為歷史層次，那末從現代化與評判態度出發的，就是哲學或思想的層次，就這一層次而言，胡適是主張「重新估定一切價值」的（見〈新思潮的意義〉一文）。既要重新估定一切價值，他所要批判的對象，當然就不再限於意識形態的部分，學術思想也不能例外。我們對胡先生言論的了解，如不擴大到這一層面，對他一方面贊成孔子學說，另一方面又不信孔子學說能促進中國的現代化這一矛盾，仍是解不開的。

(二)以孔子比擬耶穌與蘇格拉底

以上是我們討論胡適心目中的孔子這個問題所依據的基本觀點，下面讓我們選擇一些相干的資料，逐點加以說明。

先就學術思想方面來看，這方面胡先生從事的主要是思想史的工作。在這個層次上如說「胡先生從未反對孔子」，實顯得太消極，事實上他豈止未反對，他還是中國近代復興孔學、恢復孔子歷史地位的一大功臣啊！在這裏我僅舉兩個例子：第一個是前文已提過的〈說儒〉，這篇五萬多字的長文，是近代尊孔文獻中的一篇皇皇巨構，它比任何一位保守派都更能凸顯出孔子的偉大形象。

〈說儒〉是探討殷遺民的民族運動的失敗和轉化的歷史，而以孔子爲這段歷史的中心人物。胡先生由比較宗教史的觀點把這個運動與猶太民族運動相提並論，同時也以孔子比擬耶穌——一個悲劇民族所期待的聖人：「猶太民族亡國後的預言，也曾期望一個民族英雄出來，……但到了後來，大衞的子孫裏出了一個耶穌，他的聰明仁愛得了民眾的推戴。……孔子的故事也很像這樣的。殷商民族亡國以後，……果然，亡國後的第六世紀裏，起來了一個偉大的『學而不厭，誨人不倦』的聖人。這一個偉大的人不久就得着許多人的崇敬，他們認他是他們所期待的聖人。……他自己也明白人們對他的期望，……他打破了殷、周文化的藩籬，打通了殷、周民族的界域，把那含有部落性的『儒』擡高了，放大了，……他做了那中興的『儒』的不祧的宗主。」《說文解字》訓「儒」爲「柔」，胡先生根據這個解釋，認爲老子是位發揮柔德的正宗老儒，而孔子則化柔弱爲剛強，所以是個革新家，成爲新儒運動的開山之祖。在這個革新運動中，孔子「使原有之殷民族宗教儀節，進而變爲古代中國之思想體系；使原有相禮治喪的職業，進而變爲普及教育的宗師。」（見王爾敏：〈當代學者對於儒家起源之探討及其時代意義〉一文）由〈說儒〉中所見的孔子，他所從事的，正是我們今天常說的「傳統更新」或「創造轉化」的工作。難怪胡先生到晚年談起這篇文章，依舊十分自得並充滿信心地說：「可是我卻認爲我那篇〈說儒〉卻提出一個新的理論，根據這個新理論可將公元前一千年中的中國文化史從頭改寫。」（《胡適口述自傳》，二六二頁）唐德剛先生也認爲「此篇不特是胡適治學的巔峯之作」，也「是我國國學現代化過程中，一篇繼往開來的劃時代著作」（同上，二七八頁）。此文作於民國十九年（一九三〇），當時郭沫若就指出此文「是有近時的『民族復興』的氣運在裏面流蕩」，認爲「讀了這篇文章而不受啟發，不感嘆着我們這位偉大的聖人是『復活』了，這樣的人，我相信是不會有的。」又說：「假使是純粹地立在宗教的情操上說，〈說儒〉是無可辯駁的，……相信胡適一定是民國以來第一位值得進孔廟的儒者。」（見〈駁說儒〉，《青銅時代》，一一〇頁）郭氏不論是出於眞的頌揚或諷刺，這些話的確道出此文的歷史意義和它的眞正性質。

我想舉的第二個例子，是胡先生於民國四十八年（一九五九）在夏威夷大學第三次東西哲學家會議上宣讀的論文：〈中國哲學裏的科學精神與方法〉。在前一個例子裏，胡氏以孔子比擬耶穌，在這篇論文裏，復以蘇格拉底相映孔子。前兩次的東西哲學家會議上都有人提出東方究竟有沒有科學？以及東方爲什麼科學很不發達等問題，胡先生的文章就是要根據中國思想史的文獻，對那些認爲東方哲學「天然阻止科學發達」的論調提出答辯。首先他批評了諾斯洛浦的東西哲學二分論，然後引用康南特對科學精神與方法特徵的說明，來印證中國從孔子到王充到宋以下八百年的儒學復興運動中，並不缺乏這種科學與方法的特徵。我們完全同意本文譯者（原文是英文）徐高阮先生所說「這個答覆也是他（指胡先生）自己一生，對中國思想裏的科學精神與方法的估量的一個總結。」

在這篇簡直有一本書的大架構的論文裏，論述孔子的有下面這一段：「首先，古代中國的知識遺產裏確有一個『蘇格拉底傳統』，自由問答，自由討論，獨立思想，懷疑，熱心而冷靜的求知，都是儒家的傳統。孔子常說他本人『學而不厭，誨人不倦』，『好古敏以求之』。有一次，他說他的爲人是『發憤忘食，樂以忘憂，不知老之將至』。過去兩千五百年中國知識生活的正統就是這一個人創造磨琢成的。孔子確有許多地方使人想到蘇格拉底，像蘇格拉底一樣，孔子也常自認不是一個『智者』，只是一個愛知識的人，他說：『知之者不如好之者；好之者不如樂之者。』」胡先生所引《論語》裏的話，如作爲孔子重視學習，熱心求知的證據，那當然是正確的，但爲了推崇孔子，竟把他心目中的聖人，賦予「蘇格拉底傳統」的意義，則頗有商榷的餘地。《論語》裏的孔子與柏拉圖《對話錄》中所見的蘇格拉底，表達思想的形式雖都有問答或討論，實質上所運用的思考方式則大異其趣。孔子教學十分靈活，會因時、因地、因對象的不同而施用不同的教學方法，但所表現的思想方式卻十分簡單，多半止於一問一答，弟子們只是聽教誨而已，很少反詰，至於層層質疑，重重問難，或雙方展開辯論的情形，更是少之又少。因此孔子學說的表達，多半是獨斷的，有結論無過程。所以致此的原因，主要在孔子雖重視學習、熱心求知，其學說的基本定向，仍是行優先於知、實踐重於理解。

再看蘇格拉底式的對話，不但在問答中表現層層質疑、重重問難，且隨時要求對方的表達能做到清楚和正確；不但在辯論中要求遵守辯論的規則，不許節外生枝，且爲了觀念的精確，要不斷下定義，以便把討論的性質固定下來。一席冗長的對話或辯論，簡直就是一場理智的搏鬥，如有犯錯，自己承認，沒有權威，對問題可懸而不決，不輕易遽下結論。這才是容許懷疑、批判、挑戰，容忍不同觀點的矛盾與衝突的蘇格拉底傳統。

表面上看，孔子與蘇格拉底正如胡先生所說都「愛智」，也熱愛生活，不過蘇氏追求的是智者的生活，希望透過他獨特的思考方式，解放人類的思辨力，把理性帶進我們的世界和生活裏，所以他說：「生命如不經由批評的省察，這種生命是不值得活的。」因此，他樹立了哲學家的風範。孔子追求的是仁者的生活，終極理想是內聖外王，當下關切的是人能否透過學習與覺悟，激發道德的潛能，把成德的意願化爲行動，提昇人格，所以在孔子，如果人不能自修其身，並對社會人羣盡教化之責，是不值得活的。因此，他樹立了教師的典範——萬世師表，與蘇格拉底的人格類型是不同的。

我們在這裏所以不惜辭費，指出、孔、蘇之間的小同而大異，目的在說明胡先生心目中那個蘇格拉底式的孔子，不免言過其實，胡先生對孔子的推崇，不是不及，而是太過。他在西方學者之前，爲了維護中國人和中國文化的自尊，甚至不惜爲中國科學扮演「魔鬼辯護師」的角色。即使他的答辯在中國哲學傳統裏全是眞的，縱然與產生科學、發達科學不是全不相干，也不是最重要的因素。

㈢社會化的儒家，政治化的儒家

胡先生的言論，一旦涉及在中國歷史上經過長期發展的儒教或教條化這個層次，與上述的態度就完全不同，他揭發中國文化的種種流弊、罪惡，以及所以留給世人「反孔非儒」的鮮明印象，並引起保守派強烈反感的，大都由於這方面的言論。這些言論所指涉的，也就是所謂「孔家店」的主要內容。

爲了使這方面的言論做進一步的分辨，我想提出「社會化的儒家」與「政治化的儒家」這兩個觀念來加以區分。關於前者，可以舉民國二十三年（一九三四）五、六月間連續發表的〈信心與反省〉、〈再論信心與反省〉、〈三論信心與反省〉三文爲例，如把胡先生同期前後的一些文字合而觀之，可以發現這是他個人在五四時代後，爲社會盡言責的另一高潮期，而言論的尖銳、潑辣則又過之。在這一時期，爲了盡一份知識份子說眞話的責任，胡先生不惜扮演「國民公敵」的角色，與四方之士熱烈地展開筆戰。

一位平和通達的人物，爲何會表現得如此激越？這與當時的時代背景有一定的關係。胡先生說：「現在中國全部瀰漫着一股誇大狂的空氣：義和團都成了應該崇拜的英雄志士，而西洋文明只須『帝國主義』四個字便可輕輕抹煞！政府下令提倡舊禮教，而新少年高呼『打倒文化侵略』！」（見〈請大家來照照鏡子〉一文）這就是「民族復興」的口號下所充塞的文化氣氛，表面上是要恢復民族的自信，實質上正是信心喪失的表現，胡先生爲了揭穿這些煙幕，才寫下一系列〈信心與反省〉的文章。文章的一個基本論點是：「指出我們對國家民族的信心不能建築在歌頌過去上，只可以建築在『反省』的唯一基礎之上。」（見〈再論信心與反省〉）爲了對付那些「歌頌過去」的言論，胡先生把心一橫，乾脆揭出中國文化裏醜陋的部分與之對抗，而且在這三篇文章裏再三再四反復加以渲染，茲舉一例，如謂：「所以我十分誠摯的對全國人說：我們今日還要反省，還要閉門思過，還要認淸祖宗和我們自己的罪孽深重，決不是這樣淺薄的『與歐、美文化接觸』就可以脫胎換骨的。我們要認淸那個容忍擁戴『小腳、八股、太監、姨太太、駢文、律詩、五世同居的大家庭、貞節牌坊、地獄的監牢、夾棍板子的法庭』到幾千幾百年之久的固有文化，是不足迷戀的，是不能引我們向上的。」（同前）其中除駢文、律詩，大都是禮教教條化、儒學庸俗化與歪曲的結果，我們統稱之爲「社會化的儒家」。儒家的學術思想，只能影響少數知識菁英，社會化以後才能影響到大衆的生活。但社會化以後的儒家，已使儒家的理想盡失。

所謂「政治化的儒家」，自漢武帝以來歷代帝王利用儒家做統治工具者便是。歷代帝王無不是「孔家店」的大股東，他們販賣的那些言不顧行、行不顧言的堂皇文告，目的無他，一是圖假借儒學使其政權合理化，一是運用孔子的象徵以繫萬民之心。這種現象一直到民國成立仍不乏其例，其最著者，卽袁世凱所頒尊孔之令，有謂：「近自國體變更，無識之徒誤解平等自由，踰越範圍，蕩然無守，綱常淪斁，人欲橫流，幾成爲土匪禽獸之國。……使數千年崇拜孔子之心理缺而弗修，其何以固道德藩籬而維持不敝？本大總統躬行重任，早作夜思，以爲政體雖取革新，而禮俗要當保守。環球各國，各有所以立國之精神，秉諸先民，爇爲特性。中國服循聖道，自齊家治國平天下，無不本於修身。」這時候胡適在美國留學未歸，看到此令，在《日記》中斥責「此令有大誤之處七事」，其中有「滿口大言」、「全無意義」等評語，是日日記結語謂：「嗟乎！此國家法令也，擲筆一嘆！」

民國二十三年（一九三四）在「民族復興」的號召下，國民政府也恢復了紀念孔子誕辰的典禮，希望藉此「倡導國民培養精神上之人格」及「恢復民族自信」。胡先生很不客氣的指出這種心理是：「做戲無法，出個菩薩。」認爲「這種心理，在一般愚夫愚婦的行爲上表現出來，是可憐而可恕的；但在一個現代政府的政令上表現出來，是可憐而不可恕的。」（見〈寫在孔子誕辰紀念之後〉一文）

這一時期胡先生所有激昂慷慨的文章，在保守派看來，連篇累牘盡是厚詆傳統文化的文字，的確，這些都是他「打倒孔家店」的代表作，但胡先生眞正用心並不在此，他不過是以過去的落後襯托出民國以來的進步，用他自己的話說，就是「不明白過去的黑暗，所以他們不認得今日的光明」。他最大的目的，是經由反省，以眼前的事實來說明近二三十年革新運動所獲得的成效，期望國人就在此進步的事實之上建立民族的自信心，這些事實包括帝制的推翻、教育的革新、家庭的變化、社會風俗的改革、政治組織的新試驗等。

㈣中國光榮的文化不在過去，是在將來

當胡先生的言論以中國現代化的立場與評判的態度出發時，他批判的對象不再限於「歷史上經過長期發展的儒教」或「孔家店」這個層面，而是提昇到也包括「中國舊有的學術思想」。從這個立場出發，胡先生對固有的學術思想，也是毫不留情的。

在〈新思潮的意義〉一文中，他已明白講出，評判態度的要求，除評判相傳下來的制度風俗與公認的行爲和信仰之外，卽使對於古代傳下來的聖賢教訓，也照樣要問：「這句話在今日還是不錯嗎？」依據評判的態度，對於固有學術思想，胡先生主張：第一，反對盲從，因盲從是評判的反面。第二，反對調和，因調和是人類懶病的天然趨勢，用不着我們來提倡。第三，整理國故，工作的步驟：第一步是條理系統的整理；第二步是要尋出每種學術思想怎樣發生，發生之後有什麼影響效果；第三步是要用科學的方法，作精確的考證，把古人的意義弄得明白清楚；第四步是綜合前三步的研究，各家都還他一個本來眞面目，各家都還他一個眞價值。所以胡先生卽使

在現代化的立場與評判的態度下，對傳統的學術思想，仍主張加以研究，如果說胡適反傳統，也包括這個層次，主要是從中國文化的未來着眼的，這與打倒孔家店是爲了對付保守派，觀點又不一樣，如由中國文化未來的觀點看孔家店，它不過像死老虎，也就是說這個層次的儒家（社會化的儒家，政治化的儒家），會隨着時代與文化的進步，自然遭到淘汰。

但是，一個有幾千年歷史的文化傳統，它是不會被完全淘汰的，「重新估定一切價值」的主張裏，必然已假定這個傳統仍可能有某些價值，問題在如何「還他一個眞價值」。胡先生對中國傳統文化做的工作當然不少，大略做個總結，消極方面他認爲：(1)我們的固有文化實在是貧乏的，那五千年的精神文明，對我們的前途是無濟於事的。（見〈信心與反省〉）(2)近代的科學與工業都不是「保存國粹」、「發揚固有文化」所能包括的工作。（〈再論信心與反省〉）積極方面據他了解，我們的固有文化有三點是可以在世界上佔數一數二的地位的：第一是我們的語言的「文法」是全世界最容易最合理的。第二是我們的社會組織，因爲脫離封建時代最早，所以比較的是很平等的，很平民化的。第三是我們的先民，在印度宗教輸入以前，他們的宗教比較的是最簡單的，最近人情的；就在印度宗教盛行之後，還能勉力從中古宗教之下爬出來，勉強建立一個人世的文化。這樣的宗教迷信的比較薄弱，也可算是世界稀有的。（〈三論信心與反省〉）不論中國文化有多少缺點和優點，站在現代化或中國前途的立場上，胡先生斬釘截鐵地說：「我們的光榮的文化不在過去，是在將來。」

(五)結　語

胡先生在《口述自傳》裏，曾爲「打倒孔家店」爲自己辯護過，他說：「我還要提出另一件公案。有許多人認爲我是反孔非儒的，在許多方面，我對那經過長期發展的儒教的批判是很嚴厲的。但是，就全體來說，我在我的一切著作上，對孔子和早期的『仲尼之徒』如孟子，都是相當尊崇的。我對十二世紀『新儒學』（理學）的開山宗師的朱熹，也是十分崇敬的。我不能說我自已在本質上是反儒的。」這「一件公案」明明指的是「打倒孔家店」，他卻避免使用這句長久以來授人口實而又加以誇大的口號，但承認對這方面的批判是很嚴厲的。此外，我們在胡先生的著作裏，的確很難找到對孔孟不敬的話，對朱熹更是崇敬有加，所以胡先生爲自己所做的辯護，是誠實可信的。本文所做的並沒有什麼特別新的見地，祇不過是根據胡先生的自白，就幾個不同的層次和不同的觀點，予以進一步的釐清。我們得到的結果也很簡單：如就「反孔非儒」而言，說胡先生「反孔」是不正確的，說胡先生「非儒」，如果「儒」指的是「社會化的儒家」、「政治化的儒家」，那是不錯的。尅就中國的現代化或中國的前途而言，不論是孔孟或朱熹的學說，都是有所不足的。這個結論，在今天看來，至少我個人仍感到是能夠接受的。爲什麼這樣一個並不複雜的問題，在近代思想史上竟鬧成一件公案，想必是有一些討論問題以外的因素羼雜其中吧。

胡先生曾說過：「二十年前，康有爲是洪水猛獸一般的維新黨，現在（民國八年）康有爲變成老古董了。」（〈新思潮的意義〉）胡氏在「五四」時代也曾被守舊之士目爲「洪水猛獸」，去世二十五年後的今天，在工業化社會裏成長的青年們的心中，似乎也快成爲「老古董」了！但在本文裏經由「重新估定」所得的幾點結論來看，胡先生對中國傳統文化的一些看法，以及他所持的態度，到今天仍有參考的價值。

一九八七・二・二十七《中國時報・人間版》

註：此文原是中國時報主辦「胡適先生逝世廿五週年紀念演講會」的講稿，該報刊登時會刪除一千字左右，這裏發表的是根據原稿。

「文化中國」的象徵

——梁漱溟的生平與思想

生平

梁先生的少年時代，在清末革命派與立憲派的對峙中，原先傾向於立憲派，辛亥革命時期，又熱衷於革命。民國成立，他親眼看見袁世凱宣誓就職大總統。當時的北京，正是政治熱季，他也喜談政治，並一度激進於社會主義，旋又幻滅，兩度自殺未遂，轉入佛教出世的人生道路，並潛修佛學。這方面的成果，使他與胡適同一年（一九一七）進北大教印度哲學。新文化運動時期，他沒有走向西化，卻放棄了佛家的信仰，就在新文化運動的大本營，開始向學生宣揚孔子的人生價值，成爲今日臺、港「新儒家」的先驅。

因少年時受父親（梁巨川）的影響，既恥爲文人，又輕視學問，遂自勉於事功。這個念頭使他於一九二四年辭去北大講席，自辦學校，培養自己所要的人才。一九二九至一九三七年終於在河南、山東等地從事鄉村建設工作，後因抗戰爆發而停頓。

一九三四年，國民政府首次紀念孔子誕辰，梁先生應邀在中央舉行的紀念會上發表演說，題目是〈孔子學說的重光〉。抗戰爆發後，於一九三八年初，梁先生以鄉村自治派領袖的身份訪問延安，與毛澤東曾有兩次通宵達旦的談話。抗戰期間，他是參政員，並在四川北碚創辦勉仁中學與勉仁書院。一九四一年「民主政團同盟」（後改爲「民主同盟」）成立，梁氏乃發起人之一。抗戰結束後，參加國共之間的政治協商，協商失敗，遂遠走北碚，重理教學與著書的舊業。

一九四九年一月，戰局急轉直下，中共勝利在望，梁先生發表〈敬告中國共產黨〉，要求中共「容許一切異己者之存在」，並警告「假如得到政權便不顧及民心了，那麼你的政權是不會穩定的」。一九五〇年，應中共邀請參加政治協商會議，一九五一年在四川合川縣參加土改運動達八月之久，又多次到北京參與知識分子的改造。改造期間，共黨已對他發動批判，他寫〈敬答賜教的幾位先生〉爲自己辯護：「的確，我所通的，是當前新事實和我舊理論間的那個『通』，止須在我胸中沒有什麼不通的，自然依舊活下去，更大的轉變，是無從發生。宋君（宋雲彬）不明此理，教我『乾脆的把舊看法完全丟掉』，辦不到的。人的思想是求通的，通不下去，才變，變則通，總是變以求通，斷沒有變以求不通的。」

一九五二年九月，在「中央人民政府委員會議」中，梁氏發言提到鄉間農民太苦，比起工人待遇，生活太過懸殊」，他的話使中共當權派嚴重不滿，周恩來說他企圖破壞工農聯盟，李維漢則歷數梁的「反動歷史」，梁先生再度上臺反駁，並與毛澤東展開舌戰，毛在暴怒下要梁「交待清楚他的反人民的反動歷史發展過程」。這時候臺下的羣眾跟着怒吼：「反動分子滾下臺來！」「反革命分子滾出去！」「打死反革命分子！」經過這場實力懸殊的「理」與「勢」的對決之後，據說梁先生遭到軟禁。一九五五年，他的思想再度被猛烈批判。

七〇年代長達數年的「批孔揚秦」與「批林批孔」的運動中，江青曾派人勸梁批孔，梁氏坦告來人，他是「獨立思考」的，認爲批孔無此必要。又說他是「表裏如一」的人，心中不能批孔，批孔文章自然也寫不出來。來人有威脅之意，梁氏自謂年已八十有四，「無所畏懼」。一九七七年五月十九日《人民日報》刊登了〈除掉毒草可以肥田——學習毛澤東的批評梁漱溟的反動思想〉，文中說：「凡是中國共產黨提出來的路線、方針、政策，梁漱溟沒有不反對的。」且將江、姚、張、王所謂「四人幫」與梁氏相提並論，說「四人幫和梁漱溟一樣，都是地主資產階級的代表」。

「四人幫」垮臺後，結束了文化大革命的十年浩刼，梁先生在大陸的情況引起海外知識分子的關切。一九七九年（一說一九八〇年）夏天，曾以《最後的儒家——梁漱溟與中國現代化的困境》爲題寫博士論文的美國艾愷（Guy S. Alitto）教授，到北京親訪梁先生，相處一個多月，做了四十多小時的訪問錄音。艾愷帶給我們最重要的訊息，除了梁氏的身體依舊健朗之外，就是

「他仍然相信他當年的結論，在未來的歷史發展中，中國文化仍將是世界文化的主流，雖然他爲此受了很多批評，但是他的態度卻始終沒有改變」。

一九八二年，國際朱子學會議在夏威夷大學東西文化中心舉行，北京方面應邀的老輩學者中，本有梁漱溟、馮友蘭，我到了夏威夷才知道梁先生沒有來，使我失去可能是唯一訪談的機會，但讀到他向大會所提的論文：〈試論宋儒朱熹氏在儒家學術上的貢獻及其理論思維上的疏失〉，論文由杜維明用英文在會中宣讀。同一年我們很幸運地能比大陸上的讀者更早讀到梁氏親撰的：〈試說明毛澤東晚年許多過錯的根源〉，一個對「文化中國」極具象徵意義的知識分子，在中共統治下生活了三十多年，對締造「共產中國」的毛澤東，會有怎樣的看法，這是所有關心現代中國命運的人，都會感興趣的問題，梁氏這篇文章有了答案：㈠他肯定「從建黨建軍而建國以來的毛澤東」，「功大於過」。㈡毛的過錯多出在晚年，而過錯的根源，是中國根本「缺乏敵對的兩大階級」，「卻爲何強要無風起浪，製造階級鬥爭？什麼『破四舊』，什麼『無產階級文化大革命』，眞是胡鬧！從一九六五年動亂遍及全國各地約達十年，言之痛心！思之可歎！」㈢對十年浩刧以後的中國大陸，因已「標出要集體領導，要遵行法制，要民主協商」，梁氏認爲「前途正可抱謹愼的樂觀」。

梁先生最近的情況，有人稱他「老運亨通」，因不僅有多本舊作再版，新作如《人心與人生》、《東方學術概論》、《我的努力與反省》亦相繼問世。其中《人心與人生》已由日人池田博夫譯成日文，卽將在日本印行。現在每天仍保持規律的作息，依舊寫作不輟。有人問他長壽健康的秘訣，他回答：「少吃多動」，「對生活沒有要求」。

思想

梁先生的思想，可從他代表人生不同階段的幾部著作中去看：

《東西文化及其哲學》

一九二〇年秋，梁先生在北大開這門課，翌年應山東教育廳之聘，復以此題演講四十日，講會結束，卽將前後所講合而成書，初版於山東。此書問世，立卽洛陽紙貴，引起思想界的熱烈討論。同年十一月二十六日，蔣百里寫信給梁啟超，表達他讀了這本書的感受：「頃見梁漱溟《東西文化》一書，此亦邇來震古鑠今之著作。」稍後胡適寫〈讀梁漱溟先生的《東西文化及其哲學》〉，批評此書的缺點，是把一個很複雜的問題套入一個很簡單整齊的公式，因此，籠統、武斷，甚至自我矛盾諸種弊病，遂不可免。胡文指出，梁著只是「主觀的文化哲學」。胡先生從系統知識的觀點評論此書，的確是攻到它最大的弱點，但此書的價值不能只從這一個觀點去看。

經過六十多年後的今天，如從思想史的觀點來看，梁氏這部成名之作，至少有兩點重要的價值：

第一，民國八、九年間，因杜威、羅素相繼來華講學，使東西文化一時間成為熱門話題，知識分子們討論這個問題，或是基於西化立場，或是傳統立場，但都是局部的、片面的。梁先生卻能跳出當時的「意見氣候」，既非西化，亦非中國文化中心的立場，而是把中國文化納入世界文化的架構中去看，於是提出一系列的文化比較模式，這些模式是：

㈠根本精神的差異：

西方文化是以意欲向前要求爲其根本精神的。

中國文化是以意欲自爲調和持中爲其根本精神的。

印度文化是以意欲反身向後要求爲其根本精神的。

㈡生活態度的差異：

西洋人生活是向前要求，是奮鬥的態度，這是生活本來的路向。

中國人生活是回想的隨遇而安，應付問題的方法只是自己意欲的調和。

印度人生活是轉身向後去要求，想根本取消當前的問題或要求。

㈢思想特徵的差異：

西方是直覺運用理智的。

中國是理智運用直覺的。

印度是理智運用現量的。

梁先生提出這些文化比較模式，當然不是依據經驗的研究，然後再加以歸納所得，而是表現了他創造性的直覺，不論其在經驗的印證上是多麼缺乏妥當性和有效性，在方法論的意義上，是具有獨創性的。

第二，梁先生此書醞釀於激熱反傳統的空氣之中，是三、四年深思熟慮的成果，從這個背景來了解他所闡揚的儒家思想，以及孔子的生命智慧與人生態度，是有特殊的歷史意義的。「五四」時代一般提倡孔學者，根本不了解孔學的主要貢獻，是開發了一條生命的道路，提出一種合理的人生態度，只有梁先生在心靈層次上能與儒家的精神相應。雖然在當時他的聲音並沒有多少人能聽得進去，但在後續的發展中，顯然起了先驅者的作用。

梁先生看到胡適的評論，致書謂：「指示猶嫌疏略，於漱溟論文化轉變處，未能剴切相誨。……至尊文間或語近刻薄，頗失雅度；原無嫌怨，曷爲如此？」胡適答書：「如此文自信對於先生毫無惡意，而筆鋒所至，竟蹈刻薄之習，至惹起先生『嫌怨』之疑，敢不自省乎？」兩人的關懷不同，心靈層次各異，是很難溝通的。胡先生認爲梁書是「主觀的文化哲學」，梁先生儘可回答「一切的文化哲學都是主觀的」，「主觀的」並不表示可妄逞胸臆，而是由普遍觀點去了解人類文化的價值。

《東西文化及其哲學》出版後，梁先生果有「悔悟」，特別是對第四章末有關中、西、印思想特質不同的陳述，認爲「不曾說妥當」，「使許多人跟着把『直覺』、『理智』一些名詞濫用誤用，貽誤非淺」，「我今願意一概取消」。（見三版〈自序〉）一九八一年，艾愷博士在臺接受記者訪問時說：「我曾直接問過他，他是否認爲他早年的看法有過時或是錯誤，需要修正的地方？他說《東西文化及其哲學》一書中，以本質來解釋孔子的學說，這一點雖不全錯，但也不全對。我又問還有沒有其他的修正？他想了很久，卻說不上來。」

《中國民族自救運動之最後覺悟》

此書作於一九二九至一九三一年間，主要目的在向國人說明他爲何要實行鄉（村）治運動，也就是要爲這個運動建立一套理論基礎。一九七一年此書在臺灣重版，胡秋原先生寫〈重印者序言〉：「此書不僅代表他的理論，也說明他的思想之由來，並可由此看出民國最初二十年間中國思想界之一斑。大家可以不必接受其思想，然而其肯思想，本其思想而行動，不隨俗淺薄，切志解決中國問題之眞誠嚴肅的精神，則是一切思想者所必效法的。」

這一時期梁先生對西方文化的了解，仍是在《東西文化及其哲學》的基礎上繼續拓展，他認爲西方人在近代所以能起飛，主要是在其人生態度，這種態度「就從『我』出發，爲『我』而向前要求去，一切眼前面的人與物，都成了他要求、利用、敵對、征服之對象；人與自然之間，人與人之間，皆分隔對立起來；渾然的宇宙，打成兩截」。這種人生態度包括太強太盛的理智活動，於是產生近代科學；也包括太強太盛的個人主義，民主政治的風氣由此而開出。相對之下，中國所以顯得落後，是因缺乏這種人生態度。那末中國人是否應學習西方人的態度？在梁先生答案是否定的。在這關鍵性的思考上，梁先生顯然受當時中國政局的影響和局限，因在「五四」新文化運動後，既聯俄容共，又清黨，「前後亦換了不知多少方式，賣了不知多少力氣，犧牲不知多少性命，而屢試無效，愈弄愈糟」。因此他竟誤把共產黨代表西方之路，以爲「西洋戲法到得共產黨這一步，亦就窮了」，宣稱「今日已是西洋化的中國民族自救運動之終局」。

檢討過去，中國問題的癥結，一方面是上層的知識分子與下層的農民，這「兩種動力乖離，上下不相通。在下層〔的〕動力固盲動而無益於事，在上層〔的〕動力，以其離開問題所在而純秉虛見以從事」，結果是既搔不着問題的痛癢處，又背叛民衆。要解決這個問題，「當然是要上層去接引下層，卽革命的知識分子下到鄉間去，與鄉間人由接近而渾融」。另一方面，梁先生堅信「中國之政治問題經濟問題，天然的不能外於其固有文化所演成之社會事實，所陶養之民族精神，而得解決」。一九二九以後，在河南、山東實行的鄉村建設運動，就是希望能朝這個目標去努力，希望在這個基礎上能實現一個「最實在的文化運動」。

一九七一年四月十六日，艾愷在臺北搜集博士論文資料，曾來我家訪談，他問：「爲何梁漱溟的鄉村建設會失敗？」當時談話的內容，今已不復記憶。今天重新回顧這頁歷史，我覺得一個能「本其思想而行動」的人物，的確比較能切合早期儒家「知其不可爲而爲」的經世精神。

《中國文化要義》

此書開始於一九四一年春，因政治活動而時作時輟，後因奔走國共和談失敗，重返四川北碚，才集中精力，於一九四九年六月完稿。「認識老中國，建設新中國」，是在此之前一、二十年間梁氏思考問題的總目標，而這本書則是他思考老中國社會文化特徵的一個總結。

一九三八年初梁氏訪延安，與毛澤東談到要建設新中國而追論及舊中國社會時，兩人曾爲此發生爭論，爭論的焦點是在階級問題上。毛是靠階級鬥爭起家，最後也因欲強行其說，而犯下滔天大罪。梁則認爲中國傳統社會是「倫理本位，職業分途」，關於此一特徵，本書有詳細的陳述。

梁先生說：「中國的偉大非他，原只是人類理性的偉大。中國的缺失，卻非理性的缺欠，而是理性早啟、文化早熟的缺欠。……又必明乎中國之爲理性早啟、文化早熟，而後於此文化不可解之謎乃無後疑滯，並洞見其利病得失之所在。所有中國文化之許多特徵，其實不外一『文化早熟』之總特徵。」可見「文化早熟」乃此書最基本最重要的觀念，二十三年前我寫〈評梁漱溟「中國文化早熟」說〉，對這個觀念曾有詳細的評述，茲引一段如下：

「梁先生說：『中國不是同西方人走一條路，因爲走的慢，比人家慢了幾十里路。若是同一條路而少走些路，那末慢慢的走，終究有一天趕的上；若是各走到別路上去、別方向上去，那末，無論走好久，也不會走到那西方人所達到的地點上去的。』這段話是寫在《東西文化及其哲學》中的，經過將近三十年的時間（見《中國文化要義》），中國人『另走一路』的想法，並未改變，……梁先生似乎始終未覺察到，中西文化『各自走到別路上去』的想法，與『文化早熟說』是不能相容的。蓋說文化早熟，意思實卽說：『中國文化比西方文化早熟。』但說誰比誰早熟，必須假定中西文化走在同一條路上，至少雖發端不同，而終必殊途同歸，然後能說。如依梁先生，中國文化是『另走一路』這不等於說中西文化所走的路是永不相交的平行線？又如依梁先生說，中國文化『無論是走好久，也不會走到那西方人所達到的地點上去的』，那末『中國文化比西方文化早熟』的斷語，豈不是全無意義？」我當年的評論，主要是從語意和邏輯着眼，並不能因這方面的缺點就掩蓋此書一些獨創性的見解（倫理本位、職業分途，便是一例）。此書對中國歷史文化的了解，自成系統，不愧爲一家之言。

《人心與人生》

從一九二六年起，已在不同的場合三次開講這個題目。一九四一年十二月，日軍攻佔香港，梁先生化裝爲漁夫，乘小舟逃脫，途中寫信給他的兩個兒子：「前賢所謂『爲往聖繼絕學，爲萬世開太平』，此爲我一生使命。《人心與人生》等書寫成，我乃可以死，現在則不能死。」由此不難想像他對這本書是多麼重視。《中國文化要義》完成後，個人生活，尤其是客觀環境，起了巨大變化，一直拖延到一九七五年，這本書才完成，一九八三年問世。

艾愷也覺得《人心與人生》是梁氏晚年最重要的著作，這本書的思想與一九四九年前有何不同？艾愷說：「我認爲這本書仍然是在《東西文化及其哲學》和《中國文化要義》的基礎上發展出來的，基本原則都一樣。」作者自謂：「吾書旨在有助於人類之認識自己，同時蓋亦有志介紹古代東方學術於今日之知識界。」如僅就後一目的而言，艾愷所說也許是對的，不過重點已不同，《東西文化及其哲學》重點在探討文化型態，《中國文化要義》探討文化特徵，《人心與人生》探討人心與人性，也就是透過人類心性的探索，以加強認識人自己。

這方面的討論，主要的依據雖仍是「古代東方學術」，但他已不能滿足於固有，希望增加新的內容，如謂：「中國學者遠自孟荀以來，好爲性善性惡之論辯，其爲說多不勝數，而可取者蓋少。此一問題不有近頃科學知識暨思想方法爲資助，只出以忖度臆想，未有不陷於迷離惝恍莫可爲準者。」又說：「吾書之言人心，渾括通常所謂生理現象者在內。」爲了達到這個目的，書中引用了許多心理學、生理學以及進化論的文獻。生活在科學的時代，作者有此企圖，也許可以同情。問題在哲學的人性（或人心）論與科學的人性（或人心）論無論是方法或觀點都不相同，科學的人性（或人心）論是要從經驗與實證的基礎上建立的，而哲學的人性論可以用先驗法建立，如孟子的性善論，縱然人世間沒有一個善人，孟子性善論並不因此而動搖。此外，科學以增進知識、創造知識爲目的，哲學中的知識論卻在探討什麼是知識？以及知識如何產生的問題。如果缺乏之這種自覺，那末增加新的內容，不一定是「迷離惝恍」的減少，反而是增加，《人心與人生》的內容，的確會給人這種印象。由於問題層次及界際的混淆，結果是「新」「舊」兩失：既無法給讀者傳統心性論完整的理解，也不能提供系統的新知識。儘管此書有這些缺點，作者「肯思想」，以及「切志解決中國問題之眞誠嚴肅的精神」，是絕無可懷疑的。

除此之外，此書還有兩個要點，必須一提：第一，梁先生肯定階級性之外，還有普遍的人性，這是對「自一九五七年『反右』運動以來，人無敢以人性爲言者」的現象的抗議；同時他也藉本書對人性與階級性之爭，在理論上求取一個解決。在這裏的確可以證明他是「不隨俗淺薄」的。

第二，是關於人類文化前途的論斷，他說：「此書中論斷：人類社會發展在最近的未來，無疑地要從資本主義階段轉入社會主義階段；隨着社會經濟這一轉變的到來，近代迄今盛極一時向着全世界的西洋文化卽歸沒落，而爲中國文化之復興，並發展到世界上去。」這一段文字涉及的問題太複雜，書中雖時有涉及，但究竟怎樣才得到這個論斷的過程並不清楚。我們知道，梁先生在二十歲（一九一二）的青年時期就曾熱衷過社會主義，並作了《社會主義粹言》小册子。一九三二至一九三六年間完成的《鄉村建設理論》，其中構想的理想社會就是社會主義烏托邦，在梁先生心目中，這是符合儒家大同社會理想的。所以在中國大陸奉行社會主義三十年而失敗的歷史，並不能動搖他對社會主義的信仰，也許他認爲毛澤東只是藉社會主義之名而行獨裁之實，毛澤東晚年錯誤的根源，他也只歸咎於階級鬥爭，而非社會主義。至於他仍認爲資本主義必然轉入社會主義，然後西洋文化會沒落（「西洋文化」又豈能以「資本主義」來概括），這是因長期生活在資訊隔絕的封閉社會所致，馬克思這一預言早已被近代史所發展的事實所推翻。

西洋文化沒落，中國文化將可趁機發展到世界上去，這是一九二〇年梁啟超歐遊歸來發表《歐遊心影錄》裏的論調。六、七十年過去了，西方科學與物質文明非但沒有破產，二次世界大戰之後，反而有空前的發展與繁榮，而中國文化在海峽彼岸，曾遭到史無前例的摧殘，在海峽此岸也沒有眞正能把中國文化復興起來，遑論發展到世界！

結語

爲了討論梁先生的思想，不能不從他的著作來看，就著作的內容而言，問題誠然不少，但梁先生在近代中國歷史上最重要的意義不在這方面。當年他決心去從事鄉村建設，學界朋友爲之惋惜，他的答覆是：「願各位愛我的朋反，不必可惜我抛棄了學者生涯，——我本非學者。」《中國文化要義》完成後寫序，又聲明：「我無意乎學問」、「我不是學問家」、「以哲學家看我非知我者」，這些話絕非客套，是很眞誠的。所以他生命最重要的意義，是在艾愷博士所說：「他的一生都以完成儒家成聖成賢的理想而自任，而且在他的實踐中他的確成就了此一理想。」在巨變的二十世紀裏，他所以能堅守自己的信念者，以此，他所以能保持獨特的風格者，亦以此。若問他成就此一理想的精神動力何在？大半是在儒家的陸、王傳統，陸、王傳統是以成就一個眞實的人爲其目的的。在這個意義上，梁先生於「文化中國」日漸陷落的二十世紀裏，是有象徵意義的。

一九八七年五月《文星》

中共統治下的梁漱溟先生

六月二十三日，九十五歲的梁漱溟逝世於北京，結束了既燦爛又黯淡的一生。他的去世，將成爲充滿「憂患意識」這一型儒者在歷史上的休止符；像他那樣能身體力行，爲儒家精神做見證的人物，今後可能很難再見。

文革前臺灣很少有梁先生的音訊，一九七六年我爲《現代中國思想家》叢書寫《梁漱溟》一册，其中〈年表〉部分，一九四九年以後，不但嚴重殘缺，且多語焉不詳而有錯誤。最近我由北京帶回去年六月出版的梁著《我的努力與反省》，書中包括十一篇自傳、日記，以及不同階段有關生平的舊作，唯一從未發表過的，是佔八十三頁的〈我的努力與反省〉(以下簡稱〈反省〉)，此外還有三篇〈附錄〉，〈附錄二〉爲汪東林所撰，前年才發表的〈梁漱溟先生在「批林批孔」運動中〉，作爲史料，此文相當珍貴，因是作者根據親身參與「批林批孔」現場筆記寫成，梁先生將其收入書中，並認爲可塡補這一階段生平的「空白」，應相當眞實可靠。我這篇文章，就根據最新發表的這篇自傳，和汪東林之文，探討兩個問題：(1)一九四九年以後，中共新政權對梁漱溟的思想產生了那些影響？(2)從一九七三年十一月起，長達一年的「批林批孔又批梁」的運動中，這位現代中國最具代表性的儒者，他的反應如何？

(一)中共政權對梁漱溟思想的影響

〈反省〉長篇作於一九五二年，是中共新政權成立的第三年，這三年期間，一九四九仍居重慶北碚，聲言「三年之內對國事只發言不行動」；一九五〇年應毛澤東之邀到了北京，毛有意請他參加政府，他表示願在政府外效力，設一「中國文化研究所」，或稱「世界文化比較研究所」，毛不置可否，卻勸他去參觀新老解放區，於是赴山東、河南、平原及東北六省，歷時近半年；一九五一年出任全國政協委員，並赴四川合川縣雲門鄉參加土改。依據這二年實地考察和親自加入的經驗、學習心得，一九五二年靜下心來寫出〈反省〉一長文，「回顧多年從事社會活動的經過，並試作檢討」（頁四七五——六）。

梁氏檢討的重點，是他於抗戰前從事的鄉村建設，以及抗戰中和勝利後爲奔走國事而推展的政治運動何以會失敗？而中共又爲何能成功？

不論是鄉村建設運動，或是政治運動，梁氏都有他自己的一套理論，這套理論建立在「中國特殊論」的基本假設上。這個論點「並不單從其過去歷史文化的認識上而建立，主要還在我親身多年感性的認識上」（頁三七五）。就過去的歷史文化，梁氏認識到中國人的四大缺乏：(1)缺乏公共觀念（國家觀念在內）；(2)缺乏紀律習慣；(3)缺乏組織能力；(4)缺乏法治精神。「而一切缺乏總歸於集團生活之缺乏。缺乏集團生活是其負面，其正面則中國人總是生活在家庭家族之中。……中國特殊論的根據第一在此」（頁三七六）。所謂多年親身感性的認識，卽自入民國以后，一直不曾見過統一的局面，「一生倒有大半生爲國家不統一所苦，這一糾纏不解的苦痛怎叫我不深思其故？當我古今中外縱橫往復研究下來，就發現中國的特殊：它（中國）乃是融國家於社會，以天下而兼國家，不屬於一般國家類型的，這正是順着缺乏集團生活下來的結果。……中國近四十年不統一之故，卽在認識了中國的特殊之後而完全了然，同時亦看出其問題爲何解決的途徑」（頁三七六——七）。

這條解決中國問題的途徑，就是鄉村建設的道路。依梁氏的了解，一般國家莫非階級統治，因此解決統一的問題，一般是求統一於上，也就是「以一方強越勢力壓倒其餘而統治」。而中國因不屬於一般國家類型，它是階級統治的一個例外，針對此一特性，如仍採取「統一於上」的方式，終將落空，所以必須採取「統一於下」的方式。所謂統一於下的方式，主要是從「形勢散漫而情意若相通的社會中，發見其親切實際的共同要求，從而聯繫之以成一體，使一向浮在上面的分裂，若有所歸而勢無可分，國家於是統一」（頁三九七）。這就是鄉村建設運動要達成的目標，梁氏曾自信，這也是「從歷史文化認出了中國革命唯一正確之路」（頁四〇三）。走這條路，不僅可完成中國的革命，更重要的是，不必經過階級鬥爭，便可達成社會主義。

以上是抗戰前梁氏基本的設想和實踐的目標。抗戰軍興之後，鄉建運動受拒，而國共兩黨又都各具不容忽視的勢力，經過一番考慮，稍稍改變了他的主張，遂提出「確定國是國策」、「建立黨派綜合體」、「政權治權劃分開」三個步驟所構成之一套政治方案。

所謂「確定國是國策」，意在使全國意志集中於一建國目標，包涵對外如何求得民族解放，對內如何完成社會改造（是指依據鄉村建設理論所從事的改造）。所謂建立「黨派綜合體」，「其作用就相當於全國鄉建運動的聯合體」。所謂「政權治權劃分開」，卽於鄉建聯合體的基礎上，去實施「求統一於下」的目標。梁氏自信能代表廣大人民的要求，所以企圖用他的方案去說服兩黨，去「打通他們的思想」，共同走鄉村建設的道路。

這個方案於一九三八年、一九四六年兩度訪問延安，曾向中共領導及其他首腦提出，並進一步解釋：「黨派綜合體」要求各黨派都不要直接當國秉政，而參加政府的人一定要脫黨。他的話使中共方面「似乎怪訝不解」；而對「政權治權劃分開」這一層——其中包括軍隊脫離黨派屬於國家，則認爲不可行。梁氏卻認爲這第三步才是解決中國政治問題的關鍵所在，「政府與社會如分不開，社會統一不能鞏固，便一切都完了」（頁四〇三——四）。當他把這個方案同時向國民黨一位高級官員提出，談及軍隊國家化這問題時，這位高官很率直地回答：「你向誰要軍隊就是

要誰的命！誰能把命給你？你眞是書呆子！」（頁三六〇——一）

依據梁氏的反省，他的方案所以無法爲中共接受，主要原因是在中共一向主張：「要站穩階級立場」、「要分清敵我」，因此，要革命成功，必須從事階級鬥爭。而梁氏一向的看法卻是要把全社會統一於一個立場，一定要從團結求統一；根據鄉建理論的了解，中國根本不是一個有階級的國家，那來有革命的對象？民國以來，國人苦於不能統一，社會缺乏秩序，如能經由鄉村建設，建造起社會的新秩序，何必要階級鬥爭？梁氏自認，這就是他與中共在思想上最大的分歧點（頁三八三、四〇四、四一一、四一九、四二五）。

一九四九年中共新政權成立，經過三年的實地觀察與深切的反省，梁漱溟終於承認過去一向深信不疑者錯了，他寫〈反省〉長文的目的之一，就是要「好好反省究竟錯在那裏」？「我曾說三年來的事實，給我的教訓最大者，就是若干年來我堅決不相信的事情，竟出現在我眼前——一個全國統一穩定的政權，竟從階級鬥爭而奠立起來。」（頁四〇五）

梁氏自認的錯誤是在：

(1)對於中國舊日社會的封建性認識遠爲不夠，過去的鄉建工作還不知不覺做了許多助長封建勢力的事情（頁四一二）。

(2)承認中共那篇〈湖南農民運動考察報告〉中所說紳權、族權、神權、男權等四大威權，在中國社會的確存在。這四大威權造成農民的痛苦也是事實，這便是封建統治所依賴的秩序，也就是應被革命的對象。以往一直深苦中國社會無秩序，那是因為「從一般有產者立場出發」所致（頁四〇六）。

⑶以往的注意力都被吸引到為禍最烈的連續內戰（無秩序）上，因此只看到有槍階級之間和有槍無槍之間的矛盾，而忽視了尋常有秩序的剝削與被剝削的那種矛盾，結果使自己置身於矛盾之外來處理矛盾，成了革命的外行人（頁四二一、四二二）。

⑷以前一向強調「中國革命是從外引發」，卻沒有及早注意世界正從階級立場分為兩大陣營而決鬥的形勢。「這種孤立起來看事情，又是大大錯誤。」（頁四一七）

⑸當年的鄉村建設，只是主張知識份子下鄉領導農民、組織農民，是在做教育工作，沒有和被壓迫被剝削的人站在一起，於是竟落得「號召鄉村運動而鄉村不動」，只能算是改良，不是革命（頁四二六、四二七、四二九）。

因以上種種錯誤而導致失敗的根本原因，一言以蔽之，是在未把矛盾法則弄清楚。相反地，中共之所以成功，就是因為能掌握矛盾論，走暴力鬥爭革命之路，中共「一切成就基於武裝鬥爭，沒有武裝鬥爭沒有一切」（頁四一三、四一九）。

㈡在「批林批孔」運動中梁漱溟的反應如何

「批林批孔」運動，目前在大陸已被看作是江青反革命集團陰謀策劃的一場鬧劇，主要目的是在爲反對周恩來，以操縱「組閣」製造輿論。運動的緣起，始於一九七三年五月和八月，毛澤東做了兩首詩批評有人尊孔、罵秦始皇。同年七月四日毛與王洪文、張春橋談到林彪（林已於一九七一年去世）的「尊孔反法」。八月七日《人民日報》就發表了經毛批准的楊國榮的文章〈孔子——頑固地維護奴隸制的思想家〉。一九七四年一月十八日，中共中央發出一號文件轉發由江青集團選編的《林彪與孔孟之道》，從此「批林批孔」運動在全國展開（以上見《簡明中國近現代史詞典》，頁六八三）。

梁漱溟在當時雖知道這個運動的「目的另有所圖」，但並不清楚其中的來龍去脈。梁氏是政協委員，在京的全國政協委員都被召集成立學習小組，梁氏所在的學習小組有二十餘人都「表態」了，都表示「擁護」這個運動，梁雖被江青點了名，仍一直保持沉默。學習小組的人用各種理由刺激他發言，例如「對重大政治問題保持沉默本身就是一種態度」。也有人提到北京大學有位「一貫尊孔」的教授（指馮友蘭），已公開發表文章支持批孔，梁的回答是：「我懷疑他文章所說的是否是他內心要說的眞話」，於是引起反擊。

一九七三年十二月十四日，梁氏於學習會上第一次正式發言，表示對當前批林批孔運動持保留態度。至於如何評價孔子，則準備寫篇專文，但不公開，爲何不公開呢？他說：「我的苦衷是，我很不同意時下流行的批孔意見，而我的親屬、友人都力勸我不要說話，文章不發表，不公開，我無奈答應了他們。眼下我能說的就是這些。」（頁四五五）

多日來學習會上一面倒的「擁護」和違心之言大家已聽膩了，有人就希望這位一向直言的儒者，能公開「唱唱反調」，「給某些有權勢的人增加點麻煩」。也有人幸災樂禍，要他光明正大，有話就擺到檯面上來說，不要搞陰謀詭計。梁氏用「文章太長」、「會佔各位許多寶貴時間」加以搪塞，會議主持人決心不放過他：「時間長沒關係，聽聽你的高見，我們願意奉陪。」在這種情形下，梁氏祇好答應做準備。

兩個多月後，那是一九七四年二月二十二日，這位當時已八十一歲的老人，就像在大學課堂裏一樣「登臺開講」。那天他「衣冠整潔，皮包裝得鼓鼓的，裏面是講稿、參考書、筆記本，一件件擺在會議室的茶几上，站起來發言」（同前）。講題是：〈今天我們應當如何評價孔子〉，他的發言長達兩個半天。

首先梁先生講今天我們評價孔子應持的態度，他認爲對孔子「絕對的肯定或絕對的否定，都是不對的」，因爲「孔子本人已不會說話，不會申訴，大權操在我們手裏，由我們來判斷，就要負責，要多考慮，而不要不負責任。……這與孔子倒無損，與我們則不好，沒有盡到責任」（頁四五六）。

接着他闡說了中國文化，從中國文化史的發展中，肯定孔子在中國歷史上的地位，較重要的一段是：「中國有五千年的文化，孔子是接受古代文化，又影響着他之後的中國文化的。這種影響，中國歷史上的任何一個古人都不能與孔子相比；他生活在前二千五百年和後二千五百年的中

間，他本人是承前啟後的。」」（頁四五七）

有人訴諸毛澤東的權威，說毛一直是批孔反孔。梁先生根據自己閱讀毛著的心得，做如下的辯解：「我看不能說毛主席一貫批孔反孔，應當說毛主席反孔只是一個方面，還有肯定孔子的一面，就是說孔子的學說，有糟粕，也有精華。」（同前）

最後梁氏提醒與會者，我們評價孔子，不應「把學術研究和政治問題攪在一起」，像「中庸之道」本是儒家哲學上的問題，現在被批評為折衷、調和、緩和了階級鬥爭，這「就是從政治上說話，而並非是學術上的分析、研究」（頁四五八）。

「批林批孔」運動，本就是「另有所圖」的，江青集團原企圖利用梁氏的聲望和尊孔的形象，為運動說幾句支持的話，可增加宣傳的作用，不意梁氏卻利用這公開發言機會，把孔子宣揚一番，還提出學術與政治分途的主張，這簡直是向當權派的政治權威挑戰，使他面臨命運莫測的後果。果然，他立即遭到大字報的攻擊，標題是：「梁漱溟是孔孟之道的衞道士」！「梁漱溟是孔老二的孝子賢孫」！「梁漱溟對抗批林批孔運動罪責難逃」！這些話在當權派看來，或以為可以打擊他的聲望，破壞他的形象。而在今天看來，在那喪失理性，為權力鬥爭做烟幕的政治運動中，逼着無數的知識份子只能表態，只好說假話敷衍，這些話反而成為在羣魔亂舞的環境中一士諤諤的歷史證言。

梁漱溟發言後，除大字報外，在他的學習小組裏，當然也遭到激烈的批判。「批孔」與「批林」相聯，所以下一步很自然地又逼問梁對「批林」的態度，梁的反應是：「不批孔、但批林」，但「我的批林，與眾說不大一樣，我認爲林彪沒有路線」。他說：「我不能說屈心話，不能像林彪那樣，說的一套，做的一套。耍兩面派，沒有比林彪裝得更像，《語錄》是他編的，在沒有敗露之前，似乎馬列主義沒有比他學得更好。林彪欺騙毛主席，毛主席錯認了林彪，這是不可否認的事實。」至於林彪是不是要走孔子的路，行孔孟之道？梁氏認爲他不敢相信，也不覺得林是受害於孔子（頁四六〇、四六一）。

當會內會外、文字語言連續不斷的猛烈圍攻時，梁漱溟依舊被迫每會必到，在如此強烈的刺激下，三月八日在會上的發言，開始自我防備，語氣有了顯著的改變，承認自己上次有關孔子評價的發言，文不切題，又犯了個人英雄主義、好勝、逞強的老毛病，承認只能偶爾忘掉自己，「只有共同的政治立場和任務，可惜我不能經常這樣無我——如果我那樣高明，也就不會有今天的錯誤了」（頁四六三）。

這次發言以後，歷時半年，梁漱溟一直默默承受着各學習小組對他「進行背靠背批判」。九月二十三日，運動將告一段落，會議主持人問梁對大家的批判有何感想時，梁氏脫口而出：「三軍可奪帥，匹夫不可奪志。」他的話引起一陣騷動，震驚了各組的同人，主持人勒令做出解釋，他說：「歸根結柢，我還是按我的理性而言而動，因爲一定要我說話，再三問我，我才說了『三軍可奪帥也，匹夫不可奪志』的老話。吐露出來，是受壓力的人說的話，不是在得勢的人說的話。『匹夫』就是獨人一個，無權無勢，他的最後一着只是堅信他自已的『志』，什麼都可以奪掉他，但這個『志』沒法奪掉，就是把這個人消滅掉，也無法奪掉！」（頁四六五）

他這番話，使所有在座的人愕然、木然。

㈢兩點感想

第一，梁漱溟先生在現代中國史上，一向給人的印象，他是一位相當有原則、有骨氣的知識份子。在「批林批孔」而終於演變到集中火力「批梁」的強大壓力下，因而說了一些「言不由衷」的話，就完美的標準來看，雖不免稍嫌瑕疵，但他畢竟是一位活生生的老人，那些話發自令人窒息的環境裏，毋寧是正當的心理防衛。等到外在壓力幾乎大到使他無法承受的一刹那，他依然能顯現「眞我」，恢復了他的「本來面目」。當一個知識份子僅憑着他所持守的「道」或「理」，與政治上的權勢相搏時，還有什麼語言比「就是把這個人消滅掉，也無法奪掉」他的「志」這種話更悲壯、更有力量的？

在做人方面，梁漱溟的一生，是值得我們尊敬的。在中共統治下，知識份子中恐怕祇有他與毛澤東當面公開爭辯過，且要求毛收回他講過的話，因而激怒了毛，不久毛便寫〈批判梁漱溟的反動思想〉，引發學術文化界對梁展開全面的批判，那是一九五三年的事（參考前引書頁四四一—二）。這一幕不禁使我想起明儒呂坤所說：「天地間惟理與勢爲最尊，雖然，理又尊之尊也。廟堂之上言理，則天子不得以勢相奪，卽相奪焉，而理則常伸於天下萬世。……以莫大之權，無僭竊之禁，此儒者之所不辭，而敢於任斯道之南面也。」梁先生在我們這個時代，實爲儒家「道（或理）尊於勢」的基本信念，提供了鮮活的見證。

第二，在思想方面，梁先生面對中共新政權，幾乎全部否定了自己長期從事的社會和政治運動的想法，而認同了這個政治現實，不免落入以成敗論英雄的窠臼。梁氏一生頗自豪他能「獨立思考」，其實單靠「獨立」（「人格上的獨立」與「思想上的獨立」不同）並不一定就能發展出深入的思考，獨立思考的能力，除了具有與問題相干的、一定程度的廣博學識之外，還必須有嚴謹的理論訓練，才可能培養出來。而梁氏卻說：「我從來不曾爲讀書而讀書，爲求學而求學，讀書求學都是爲了解決問題，爲了實踐。」（頁三七七）這種實用動機優先的取向，不可能培養出眞正獨立思考的能力。實際上他在解決問題時所依恃的，是個人直接間接的有限經驗，讀書求知不過是爲了印證自己的經驗，這自然無法成長出高超的思考能力，也就是他祇能接納中共新政權這個事實，而無力對它的思想提出批判的眞正原因所在。在現代社會，研究並提出解決問題的方案，是學者專家的工作，執行方案去解決實際的問題，乃政府官員之事，這是合理而必要的分工。梁先生的問題，也正是儒家傳統的問題，他始終沒有了解到「作之君、作之師」的時代，早就應該過去了。

十二年前我編寫《現代中國思想家梁漱溟》，我曾說：「距今又四十多年了，梁先生且已生活在一個標榜社會主義的社會裏二十八年，假如他仍能保持當年的思想活力，我想他很有資格像吉拉斯那樣，寫一本《不完美的社會》的新書，用親身的經歷，爲社會主義提出歷史性的見證。」當時我就不曾想到他的「思想活力」是實用動機優先的，所以並不是眞正的「思想」活力，而只是一股改造社會的熱情，因此，我的期望終於落空。

梁先生晚年雖沒有寫出我所期待的，像《不完美的社會》那種深入批判社會主義的書，但他在八十九歲那年卻寫了一篇〈試說明毛澤東晚年許多過錯的根源〉的短文，文章中說：「多年之後，夙性獨立思考的我，漸漸恢復了自信。」究竟恢復了怎樣的自信，文中並未交代清楚，但對毛澤東做了新的評估，他說：「從建黨建軍而建國以來的毛澤東主席，其一生功大於過，這是不爭之論，他的過錯多出在晚年，亦是衆目共睹的。現在要問：他的那個許多過錯有沒有總根源呢？我看是有的，這就是他既在思想言論上過分強調階級鬥爭，更且以其不可抗拒的權威而厲行之，以致造成不少災難和罪惡，令人心痛、長嘆息！」這顯然是對一九五二年所撰〈我的努力與反省〉一文中的檢討，做了新的「反省」和修正。把三十年前和三十年後兩次檢討合起來看，梁先生明顯認爲：毛的一生，成於階級鬥爭，也敗在階級鬥爭。這話已觸及問題的關鍵，可惜太老了，已無力再追討下去。去年他仍將三十年前的思想檢討公之於世，讓人知道他的膚淺，這正是他坦誠可敬之處。

一九八八・七・十《中國論壇》

思考方式的突破

去年元月，我曾在「思想與觀念」專欄裏，討論「思想貧困」的原因，主要是由於我們幾千年的文化傳統中始終沒有把學術思想本身視爲獨立自足的天地，因此培養不出「爲知識而知識」的精神。嚴格地講，前次的討論僅涉及問題的現象，並未探及問題的根本，趁這個機會，我想做點重要的補充。

問題的根本是在中國傳統的思考方式。中國文化在文學、藝術方面的成就，比之任何大的傳統並不遜色，知識階層的人文素養和生活智慧，已達到相當高的水平，但就與創造知識息息相關的思考方式來看，中國實不及來自希臘傳統的西方。

中西文化中思考方式的優劣，從早期思想上最具創造性的時代，便已見端倪，例如《論語》與柏拉圖的《對話錄》，都是中西思想傳統中最偉大的經典，都曾產生深遠的影響，表達的形式雖都是問答或對話，實質上所運用的思考方式則大異其趣。孔子教學十分靈活，會因時、因地、因材的不同而施用不同的教學方法，但所表現的思想方式卻十分簡單，多半止於一問一答，弟子聽教誨而已，很少反詰，至於層層質疑重重問難或雙方展開辯論的情形，更是少之又少。因此，孔子學說的表達，多半是獨斷的，有結論無過程。所以致此的原因，主要在孔子的學說是肯定行優先於知，實踐重於理解，所謂「行有餘力，則以學文」。後來思想上對知行問題，雖有種種不同的說法，並未能改變這一基本的定向。在此基本定向下，雖有少數思想家（如荀子），對原有的思考方式企圖有所突破，因而對知識論與邏輯表現出初步的探討。這點成果，根本未受到後世正統儒者的重視。佛教傳入中國，居於學術思想的中心地位數百年，成果豐碩，其中最能代表印度佛教細密與繁複思考的唯識學，也同樣遭到儒者的忽視，而標榜「教外別傳，不立文字」的禪宗，卻風行數百年，宋朝新儒家深受其影響。

再看柏拉圖《對話錄》中蘇格拉底式的對話和辯論，不但在對話中表現層層質疑、重重問難，而且隨時要求對方的表達能做到清楚和正確；不但在辯論中要求遵守辯論的規則，不許節外生枝，而且爲了觀念的精確，要不斷下定義，以便把討論的性質固定下來。一席冗長的對話或辯論，簡直就是一場理智的搏鬥，如有犯錯，自己承認，沒有權威，只着重過程的表演，對問題可懸而不決，不輕易遽下結論。容許懷疑、批判、挑戰，容忍不同觀點的矛盾與衝突的表現，不僅可看出早期西方哲人思考方式的特色，就從這種思考方式的運作中，早已奠定了民主的心理基礎。

表面上看，蘇格拉底和孔子都愛好智慧、熱愛生活，並遵照智慧的指導去生活，不過蘇氏追求的是智者生活，希望透過他獨特的思考方式，解放人類的理解力，把理性帶進我們的世界和生活裏，他說：「生命如不訴諸批評的省察，這種生命是不值得活的。」因此，他樹立了哲學家的最高風範。孔子追求的是仁者生活，終極理想是內聖外王，當下關切的是人能否透過覺悟，激發道德的潛能，把成德的意願化爲行動，提昇人格，所以在孔子，如果人不能自修其身，並對社會人羣盡教化之責，是不值得活的。因此，他樹立了教師的典範——萬世師表。

西方從亞里斯多德開始，就已建立系統的探討方法。中國在孔子以後思想雖有進展，而一般儒者在探討問題時，仍多以聯想代推理，以譬喻作論證，自始至終思想未能達到系統化的階段。因此，代表哲學基要部分的邏輯學、知識論、形上學，不但形構簡單，內容也相當簡陋。一直到今天，學者如僅憑藉本土的文化思想資源，根本培養不出做高、深及複雜思考的能力。存在主義哲學家雅斯培說：「中國、印度與西方三個發展的平行說法，雖然在史實上是正確的，但它也會帶給我們一種歪曲印象，令人以爲這種說法便對三者賦予同樣的重要性。對我們（西方人）而言，情形並不這樣。縱然亞洲思想中的若干識見，是不可缺少的，但那些能夠激發我們的主要觀念仍然在西方哲學。惟有在西方哲學中，我們才能找到那些不可或缺的明晰區分，各種問題的精確陳述公式，以及一種持續不斷的思想。」亞氏的了解不但正確，且態度公正。如果我們沒有勇氣接受這種刺激與挑戰，努力突破傳統的思考方式，很難克服思想貧困的局面，所謂傳統的創造變化，終將不過是句口號而已。

一九八五・六・十《中國論壇》

傳統的偏見

——以「人師」、「經師」爲例

近年來在教師集會的場合，常有人勉勵教師們，不但要做好「經師」的工作，也要能做個「人師」。我不清楚教師們對這個要求的反應如何，針對這個要求，我提出兩個問題來討論：在現代教育制度環境下這個要求是否合理？其次「經師」與「人師」究竟是兩種不同的角色，還是可以合而爲一？

所謂「經師」，在漢代是指講授經學的學官，後來與「人師」相提並論時，則泛指傳授知識的教師。「人師」一詞在《荀子》中出現時，是指理想中的儒者或人君，形成的要件是：「四海之內若一家，通達之屬，莫不從服。」在荀子心目中的「人師」，仍是「作之君、作之師」君、師不分的古老傳統的想法。到了漢代，所謂「人師」，根據《韓詩外傳》的說法，須「智如泉源，行可以爲儀表者」，揚雄則簡稱爲：「人之模範」。宋末胡三省注《資治通鑑》，對人師的解釋是：「謹身修行，足以範俗者。」照《韓詩外傳》的說法，「人師」須具備仁智雙修的條件才能達到，依胡三省的解釋，也必須做到儒家傳統裏所說的君子，才夠資格爲「人師」。如果今天要求教師們做「人師」，是指這兩種意義，顯然已不合理，因爲這個標準太高了，卽使在傳統的社會，兩千多年來也只有少數大儒能達到這個標準，更何況現代教師資格的取得，完全靠在校成績和專業訓練，在高等教育裏，則靠學位和研究成果，與上述「人師」的要求並不相干。

在上引三種對人師的了解中，揚雄「人之模範」的說法，我們認爲現代教育中仍應保留，因位教師雖也是一種行業，但他對學生可能產生難以估計的影響，所以對教師多一些要求，應該不算過分。不過，作爲「模範」的標準，不必再像過去那樣做道德單向而高度的要求，凡是在德、智、體、羣任何一方面，値得學習，足以師法的，都可以是人的模範，在這個意義下，傳統「人師」與「經師」的界限，自然不復存在。

根據古代的教育理論，從〈學記〉的「記聞之學，不足以爲人師」起，以及歷代史書中每有「經師易遇，人師難求」之言看來，中國傳統裏的確是把「經師」、「人師」區分爲兩種不同的角色，無論在評價上或社會地位，「人師」毫無疑問都高於「經師」。這因爲儒家自始就把道德的實踐和人格的陶鑄，視爲人生的第一義，比較起來，追求知識和學術上的造詣，就成爲次要，這種觀點走向極端，就如陸象山所說：「若某則不識一個字，亦須還我堂堂地做個人。」不識一字做個堂堂正正地人，是可能的，但「堂堂地做個人」畢竟不是人生唯一的意義，人間社會縱然有這樣的人物，他也可能在其他方面無知、無能，對社會未必能有貢獻。從現代學術的觀點去看傳統的儒家，儒家不但把求知的歷程看得過分簡單，對知識的價值也不免低估，尤其嚴重的是，儒家忽略了人在追求知識、追求學術造詣的過程中，一樣能產生道德的效果，獲得道德上的成就。

從事學術工作的人都知道，任何一門學術都有它自身的理路和不可踰越的規律，所以一個有學術素養的教師在教室裏傳授知識，必須順着它的理路探索，並遵守它的規律，這就如韋伯在〈學術作爲一種志業〉的講詞中所說：「在教室的範圍內，唯一的德性，便是平實的知性誠實。」其次，從事學術需要多種條件，其中之一是對曖昧容忍的能力，這種能力使人面對困思難決的問題而不遽下判斷，也是一種長期承受內心衝突的能力。

誠實、容忍，還有獨立、自由、創新（生生不已），在以往一直被劃入道德的範疇，被視爲道德實踐的條件，科學史學布魯諾斯基卻發現，這些道德規範不僅能直接導源於科學本身的活動，同樣也是科學實踐的條件。牛頓以來的科學，對近代人文精神的影響，使我們認識到知識、學術的活動與人文價值是息息相通的。中國傳統對知識、學術活動的輕忽，不僅是形成近代苦難的主要成因之一，也是一向爲我們自豪的人文精神缺乏創新活力的根本原因之一。崇「人師」、抑「經師」的傳統偏見，不過是反映這個問題的一個端緒而已。

一九八五・九・二十五《中國論壇》

學派與學閥

最近師範大學人文學社與歷史學會合辦演講會，要我爲他們講「歷史與思想——析論當代學派」。我曾寫過幾篇討論當代自由主義與傳統主義（或稱新儒家）的文章，但沒有用過「學派」這個名詞，這個題目倒使我不能不想想，一種學術思想，究竟要具備那些條件，才能稱爲一個學派，以前常聽人說，臺灣只有學閥，沒有學派，學閥與學派又如何區分呢？

從中國思想史看，學派之分，可追溯到《莊子．天下篇》與《荀子．非十二子篇》，稍晚韓非又有「儒分爲八，墨離爲三」之說。合此三說，可知戰國時代被今人視爲學派者，僅就「家」而言，也就是能成一家之言者。至漢，太史公〈論六家要旨〉，雖謂「六家」，事實上是討論先秦最大的六個學派的思想特色及其得失；《漢書．藝文志》除論及先秦九學派之外，並兼及各派思想的淵源。佛教來中土之後，不同的思想不稱「派」，而稱之爲「宗」，故中國佛教有十三宗或十宗之說。

中國有學術思想史之作，始於《宋元學案》，學案雖以「家」爲單位，有的一位大家就代表一個學派。有人把宋代理學分爲濂、洛、關、閩四派，這是從地域上來區分學派。到了清初，萬斯同著《儒林宗派》一書，把上起自孔子，下迄於明末，各代所有學派，用表格的方式整理出來，《四庫全書提要》的作者雖指其有缺失，但此書爲中國學派史之研究奠定了基礎。

根據以上所涉及的史料來看，中國傳統史家心目中的學派，不但缺乏嚴格的標準，而且有很大的彈性，太史公所說的「家」，與荀子所說的「子」，不僅範圍有大小，所指涉的意義也不同。宋明被稱爲學派，大都只具備有一位能成一家之言者，並有弟子傳承其說這兩個條件。照現代的標準，一個學派的建立，它必須在學術思想史上引起革命性的變化，因此學派的始創者必定如孔恩(Thomas Kuhn)所說代表一個新的「典範」。余英時教授認爲，在任何一門學術中建立新「典範」的人都具有兩個特徵：一是在具體研究方面他的空前的成就對以後的學者起示範的作用；一是他在該學術的領域之內留下無數的工作讓後人接着做下去，這樣便逐漸形成了一個新的研究傳統。就這個標準而言，近三十多年來臺灣是否已建立了一個新的學派，我是深表懷疑的。

沒有建立新學派，並不表示在這段期間臺灣在學術方面沒有新的發展，五〇年代提倡邏輯實證論者，六〇年代以後盛行的現代化理論，七〇年代的新儒家，都曾形成一股研究的風氣。這股風氣如能保持開放的心靈，在基本功力方面繼長增高，並能從事自我批判，以不斷提升學術境界，累積一段時日，定能使臺灣的學術發展突飛猛晉，到那個時候，出現新典範，建立新學派，都不會再是奢望。

令人憂心的是，這些風氣所標榜的新方法、新觀點，尙未獲得預期的成果，而弊已先見，此誠如章學誠所說：「風氣之開也，必有所以取；學問、文辭與義理，所以不無偏重畸輕之故也。風氣之成也，必有所以敝，人情趨時而好名，徇末而不知本也。是故開者雖不免於偏，必取其精者爲新風氣之迎，敝者縱名爲正，必襲其僞者爲末流之託。」任何學風的形成，必有所敝，是因不論什麼新方法、新觀點，都有其侷限，要自覺其侷限，且不爲其所蔽，開放心靈與自我批判精神的培養，就十分重要。如不能朝這方面去發展，相反地，在風氣形成之後，反而被「趨時而好名，徇末不知本」者所利用，這時候就可能出現新學閥與假典範。

學閥與學派之間的不同，並不在其黨同伐異，因學術立場及意識形態的差異，而互相攻伐，此爲任何學派所不能免。學閥之所以爲學閥，重點不在學術，而在其援引學術以外的力量，製造學術的假權威，甘願爲學術以外的目的服務，而殘害異己。一個社會如由某種學風而演變爲學閥，它不但控制學術資源，扼殺學術的新生幼苗，更嚴重的是，使社會賴以發展的知識動力難以成長。所以學閥不只是危害學術，也是社會進步的大敵。

一九八六・一・十《中國論壇》

「那也是人性」

——一個新的人性觀

每當社會上發生一件殘酷的命案，我們的傳播媒體以及一般社會大眾，對兇手的反應往往是：「他簡直沒有人性」，「他是禽獸，不是人」。這種反應在哲學上的根據，就是儒家的性善論。一般人也許並不知道性善的理論，但經由《三字經》一類的通俗教材，性本善的觀念早已深入人心，成爲國人一個普遍而又牢不可破的信念。「人具有天賦善良的本性」這個信念，在教育上很有意義，最常見的是，當孩子犯下過錯，被父母責罰時，從旁勸解的人總是說：「這孩子的本性不壞」，因此使父母由氣忿轉爲寬容，並給孩子一個自行糾正過錯的機會。

教育家尼爾（A. S. Neill）在《夏山學校》一書中說：「孩子們是聰明的，他們會以愛報愛，也會以恨報恨。我敢斷言，人的本性不是壞的，就像兎子或獅子的本性也不是壞一樣。把隻好狗用鏈條鎖住，他就會變成惡狗，嚴格對待一個善良的孩子，會使他變成一個壞的和不誠實的人。」其實，尼爾一生奉獻的，並以自由民主的教育著稱於世的這所學校，它的基本信念就是：人性是善良的。

這個例子說明中國此一古老的信念，確有其不可磨滅的道理，儒家性善論在把人從自然分離以及提昇人的尊嚴的歷史過程中，確有過劃時代的意義。也正因爲如此，遂形成思想上的無上權威，因而局限了後人對人性的思考，並凝固成相當固定的反應模式。

我們要特別強調的是，上述信念也只有在教育上才具有意義，從這種人性觀出發，對複雜的人性，尤其是人性在政治、社會的表現，其了解很難深入。早就有人指出，導致二十世紀文明危機的原因之一，是因有關人的科學遠落在自然科學之後，這是事實。另一方面也無可否認，二十世紀的存在主義哲學與心理分析學，對人性了解的深度與廣度，已有新的貢獻，其中心理分析學家及人文思想家佛洛姆，從《人的心》到《人類破壞性的剖析》，更是綜合了各種相關學科的知識，對複雜的人性做了相當有系統的分析，他從事分析的基本觀點，後一書的中譯者有很恰當的總括：(1)一切動物中只有人是互相殘殺的，因此，互相殘殺並不是「動物」共有的「本能」。(2)史前人類比較和平，跟着文明的發達，人越來越互相殘殺。因此，嗜殺並不是「人類」共有的「本能」，只是文明所產生的一個惡果。(3)要改變人類的破壞性，須把現代的政治、經濟、社會與文化結構做徹底改變。

根據上述的觀點，「他是禽獸，不是人」的想法，應加以改正，今後當我們面對殘殺事件，我們的反應不應當再是：「他簡直沒有人性」，而是：「那也是人性！」觀念上的轉變，不僅可打開一條了解複雜人性新的可能之路，且對文明越發達，社會越進步，爲什麼人的罪惡竟也跟着水漲船高這一嚴重的問題，能從更廣濶的視野中去尋找答案。

要對人性做客觀的了解，經驗才是重要的導師。從經驗了解人性，可分兩個層次：第一層爲基本的人性，是指與生俱來的心理需求和生理衝力，告子所說「食、色，性也」也屬於這一層，在這一層上人與禽獸的差別僅在滿足需要的方法上有所不同。其次，由於人類文化呈現複雜的多樣性，因此在不同文化裏表現了不同的人性，這種人性屬於第二層，有的人類學家稱之爲第二性的差異，它是爲着反應特殊的文化經驗之刺激而人爲地發展出來的。

第一層的人性是天然的，第二層的人性乃文化的產物。文化有大傳統小傳統，有主文化次文化，有祖傳文化外來文化，有中心文化邊陲文化，有合理文化，也有反理文化。另一方面接受文化的個體的潛能人人不同，接受的方式也有差別。由這些主客因素的複雜組合，遂產生個體的獨特性，這才造成「人心（性）不同，各如其面」的眞正原因。根據這樣的人性觀，我們才有希望了解複雜的人性。

一九八六・六・二十五《中國論壇》

儒學前景

新加坡東亞哲學研究所，將於今年八月二十九日起一週，召開以「儒學發展的問題及前景」為議題的學術討論會，邀請的對象包括中國大陸、臺灣、香港、新加坡及北美的華裔學者。這次國際性的會議，成員方面有兩個特色，一是沒有邀請外籍學者，主事者如此安排，我想主要是爲了可以用中文進行討論，提高交換意見的效果。一是沒有邀請海峽兩岸老一輩的學者，這樣可使與會者更方便對老輩的想法，提出批判性的回應，對儒學的遠景開拓更廣濶的視野。

討論儒學發展和前景，不可避免地會涉及下面一系列的問題：⑴儒學在現代中國的遭遇及其發展；⑵了解並發現儒學的意義和價值；⑶儒學在我國社會文化重建過程中的角色；⑷儒學在世界哲學中的地位。

以上四個問題息息相關，例如探討第一個問題，我們可以說，儒學在現代中國已經歷了從否定到肯定的過程，要使少數人的肯定成爲多數人的認同，一個決定性的關鍵，是在第二個問題的探討上。儒學的意義、價值的了解與發現，這種工作是無止境的。而且這方面的成果，也僅止於理論思想的層次，基於儒學的特性，它的意義與價值，還必須在社會文化重建過程中加以考驗。儒學如能通過這一關的考驗，證明它在現代中國仍能扮演重要角色，那末就足以說明儒學不只是特定時代的產物，而具有普遍(世界)的意義和價值。

若以過去四十年儒學在臺灣發展的情況，來衡量上述的問題，在態度上我們曾經歷由西化到現代化到創造的轉化，此雖不限於儒學，但與儒學的進程相應。從創造的轉化業已在儒學圈內形成一種共同意識的情況來看，我們大抵已完成了從否定到肯定的過程，在態度上已超越了「五四」。

超越了「五四」，才使儒學的工作集中在第二個問題上，這方面的工作，系統化並有廣泛影響的著作，雖不多見，但明顯有新的進展，尤其是新詮釋方法的應用，與儒學自我中心的突破上，最爲顯著。前面說明，了解並發現儒學的意義和價值的工作是無止境的，只有到這方面的工作做出世人公認的成就，第四個問題才不再成爲問題。

上述第三個問題，必然是儒學最嚴酷的考驗，近年一個熱門話題，是東亞四小龍與儒家倫理的關係，到目前爲止，雖已引起許多議論，但嚴格講，仍止於假設的階段。假如有一天經由理論和經驗廣泛的研究，證明這個假設具有相當程度的眞實性，必然有助於儒學在世人心目中地位的提高。七年前臺灣由「第六倫」說，衍申出一場新倫理的討論，這場討論充分暴露了儒家倫理在現代社會的侷限。

儒學正面臨空前的挑戰，挑戰的程度將隨着臺灣社會文化的日漸現代化而愈加嚴重，除非我們能在理論上和現實生活中，都能做出創造性的回應，儒學的前景很難預卜。

一九八八・五・二十五《中國論壇》

新加坡儒學會議的感想

一九八八年八月二十九日至九月三日，由新加坡東亞哲學研究所主辦的「儒學發展的問題及前景」會議期間，臺灣兩大報連日報導，對一個純學術性的會議，引起報紙如此關注，在過去是很少見的。地主國雖正值選舉熱潮，中文報紙每天仍巨幅刊出會議過程和學人專訪，在新加坡歷史上，恐怕也屬空前。不論這次會議將產生何種影響，在當代儒學發展史上，都是一次難得的盛會。

會議結束的那天，所長吳德耀教授，以主人身分很簡要地說了幾點感想：⑴會議很圓滿，論文水平高，如加以評分，可打九十分。⑵對儒學發揮了繼往開來的功能，也促進了中國與海外的學術交流。⑶會場氣氛和諧，達到了「以文會友」的目的。因在討論中，不斷有人提到性善性惡，吳教授最後以幽默語氣告訴大家，依他主管數十年教育行政的經驗來看，人性惡多於善，引起全場一陣歡笑。

如把這次會議分成三部分來評分，我個人的看法，主辦單位對與會學者的接待，以及會務的安排，可得九十分；會場的熱烈討論和會員的出席情況，可得八十分；至於論文內容，素質參差不齊，平均起來，應只有七十分。

東亞哲學研究所的工作人員，爲這次會議表現了高度的工作熱忱，由於事前的精心擘劃，使得六天會議進行得井然有序，每一細節都設想周到，正式會議之外，晚上還有幾場會外會，因此經常要工作到深夜。大會閉幕後，正是星期天，她們仍陪伴着學者們出外旅遊。我們回到臺北，梅廣教授提議所有由臺灣出席的會員，共同簽名寄份感謝卡，大家都有同感。還有一點在此值得一提，東亞哲學研究所屬於官方，他們爲了尊重學者，也爲了對會議本身的鄭重，開幕時並未請大官來作秀，會議期間也沒有浮濫的應酬，這一點臺灣官方應該學習。

會前就有人私下表示，對這次會議的期望並不高，會後，由於會場自由而熱烈的發言情況，使多數與會者的感受，已超過預期。能獲得如此效果，首先應歸功於主辦單位決定在會中一律使用華語，使大家比較能暢所欲言，要知道今日新加坡的各個階層，已普遍使用英語，他們這一決定，想必經過一番斟酌。其次應歸功於主其事者，在邀請會員時，能持開放的胸懷，使少數對儒學一向持批判態度，甚至反對立場的學者，也有機會在會中發表他們的觀點。這樣的安排，雖必然會增加會場的熱度與緊張的氣氛，但事實證明，對問題的看法儘管頗有歧見，也不免有所爭議，「君子和而不同」，彼此都表現了很好的風度，比起歷史上許多儒者那種獨斷排他的性格，要進步多了。

主辦單位爲使會員能針對會議主題，做多方面的發揮，在邀請函裏，曾提示了一些範圍，如儒學現況的估計、「五四」以來儒學的困境、儒學的傳統評價、儒學在華裔的文化心理結構中的作用及其應扮演的角色、儒學與民主運動或經濟發展的關係、以及儒學的展望等。這些論題或多或少都有相應的論文，不過就「儒學發展的問題及前景」這個主題而言，重點應在「發展」和「前景」上，因此，現況的估計、困境的探討、未來的展望等論題比較更能切合主題的要求，而實際上在會中發表的論文，環繞儒學的傳統評價的數量，顯然偏高。這一論題所涉範圍很大，平日做儒學研究，或多或少、或深或淺都會涉及，這類的文章，幾乎在任何與儒學相關的會議上都可以提，所以會中這方面的論文，不但缺乏創意，有的已遠離主題。

來自大陸的學者（包括在研究所做研究的共達十六位之多）中，金觀濤教授的論文是：〈當代中國馬克思主義的儒家化〉，在會中雖引起熱烈討論，並未獲得足夠的重視。就現況來估計儒學，這應是最重要的課題之一。現在大陸的學術研究已逐漸開放，儒學的工作者，應針對這一課題，做廣泛而深入的探討，這不只是好壞的問題，而是對這一段歷史眞相，我們必須加以了解。馬克思主義能在大陸成爲官方的意識形態，絕非偶然，在傳統儒學或傳統文化中，如沒有一些重要因素爲之接應，這現象是不可想像的。

余英時教授在〈現代儒學的困境〉一文中，提出一系列不但嚴肅而且頗具挑戰性的問題，例如：「傳統儒學的特色在於它全面安排人間秩序」，到近代「儒學和制度之間的連繫中斷了，制度化的儒學已死了」，「儒學死亡之後已成爲一個遊魂了」。又如：「中國爲什麼總是產生不了『民主』，爲什麼『科學』終始難以生根？大家想來想去，自然只有儒學及其殘留的影響才可能是『民主』和『科學』的眞正敵人。」又如：「今天的儒學似乎只能在大學哲學系中存身，……那麼是不是儒學的前途卽寄託在大學講堂和少數學人的講論之間？」可惜這些嚴酷的問題，並未給與會者帶來多少衝擊，難怪余先生除了宣讀論文和擔任主席，從頭到尾始終一言不發。不客氣地說，今日從事儒學工作者，相對於現實世界，多半是「遊魂」，對儒學由來已久的困境，並無深切的感受。

會議主席杜維明教授，爲了增加討論的效果，在論文的組合上相當用心。爲了補充論文討論的不足，在議程中又安排了四場討論會，題目分別是：(1)儒學發展的方法問題；(2)儒學傳統的內在資源及其限制；(3)西方現代文明對儒家傳統的挑戰；(4)儒學研究的新契機（會議的總結）。每一個題目都重要而有意義，因事前準備不足，現場又缺乏適當的引發，以致話題過於分散，顯然不能滿足主其事者的預期。如在事先預請幾位引言人，把這些題目經過一番愼思熟慮，或每場預備一份討論提綱供發言參考，則討論會的進行必較爲順利，討論的成果亦必更爲豐碩。

新加坡花大筆經費，召開這個會議，在海峽兩岸學術交流中斷了四十年後，使雙方的學者重又齊聚一堂，交換學術上的見解，卽此一點，已使會議具有重大的歷史意義。吳德耀所長在閉幕詞結束時，曾提到「以文會友」、「以友輔仁」，會議期間是否做到「以友輔仁」則很難說，「以文會友」的目的則已充分達到。以我個人的經驗，一星期與大陸學者們的私下交談，比我在大陸旅行二十多天所獲還要豐富。最令人感嘆的是，爲什麼這種性質的會議，卻無法在臺北、在北京召開？一個國家，學術如不能超越政治，它的學術會有什麼前景！

一九八八・十・十《中國論壇》

走出道德思考的死胡同

今日的道德問題

道德問題本來就很複雜，近二十多年來的臺灣，由於經濟發展帶動的鉅大變化，使這方面的問題，已非傳統的觀念架構所能理解。例如「倉廩實則知禮節，衣食足則知榮辱」，自從管子提出，兩千多年來，從沒有人懷疑它的眞實性，但在臺灣現有的環境下，這項傳統的「眞理」，顯然受到挑戰，人們不禁要問：我們不但已做到「倉廩實」，一般人民的衣食也早已超出飽足的需要，可是國民的道德，爲什麼反而有江河日下的趨勢呢？

在匱乏經濟的農業社會裏，「倉廩實」、「衣食足」是一個很難達到的理想。在這個現實條件的限制下，才使上述的傳統眞理，一直保持它的眞實性。一旦富有起來，使現實的條件改變，這項傳統的眞理，自然也顯得不再那麼眞實。這說明因富足而帶來的環境變化，會使道德問題的性質也隨之改變。管子的話對受制於匱乏經濟條件下的社會，是有意義的；我們當前的道德問題，卻是在相當富足以後所引起的。一個社會在基本生存的問題未能解決之前，道德問題的複雜性，是在道德理想的追求上，一般人民的問題，多半不脫離食、色這兩個範圍；基本問題解決之後，道德問題的複雜性，開始反映在違規的行爲上。因社會力的成長，人們犯過犯罪的能力也隨着水漲船高。這種情勢使得現代社會的犯罪學成爲一門牽涉極廣而又非常複雜的學問。因社會生活的富足，使道德問題的性質也改變了，那末我們的問題究竟在那裏？

(1)道德價值的混亂

我這裏使用的「混亂」，不是一種價值判斷，主要是當作一種現象。在中國長遠的歷史中，所謂「小傳統」的價值觀，一向是相當穩定的。「大傳統」裏，雖曾有儒、道或儒、法之間價值觀的衝突，然在往後歷史的演變中，大抵已趨於統合。一個有教養的知識份子，他可以在不同的角色上和不同的處境中，出現不同的價值觀，並不覺得其中有什麼矛盾。在中國人的世界裏，道德價值從未像今日臺灣如此混亂的。

造成混亂的原因很多，其一是因社會快速變遷，使不同年齡層及不同信仰和知識背景的人據有相異的價值觀。這些價值觀除中國固有的之外，主要來自西方，其中包括歐洲的宗教傳統、近代的資本主義社會，知識份子還要加上民主主義、社會主義等各種思潮的影響；西方近代觀念衝突的歷史，也多少反映在我們這個日漸國際化的社會。因此，一個孩子在成長過程中，從家庭到學校到社會，不斷遭受相異價值觀點困擾的現象，在今日已不算稀奇。

其次，中國一百多年來的歷史性鉅變，乃導源於西方近代文明的衝擊。臺灣近二三十年的發展，是因自覺地、有計畫地學習西方——尤其是美國的經驗。但西方國家能有今天，主要決定於文藝復興後的三個世紀，這段期間，它們經歷了宗教改革、科學的興起、啟蒙運動、工業革命。這一系列的變革與創新，是在數百年間漸次完成，因此，價值方面的問題，比較有充裕的時間加以調適。而在臺灣新發展的社會裏，這些變革與創新的要求(我們沒有宗教改革的問題，但有價值系統重建的問題)，卻是齊頭並進，同時出現的。在西方數百年所從事的，在此間卻不得不希望於數十年中就能完成，這自然容易引起價值的混亂。如此情況下，對傳統價值適應良好的一羣，愈難適應新的社會，如果這一羣人曾獲得權勢，他們爲了保護自身既得利益，勢必盡一切可能設法制止有礙於其價值觀及利益的變革。這種制止雖不一定都能有效，事實上卻已大爲減緩一個發展中的社會必須自我更新的速度，使得因種種價值觀念的衝突而引起的複雜緊張關係，有日漸惡化的趨勢。

(2) 道德的無政府狀態

曾有美國社會學者 Paul Eidelbery 稱六〇年代的西皮及青年學生的反叛行爲，爲「道德無政府」狀態。這種狀態在臺灣雖沒有人研究過，但它不僅曾存在，在年輕一代中且不斷蔓延着。

其中一部分可視爲由於道德價值的混亂，因而使青年在行爲上無所適從所導致的結果；另外一方面則由於情緒的、感性的西化主義的長期流行。這種西化主義對新舊價值觀念的態度，是以爲新與舊之間的交替，可以像內臟移植手術那樣地進行。這在個人的心理上是根本不可能的，因爲價值觀在心理上的形成或是轉變，都必須在傳統持續性的基礎上才有可能。因此，西化主義者如果堅持這種信念，很難不流於道德的虛無主義或無政府狀態。這種信念蔚爲社會風氣，於是美國流行什麼，此間也盲目地跟着流行。所謂流行，也僅止於模倣其表面形式。這種風氣自然造就許多生活空洞、沒有目標、沒有價值觀念的人。

有人認爲庸俗的社會環境，會影響人們道德感的發展，這牽涉對「庸俗」的了解以及要把它定在什麼標準上；即使能定出標準，因生活和文化品質可能上昇或下降，標準便很難固定，所以這一點可暫不討論。另一種通常與庸俗聯想在一起的現象，很值得我們重視，即「金錢萬能」信念的盛行，這種信念使財富居於價值的優位，財富雄厚的人（不論你用什麼方式或手段獲得）被大眾崇拜爲英雄。這樣的社會，不僅使那些道德感強烈，凡事總要辨一個是非善惡的人很難存活，也會使一切道德教育顯得無能而又無效。臺灣這多年來，一直是經濟掛帥的，因此不可避免地會助長這種信念的流行。這種發展的策略，當然是使臺灣社會日益富有的主要動力之一，問題是大眾的生活雖比以前富有，大眾生活卻未見得比以前更安全、更快樂，因爲生活上的安全與快樂，是需要普遍的道德感來支持來培養的。

(3)道德的冷漠

最近警政當局因重大搶刼案件不斷發生，破案的希望又十分渺茫，因此利用各種媒體，呼籲社會大眾拿出道德勇氣檢舉不法之徒。一般社會大眾大概沒有人不希望犯罪者早日繩之以法的，在這裏我們要進一步了解，爲什麼社會大眾竟然如此普遍地喪失了道德勇氣？首先要指出，假如一個人富有道德勇氣，他不會止於表現在對罪行的無法容忍，他對發生在身邊的其他不德、不義、不法的種種行爲，都同樣會義憤塡膺。我們對青少年的教育，一向不但不鼓勵這種勇氣，甚至會予以曲解而加以懲罰。今天終於使整個社會嚐到這種教育方式的惡果！

人類社會的維繫，通常我們只注意到宗教、道德、法律所奠定的社會秩序，而忽略了一種天賦的能力——微笑對社會的凝聚所產生的無形功效。從事比較行爲研究的赫斯稱這種能力是人類文明不可思議的溝通網，而今這個網已被社會的「異化」現象所撕碎，幾乎每一家的父母，當孩子出門時，都會重複地交代他們，千萬不可對外人（不只是陌生人）隨便打招呼或微笑，如有人（尤其是陌生人）向你打招呼或微笑，就要像避瘟疫一樣趕緊逃開。想想看，這樣的教育和這樣的社會，對人的道德會產生怎樣的影響？

今日臺灣是一個資本主義傾向的社會，生活在這樣社會裏的人，主要是以競爭爲手段，以成功爲目的，因此他的勝利往往要看是否能擊垮他的對手，除了有利於他的目標，對其他人羣的快樂與痛苦，都是漠然無動於衷的。今後臺灣如繼續向現代化邁進，將必然走向高度組織化的趨勢，大多數人的工作都像機器中的齒輪，成爲大團體中不起什麼作用的一員，正如心理學者John W. Gardner 所說，他們「不像是在眞正的參與，而只是像桶裏的沙粒一樣任人支配」，人對他工作的團體（更不用說對整個社會）永遠是一個陌生客，無法明確地意識到他應擔當的角色與責任。生活在高度組織化的社會，如果從事的又是固定而單調的工作，人的心智與道德的能力都會退化。

破壞倫理道德的因素

傳統時代的道德問題，多半可在固定的道德架構中求得解決，現在我們面臨的道德問題，多了一重困難，因原有的道德架構在東西交流、新舊交替、社會變遷等因素的影響下，已由觀念的激變、破壞而告崩潰。

崩潰的原因，當然不能單純地由西方文化的衝擊來加以解釋，甚至從民初以來長久的反傳統思潮，也不是最主要的原因。導致傳統（主要是儒家）倫理道德崩潰最重要的原因，是由於近代我們所要求重建的社會形態有了改變。中國傳統的社會形態是倫理社會，而近代中國需要重建的，卻是法治社會。這兩種社會運作的基本依據根本不同，前者是儒家經典、聖賢遺訓及祖制；後者卻是憲法。二者構成的基礎也完全不同，前者是儒學（後來又有佛教）、君權、家族制度和農村經濟；後者主要爲科學、民權、個人主義和資本主義經濟，因此不可避免地會產生尖銳的衝突。憲法使所有國人在法律之前一律平等，這就從根本上打破家族制度、君主專制所依據的三綱倫理。民國建立時，由當權的革命派所起草的臨時約法和公佈的法令，就已使儒家與其他學派一律平等，並仿照歐美社會建立新的禮俗與體制。孔子與其他諸子、賢哲平等的結果，自然使社會道德的中心墜失，這比打倒專制以後的政治中心的墜失還要嚴重（以上參考龔忠武：《從君主到民主的中國社會》，頁二十四——二十六）。

中國傳統的法律可說全爲儒家的倫理思想和禮治主義所支配，民國以後所建的新民法，除對直系親屬有極少數的特殊規定外，其他關於親屬方面的特殊規定皆已取消。這自然促使家族主義的瓦解，這是秦、漢以來中國社會最大最根本的變動，胡適之曾稱之謂中國現代史上「一個不流血的絕大社會革命」，這場革命使儒家永不可能再恢復以前那樣的地位。

傳統價值中心的墜失，當然不是中國所獨有，而是現代化過程中一個常見的現象，Walter Lippmann 就指出科學理論、工業成長與都市社會，對絕對信仰之喪失，應負大部分責任。這一近代文明的獨特現象，終於爲二十世紀帶來一個倫理相對觀的時代。所謂倫理相對觀，是認爲道德標準事實上是隨着文化與文化、時代與時代而有所不同，甚至個人在特定的社會之中，也有所不同。因此，不同的社會與個人，在道德判斷上有着極大的歧異。這個看法獲得社會科學家們的廣泛支持。然而在哲學上卻有爭論，實證論者同意上述的看法，理想論者則認爲我們的評價雖然是會變的、相對的，但價值本身卻是永恒的、不變的。

倫理相對觀也是導致我們倫理或道德觀念激變的一個重要的因素，它使傳統的綱常倫理，從我們的行爲中流失；忠孝在今日的社會很難提倡，縱然有人提倡，也很難收到效果，就是明顯的例子（想想十年前政府倡導的「教孝月」，現在還有誰關心）。這種倫理觀使一般人的行爲在違逆固有道德與習俗時，有了正當的藉口。

這方面觀念上的糾結，並不難釐清，以儒家倫理爲例，在現實層次上的三綱的倫理，由於時代不同、社會形態轉變，當然不再符合現在我們的需要，但儒家倫理還有理想層次（先秦儒家多半是在這一層次上發揮），最簡單明瞭的例子，如五倫裏的「父子有親」、「朋友有信」，作爲生活的理想，它是不會變，也不應該變的。主張倫理相對觀者，僅就事實而言是對的，如把這兩個層次混爲一談，甚至以爲倫理道德不過是把我們現行習慣合理化而已，這就難免造成現代社會裏許多人生活的極端無意義和荒謬。

前文第一節已提到道德的虛無主義，傳統價值中心的墜失與相對倫理觀，都有助於這一現象的蔓延。目前臺灣社會有些青年，似乎越來越像《麥田捕手》這部小說中所描述的年輕一代（這部小說有好幾種譯本，相當流行），他們看出年長一輩的僞善面孔（就如小說家徐訏在〈道德要求與道德標準〉一文中所揭發的），而自己又沒有發現什麼新的目標，可以當作生活的準則，他們採取「反叛而無目的，排斥而無計畫，拒絕而無憧憬」的生活方式，「拒絕現行價值，對未來又無憧憬」，這正是這一類青年的特徵。他們並非平庸之輩，遠比一般青年能思想，也曾激進過，就因一直找尋不到支持生活的信念，遂流於虛無。虛無只不過是生命力的多眠狀態，一旦遇有反社會的誘力，仍然可能爆發出相當大的破壞力量。

與虛無主義不同，但對倫理道德（不限於傳統的）可能更具廣泛破壞性的，即今日臺灣社會，不論那個行業，也不論是老、中、青，信奉所謂「花花公子哲學」的人已越來越多。它主張享樂主義的生活方式，認爲個人生活的目的，只有在快樂的追求中才能發現，因此強調個人快樂權利的優先。近年來臺灣各地色情行業的泛濫，床戲與艷舞的風行，都可以說是享樂主義的具體表現，現在已不是笑貧不笑娼，而是過娼妓生活的人（不只限於女性和性），一樣可以成爲社會大眾崇拜的偶像。享樂主義本是工商發達的社會一個極普通的現象，它本身不一定代表什麼道德問題，更何況在往昔只有極少數人能如此享樂，而現在有更多的人可以享樂，也是社會的一種進步。問題是個人如過分把享樂侷限於「性」，其效果可能適得其反；社會上如果有許多人要依靠這個行業謀生、發財，它對社會的腐蝕性是難以估計的。這個行業極容易成爲罪惡的苗床，一旦與暴力結合，就會給社會安全帶來嚴重的威脅。

當然，我們不必用道學的眼光，把這種現象看作純負面的，如果只止於性的活動（就個人而言，這是有限度的），它對緊張、孤獨的現代人的情緒有疏解作用，對傳統道學的遺毒（視性本身爲罪惡）或「性僞善」的面孔，也有矯治的作用。性的活動本來是最自然不過的，由於針對它的種種文化和社會的不良設計，反而使它問題叢生，性僞善面孔的移去，有助於還它本來面目。

基於以上種種破壞的因素，數千年來作爲價值中心的固有道德，今日已所剩無幾；以前還可以「禮失而求諸野」，今日鄉野之地也已被都市文明病所污害。Lewis Munford 嘗謂文化等於戲劇，假如眞是如此，中國傳統文化道德這一部分，在今天是既不能吸引觀眾，也無法激起演員的熱忱了。

道德教育的困境

道德教育主要的目的是塑造人，遠比知識的教育複雜而艱難。塑造人的教育，涉及自幼到老的整個人生歷程，在這個歷程中，從個人到家庭、到社會、到國家有一連串的道德任務需要完成，在這些任務中，最重要的一點，是培養獨立自主的個人。這是道德教育的基礎，也是其他德性賴以滋長的根。

相應着這個目標，所以我們道德教育的重點，應當運用有效的方法、相關的知識，啟發人的道德自我，使人自覺到這方面的豐富潛能，並在實際生活裏可能體會到的經驗中，教他自己如何去辨別善惡，以及面對生活中的難題，如何自做判斷。道德教育如只是教人應當如何是沒有用的，必須培養他自做決斷的能力。這就需要不時地把他引入實際的情境中，讓他有機會實習，才能鍛鍊出他的道德能力。

很久以來我國的道德教育，總是偏重於通過文字灌輸古訓（現在還要包括今訓），重點多半只教人應當如何，卽使切近生活的指點，也只是告訴他何者爲宜、何者爲不宜，人完全是被動的，好像你只要遵照那些指示去做，問題都可以迎刃而解似的。這種教育的方式，與我們前面提到的恰恰相反，因爲它重視的是權威與教條，忽視了道德教育必須要靠個體的自覺與自動做基礎。這種教育不免使人遭到「閉門造車，出門難以合轍」的困境，一旦生活上面臨必須做抉擇時，依然不知所措。

這種教育的方式，John W. Gardner 有很生動的描述，他說：「我們常常在應該教導年輕人種植他們自己的幼苗時，卻給他們以剪下來的花朵；我們用早期創新的產品來塡塞他們的頭腦，卻未教導他們自己去創新；在我們應該把心智視爲供我們使用的工具的時候，我們卻把它當作要塡塞的倉庫。」這已足以了解我們一向重視道德教育，而又總是不能產生實效的根本原因。下面將就此時此地在道德教育上特別強調和特別嚴重的一些問題，做進一步的探討。

官方訂定的道德生活教育的目標第一條第一句就是「犧牲小我，完成大我」，小我指個體，大我指全體或國家。個體與全體之間是個極複雜的問題，一百多年來自由主義與極權主義爲了二者孰先孰後、孰輕孰重雖爭論不休，所持的立場卻是壁壘分明。這個問題在政治思想裏，就產生自由與權威的問題；在倫理思想裏，就有權威倫理與人文倫理的不同。在儒家的傳統裏，五倫之教屬於人文倫理，西漢董仲舒爲適應專制體制而主張的三綱倫理乃權威倫理。假如今天我們仍要堅持權威倫理，則無話可說；假如我們要重整人文倫理的精神，就必須肯定人自身就是目的，道德價值僅能就着人自身的利益而決定。而人自身的利益中最重要的乃是他能力的解放與創發性運用，這樣所謂「小我」中就涵蓋着「大我」的要求，不是要「小我」臣服於「大我」，成爲「完成大我」的工具。「犧牲小我，完成大我」，這種律令式的要求，只有在極爲特殊或非常態的狀況下，才是必要的，例如戰時向將士們的要求。如把非常態的視爲常態，或企圖以非常態的代替常態，則必使正常的道德教育導入歧途，我們道德教育上一部分的問題正是出在這裏。

在〈青年訓練大綱〉裏，爲了「確立國家高於一切之信念」的目標，其實施要點謂：「(向青年)講述先有義務，始有權利之理論及例證。」不知道我們的教師依據這個實施要點能提出何種理論與那些例證？根據《中華民國憲法》，所謂權利包括人所有的基本自由。人的基本自由或權利是憲法所保障的，絕非以「先有義務」爲其條件。國民如不盡服兵役、納稅等義務，自應受法律的制裁，但並不因此而喪失全部的權利(如因服刑而失去行動的自由，但仍保有不受刑求的權利)。有時候權利和義務是一體的，如憲法第二十一條：「人民有受國民教育之權利與義務」，試問：在這裏義務與權利如何分先後？憲法第二條：「中華民國之主權屬於國民全體」，因此如眞有「高於一切之信念」的話，也只有「國民全體」足以當之，而非「國家」，所以「確立國家高於一切之信念」，也與憲法的民主精神不合。如果我們眞想訓練青年成爲一個現代公民，教他們理解憲法、熟悉憲法，不但是一條有效的途徑，而且有其必要，其他生活上與道德上的要求，也不能與憲法牴觸。

服膺權威倫理者，其施教的方式也必是權威式的。學者們基於時代的不同，一直呼籲各級學校訓導工作應儘量避免用權威的方式，而代之以合理的輔導，但幾千年的老習慣，要改變談何容易？何況我們還一直把軍事化教育與訓育工作混淆不清，自然更增其困難。

就理論而言，「權威」並非都是壞的意義。佛洛姆有理性權威與非理性權威的區分，理性權威是靠一個人的才能與成就，並建立在相互信託的平等關係上，他不需要運用任何非理性的威勢來恐嚇別人；相反的，他會要求對方經常提出質疑與批評。非理性的權威多半是以權力懾服對方，並利用對方因恐懼而感到不安及無力，而加以控制。我們這裏討論並希望改變的是後者而非前者，前一種權威不但是人成長（包括心智與人格）所必須，而且對德行的培養很有助益。

非理性的權威運用在教育上——尤其是道德教育，其弊害是相當嚴重的。因這種方式總是要求對方屈從，一個人一旦屈服於非理性，它本身就已表現道德的墮落。屈從代表自我意志力的喪失，假如習慣於這種領導方式，他對權威所指定的信念或眞理，會失去反省和批判的能力。他只聽信權威的話，再也覺察不到內在的良心之聲。這種人生活在社會上可能完全失去保護公正，反對不義的基本反應。

人之可貴在他具有理智與良心兩大天賦的潛能，教育的最大目的，就是在經由合理的途徑去激勵它、發展它，並能有效的運用它。理性的權威使人心悅誠服，這種方式有利於天賦潛能的創發，而創發性的樂趣遠比高壓性的懲罰及道德性的訓誡更具有倫理上的教育意義。

前面已提到偏重古訓與今訓的道德教育是無效的，這種結果並非僅因訓示的內容呆板、枯燥而令人感到乏味、厭倦，而是因爲訓示者的言不顧行、行不顧言，以及這些教條所指示的與社會的實際生活又大多不符。因此，要道德教育產生實際的效果，必須另覓新途。首先要使這類課程的內容活潑化，包括一些學生很感與趣的問題，俾能引起共鳴。友人吳森教授在美國的大學裏教「當代道德問題」，講授的題目包括：婚前性行爲、墮胎應否合法化、死刑存廢、安樂死等問題。他的專長是哲學，透過這些題目，他把古今哲人的智慧和方法，運用來對現代社會道德問題做分析，一方面可使現代年輕人看看古人的智慧對現代人還有什麼意義，另一方面則引導青年們循着智慧的途徑自己去獲得答案。要做到這一點，除了熟悉並能活用古代經典之外，還要與現代一些有關的知識及現代社會的道德問題之間沒有斷層。今後我們培養這方面的師資，應在古與今之間的對話及溝通上多下些功夫。一個心靈活潑的教師，加上活潑的教材，如再有自由活潑的討論，教室的氣氛會完全改觀。

做到這一點也僅是道德教育的初步，更重要的是青年能否主動體驗道德的價值並付諸行動。只有時常體驗它，又有實踐經驗的人，道德價值才能深植於生活之中。體驗不應只限於內省的方式，能在日常生活中活用其價值觀念，才是最有效的體驗，這一點所有的宗教與實踐倫理的傳統，都有相同的看法，並無古今之異。

影響道德效果的因素是多方面的，道德教育只能啟發人的道德意識，並堅定對道德價值的信念，實際生活裏的道德問題，必須每個人自己去面對、去克服，其成敗又受到環境、生理、心理等因素的影響，而這些因素並非個人所能完全控制。了解這個道理，可以使我們知道，今日道德的淪喪，道德教育的不當，只是部分的原因，當我們改變道德教育的同時，如社會不能一併改造，道德的效果仍然難望提高。

道德觀念的改進

我在《倫理思想的突破》一書中，曾就道德和精神的觀點討論過阻礙革新的問題。從觀念上看，好像很直接，如從實際影響改進的因素來看，其實是間接的。實際影響改進的因素，在這裏我想探討兩點：一是政府的角色，一是社會的心理。

基於傳統政治文化的特性，政府在各項事務中，始終扮演舉足輕重的角色，從好的一面看，政府因大小事都管，對人民負有廣泛責任，對人民的權益有保護的作用。從壞的一面看，養成人民依賴的習性和沉睡而又沒有責任感的社會大眾。結果社會已日漸分殊化，卻因缺乏秩序而顯得混亂；社會已蓄積了相當豐厚的資源（包括人才與財富），卻因缺乏管道而發揮不出力量。現在政府天天在呼籲民眾發揮道德勇氣，要求大家和諧團結，卻得不到民間的反應，當局似乎仍未覺悟到，造成今天這等現象，與上述的政治文化的特性息息相關。

這種特性延伸到教育，不但使各級學校缺乏理想、沒有特色，即使有教育家，也不允許表現創意，因事事都有官定的標準，於是出現大批的所謂「政治校長」。現在各級學校訓導工作所依據的訓導法規，基本上仍延用民國二十七、八年教育部所公佈的，那時正值抗戰最艱辛時期，教育爲配合全民抗戰的需要，官方所信持的意識形態，與自由、民主的一套有很大的距離。臺灣近二十年的社會現狀，與四五十年前相比，其間的差距不可以道里計。這些法規（基本方針部分）雖有兩次（四十一年與五十七年）修正，也不斷增加了一些新的，但統制式的意識形態，一仍舊貫。《中華民國憲法》公佈以後，照理訓導法規也應根據憲法的相關條文加以修訂，至少也應做到不與憲法相牴觸，然事實卻非如此。

這對一般社會大眾，並無多大影響，因一旦離開學校，就不再受其管束，但對倫理教育的改進仍有影響。最新的一個例子，是幾年前推行復興文化的機構，有見於今日中小學的倫理道德教育徒具形式，因此邀集學界多人，舉行多次座談會，希望藉重學者們的知識與智慧，能制訂出一套合於今日生活環境的行爲規範。我們對主其事者的熱忱與苦心非常敬佩，基於前文第三節所陳述的種種，可以明顯地看出，希望解決問題所走的方向不對，經由座談會所制訂出來的行爲規範，所謂「合於今日生活環境」者，只不過多了一些新觀念，如「民主的精神」，以及詞句上比較新頴。今天的問題不在缺乏規範（就規範而言，所謂四維八德並無新舊問題），而在這些規範爲何難以遵行？難以遵行是否是因爲要求太高太過？或者是一般人的生活裏根本沒有那麼多問題，而是知識份子在製造問題？我看這兩種成分都有一些。假如眞想在我們的社會培養民主的精神，那麼照民主的生活方式，一個國民他的生活只要不違法，其他像如何對人、如何處事，可以依照他自己的習慣或自己認爲合理的方式去處理，沒有人有權代他立下規定。人只要不犯法，其他的行爲都應該爲社會所容忍。當然，法律之外人還有道德問題，父母、教師、朋友都可告誡你應該如何如何，但道德行爲決定性的關鍵，在自我抉擇、自下判斷，對錯都要你自己去負責。我們在道德上都是平凡人——自私、貪婪，要改進社會道德，應對實際的人性多下點功夫去了解。在民主法治的社會、在守法的前提下，是容許人自私自利的，一個社會大家都能有所私有所利，它才有足夠的力量去實現公義完成大我。個人不是國家的工具，國家也不是個人的工具，國家的利益與人民的利益永遠是一體的，與人民利益衝突的是政府的作爲，所以民主國家爲了保障人民的權益，必須設立民意機構代表人民監督政府。

如果以上所說的不錯，那麼今後的做法，不妨把那些閉門造車弄出來的道德規範，以及訂得細如牛毛的「生活須知」、「禮儀範例」統統丟開（假如有人自願採行，悉聽尊便），先使全體國民做到最低限度的道德——守法，再談其他。這些規範雖有官方權力及政策性的支持，在社會上卻一無效驗，浪費了許多人力與財力，它不但不能解決問題，反而成爲解決問題的一大障礙。也許有人會質問：難道我們的社會，那些崇高的美德都不要了嗎？我可簡單答覆：崇高的美德永遠值得嚮往，但也只有少數人有此可能，像傳統時代希望人人做聖賢是不對的（所謂「不爲聖賢，便爲禽獸」），在現代社會裏，人應有做凡人的自由。崇高的美德，需要靠自己鞭策自己，或依賴他力的信仰來提昇，教育頂多不過是助緣而已。

社會心理方面我只能略談今日社會上各種不同程度的既得利益者的心理。臺灣經濟能有今天的成就，第一代企業家的冒險精神，是一重要的因素。近二十年來外貿金額節節攀升，臺灣產品行銷世界各地，至少一半要歸功於無數中小企業家，敢冒失敗風險創出來的業績。經濟連續成長，使多數人由「無」到「有」，於是保全既有之物的想法會越來越重，當初的冒險心理會自然衰退。第二代的企業家，講求生活享受遠超過開創事業的雄心。從「無」到「有」也就是中產階級興起的歷程，中產階級的生活是建立在「擁有」上的（雖不豐厚，但足夠生活），所以安定的需求很高，這就是這個階層的人為何心理普遍趨於保守的原因。中產階級有利於民主的發展，也同樣有助於非民主政權的穩定。目前臺灣正面臨所謂轉型期，冒險精神的自然衰退，正是轉型期的主要困境之一。假如既得利益羣中有太多的大小特權，特權必然堅決反對改變現狀，並盡一切可能防止改變的因素蔓延。所以特權不但是社會進步的大敵，其高漲到某一程度，還會代替往日的貧窮成為革命種子的苗床。

當一個社會，心理上普遍趨向於保守，甚至造成僵固時，任何重大改革的聲音，都難發生作用，這就是我們今天身臨其境的現實環境。造成如此現狀的原因當然有許多，其中最重要的一個原因，是長期以來我們的決策中心只有一個，它處理任何重大的事務都已有固定的模式，其他的新觀念、新方法與新步驟，很難再影響它。要打破這種現狀，靠外力比較困難而且痛苦，如能由這個中心本身產生強烈的革新願望，並眞正體認到讓社會更開放更自由，對己羣的利益絕對有益而無害。眞心誠意的推行民主，必須樂觀權力分散的局面早日形成，權力分散才能使社會有更多的新生的生機。做到這一步，整個社會才有希望出現一個符合全民利益的轉進。一個充滿生機的社會，才能爲價值系統的轉化提供良好的環境，在這樣的環境裏，新的價值觀比較有生存的機會，因而道德的改進才有希望。

原載一九八八年《中國人：觀念與行為》，該書編者為配合書名，曾將題目改為〈中國人的道德思考〉。

當前道德問題的診斷

——中華電視臺視聽中心演講

今天我講的這個題目，事實上每一個人幾乎都是專家，不管是老師、父母、兄弟、朋友之間，每一個人都隨時隨地使用道德來作爲判斷的標準，並且對道德做各種的說明了解。也許我是思想史方面的專家，在道德方面則不是專家。因爲每一個人的經驗知識都非常有限，我僅以從思想史的層面和觀點來探討此一問題。

中國有一句古話：倉廩實則知禮節，衣食足則知榮辱。這在過去一直把它當眞理來看待，可是現在的人就開始懷疑，目前國庫也很充足，人民的生活也很富裕，那麼道德爲什麼沒有好起來，反而有更壞的傾向呢？所以說那時候所認爲的眞理，實在是因爲受時代所限制，那句話在農業社會來說的確有道理。農業社會裏，衣食足是一個很難達到的理想，現在我們的衣食足了以後，道德問題又轉到另一個階段上去，跟過去並不一樣。事實上人跟動物之所以不同，就是動物只要吃飽了，問題就沒有，而人吃飽了，問題卻正要開始。所以在目前的社會，生活水準提高了，教育程度也提高了，而犯罪率也在水漲船高，所以目前犯罪的問題，成爲一個非常複雜，而且牽涉極廣的學問，從人性到人的行爲到社會，都有很密切的關係。今天我將就這個問題分三個部分來說明。

第一部分我要提的就是今天的道德問題究竟在那裏？第二部分是我們現在的道德問題一定和我們的傳統道德的崩潰分不開的，而傳統道德爲何在崩潰，又是怎麼樣的在崩潰？第三部分則是假如要解決當前的道德問題，應該有什麼樣的基本認識？因爲有些道德問題是上千年就留下來的，我不可能像醫生般診斷出病情後，就可以開處方並且對症下藥，僅能提供一些基本的認識，給予各位一個合理的方向和導向。

我們的問題究竟在那裏？第一點我要提出的，我們目前是一個道德觀和道德價值非常分歧的社會，在我們主觀的感覺上甚至是紊亂。爲什麼我們的道德會這樣的分歧而且紊亂呢？在中國過去的傳統裏，道德價值並不是沒有衝突，像儒家和法家之間道德的標準就有衝突，儒家和道家之間也有衝突，後來佛教入主中土以後，和儒家之間也有衝突。但這些衝突，在中國比較緩慢的變遷裏，也慢慢的整合在一起。比如一個人得志的時候，可以用儒家的精神來治世，當權時可以用法家那一套，失意了，告老還鄉後，可以用道家思想來調適自己的心態。或者爲了更提升自己的人生境界，他還可以出家去。這就是同一個人在不同的階段，可以利用不同的標準處世，所以這幾個派別整合以後，事實上並沒有什麼大衝突。而我們目前的道德分歧情況不一樣，像臺北這樣的社會，慢慢的已經成爲一種國際性的社會，這種社會來來往往的人非常多，非常複雜，各種資訊，各種觀念很容易被帶到這個地方來，這是過去中國所沒有過的現象，所以在這樣的社會裏，他的道德觀念當然是比較複雜，很明顯的像許多人從西方留學回來以後，喜歡用西方的那一套去對待他們的父母，他們認爲結婚是他們自己的事，而且不想和父母同住，喜歡組織屬於自己的小家庭。這對於他們來說，是理所當然的事，但對父母而言，則認爲被子女拋棄，這就是彼此觀念上的差異。

在中國過去最主要的一個價值觀念，是上下、尊卑，以及它們之間的關係，並且用這種次序來安排、解決問題，可是現在受到民主、自由、人權這些價值觀念的影響，強調平等的觀念，平等和尊卑有所衝突。所以在一個社會裏，很多人用不同的價值觀念來相處，自然很容易發生問題，這就是所謂的分歧性。

另外一個原因是西方人雖然也產生很多新的價值觀念，但是他們經過兩、三百年的時間才漸次出現，所以他們有時間來調整自己。我們臺灣這個社會是問題特別多的地方，也就是我們在近二、三十年的時間就必須經歷他們兩、三百年的過程，人家兩、三百年所發生的問題，我們卻必須在二、三十年間解決，很多問題就這樣出現了。以致於我們有的地方表現得相當成熟，有的地方又特別的落伍。因爲其中的過程太快，一般人很難了解價值觀念的變化狀況，不了解就很難作選擇。即使眞正很關心這些問題的人也很莫名奇妙，所以這種社會就導致很多現象的發生。可是處在這樣的矛盾中，人還是要生活，還是要解決許多的道德問題，因此臺灣的社會一方面很現代化，一方面又極端的復古，並且用回到原始，用迷信的方法來解決問題，所以寺廟、佛堂特別多，而且香火鼎盛。爲什麼一個現代化的社會，這種風氣會比過去還要嚴重呢？因爲臺灣近十年來，命運的說法非常興盛，主要也是因爲臺灣未來的目標不是很明確，很多的因素使我們沒有辦法掌握住自己的命運。所以當我們在道德觀念上，感到無奈，而且不能選擇的時候，但又不能不面對問題，只好又回到老辦法，用宿命論、迷信的方式來解決問題。

我們在面對道德的分歧而且紊亂的時候，道德觀念絕不像傳統過去那樣的單純，所以我要嘗試着把道德的複雜性作一陳述，到底目前的社會道德，複雜到一個什麼樣的程度？過去個人的倫理只談到修身的問題，也是過去儒家所提到最多、最扼要的一部分，在中國哲學中所講的「心性之學」，就是個人倫理的一套學問，最高的境界是「成聖成賢」。可是現代人的個人倫理，重點不在修身上，而是在獨處方面，也就是一個人在生活上應該怎麼安排自己。我們目前的社會，單身的人特別多，尤其是年輕人，每天忙着上班，下了班以後的時間應該如何獨處，這是現代社會個人的一個大問題，而且目前的引誘特別多，現代人又特別的不耐寂寞，使得獨處的能力越來越喪失，一個人之所以容易逾軌、犯錯、犯罪，也就是不能適應獨處才發生了問題，因此必須把個人倫理的重點擺在這裏。這在中國傳統裏也有可以借鏡的地方，過去中國人講「愼獨」，這種觀念是相當有用的。一個人生活(尤其是現代人)要怎麼辦?這個能力應該怎麼培養?這是個人倫理範圍的問題。

其次是家庭倫理。家庭倫理一直是過去我們倫理的重鎮,過去的家庭倫理能夠在表面上勉強維持一種和諧是靠尊卑的觀念,一家之主享有極大的權威,用這種方式來維繫家庭的倫理。現在家庭的方式和過去不一樣了,以前家庭的組成份子比較多,現在所謂的核心家庭人口很少,在這樣的家庭裏不再是過去尊卑、權威式的相處方式,而講究民主平等,所以一個父親要能和孩子和藹相處,甚至把孩子當成朋友,並且尊重他的個性和意見,在這種情況之下,才能和孩子維持一種很好的關係,如果要像過去一樣以一家之主自居,可能會問題百出,引起孩子們的反抗。

然後再談到社會倫理。過去社會倫理是和家庭倫理重疊在一起的,現在我們則把社會倫理單獨列出來,而社會倫理就是公德心的問題,也就是李國鼎先生所謂的第六倫的範圍,這始終是我們社會二、三十年來沒有解決的問題。社會倫理之外還有政治倫理,尤其目前臺灣政治倫理的問題越來越嚴重。所謂政治倫理就是不同的政治團體應有競賽的規則存在,而我們的政治老是搞得大家緊張兮兮的,非常的不安,原因就是沒有建立一個公平競賽的規則。所以馬上就要訂立人民團體法、遊行示威法等等,但是訂立的公平,問題比較容易解決,訂立的不公平,問題還是不能解決。過去選舉有所謂選罷法,而選罷法是不公平的法律,所以,一到選舉,選罷法一點作用都沒有。因此政治倫理是臺灣面臨的一個極大的問題,如果建立不起來,社會會一直動盪不安。

此外還有經濟倫理，包括企業倫理。我們現在的企業越做越大，一個企業可以有幾千人、幾萬人，必須怎麼去管理他們？基本上這就是屬於企業的倫理。我們這個社會，消費的倫理越來越嚴重，消費倫理就是生產的人到販賣的商人，再到消費者，這三種關係的合理化，希望能夠讓消費者眞正買到價錢合理，品質良好的東西。這些問題過去都沒有，現在統統都出現了。

另外校園的倫理問題也發生了，包括校園份子的管理、師生之間的感情，尤其現在，管理人員和老師以及學生之間的問題，搞得非常的複雜。過去我們一直用一種相當權威的方式把問題壓制在那裏，而現在社會民主運動慢慢蓬勃以後，學生運動於焉產生，如果用老的辦法，一定不能解決問題，想要用新的辦法，步伐一下子又無法跨出去那麼大步，也不敢貿然行事，在這樣充滿動盪不安的校園裏，是否會爆發出什麼樣的事情，也實在是令人憂心忡忡，因爲牽涉到的問題，實在是太複雜了。

還有生態倫理，或者稱環境倫理，就是指人與自然之間的關係，保護環境也是一種倫理的關係。生態倫理就是關係到如何保護環境，使其不致於遭到破壞。

諸如此類，都是過去傳統中所沒有碰過的問題，也絕不是第六倫所能解決的問題，所以我們要把這些觀念一一的加以釐清，觀念釐清以後，我們才能想出解決的辦法。

我常稱臺灣的道德是無政府狀態，或是道德的虛無主義，這在年輕的一代，尤其特別明顯。爲什麼臺灣的道德會有這種現象呢？一個原因就是我們的社會越是守道德原則的人，是非觀念很強烈，越是容易吃虧上當。假如你是公職人員，人家會說你不通人情，而不守道德原則，言不必信，行不必果的人，反而左右逢源。在這樣的社會，要想貫徹道德原則，必定相當痛苦矛盾，那麼還有誰會自討苦吃呢？這是對道德無政府狀態和虛無主義的一個了解。還有對年輕人而言，我稱它爲一種情緒的西化主義，在某個層面來講，我是一個理智的西化主義者，因爲有些東西的確是需要向西方學習的。但是情緒的西化主義就麻煩了，因爲他在心理上把中國傳統的一切都抹煞掉，認爲都是老古板，可以拋棄不用，而學習西方的又都只是表面的皮毛，眞的也學不來。比如最近大學生同居的風氣非常盛，主要也是緣於外國的潮流，可是卻沒想到外國大學生的同居情況和我們並不一樣，他們不只是精神上維持獨立，在經濟上也各求獨立，所以好聚好散。不像我們精神不能獨立，經濟不能獨立，也要住在一起，結果總免不了互相抱怨。有人說同居是開放式婚姻的前奏，要知道事實上開放式的婚姻比封閉式的婚姻不知要難上多少倍，封閉式的婚姻是靠一種契約把彼此約束在那裏，開放式的婚姻則不然。前一陣沙特的情婦去世，而重新引起世人對他們的重視，而他們一輩子沒有結婚，可說是二十世紀開放式婚姻的典範，而要在這種沒有任何約束的情況之下，在一起生活幾十年，並不是普通的條件就可以構成，沙特和波娃經濟和精神都各自獨立，而且兩人都是水準極高的哲學家，這樣的遇合太難得了，幾乎可以說是世紀之遇，實在不是一般人可以擁有的。而現在的年輕人崇尚自由，要享受自由的愛情，在經濟、精神都不能獨立的情況下，自然就產生許多的流弊。結果就這樣中國的東西拋棄不要，西方的又只學到皮毛，於是變成道德的虛無主義。

這種道德的虛無主義和我們的經濟型態有很大的關係。目前我們是經濟掛帥，資本主義領導的一個社會，基本上是追求利潤，通常會造成爲達目的不擇手段的心態。所以利潤導向的這種資本主義社會，基本上是相當的反道德，但是西方國家他們長期發展下來，有兩種東西可以把這種現象減低到相當的程度，一是宗教，一是健全的法治社會，使資本主義的流弊大爲減少。而我們進入資本主義社會以後，沒有強而有力的宗教力量，又缺乏健全的法治，所以這種投機取巧，不擇手段的現象特別嚴重。這都是造成道德虛無主義的因素。

另外提到道德的冷漠。我們這個社會道德非常的冷漠，它的反面就是道德的熱情，是人格發展健全的一個基本動力，而我們現在道德的熱情非常缺乏，道德冷漠感非常普遍，我舉一個例子來說明一下。社會學家分析微笑是凝聚社會的一個無形的力量，也是人類文明當中賴以溝通的一張不可思議的網。微笑是世界語言，不管你走到那個地方，只要臉上帶着微笑，人家一定都歡迎你。所以微笑的功用非常大，微笑的人一般來說心理也比較健康，而且也比較長壽。微笑也可以反映出一個社會制度，你到國外旅行，遇到大陸來的人，就會發現他們缺乏微笑，臉上比較呆板，我們臺灣去的，就比他們要活潑多了，可是跟西方人一比我們又要呆板一點。我住在夏威夷大學的時候，每天早上起來散步，如果遇到亞洲黃皮膚的人，很少會跟你打招呼，碰到白種人，不管認不認識你，一定會跟你說一聲：哈囉！早啊！這就很明顯的看出彼此的差異。我們這個社會怎麼可以隨便微笑，如果一個女孩子在馬路上跟人微笑，你馬上就想歪了，這就是中國民族在文化行爲上的一些問題。我們中國人對性特別的忌諱，可是常常在行爲上第一個反應的就是性的角度。更嚴重的是我們現在教孩子的方式，不知不覺中把社會一點一滴的道德給瓦解掉，因爲目前的社會的確是很可怕的，小孩子出門，尤其是女孩子，一定告訴他千萬別跟陌生人搭訕。其實社會上人與人之間就需要一種親和感來維持人類的感情，可是我們現在卻反其道而行，不要去理他，把每一個人都看做是壞人，基本上的道德教育，應該是把每一個人都看作好人才對，彼此都是人嘛，基本上的信任應該都有，可是我們的教育卻告訴小孩子，每一個人都是壞人，這就使得人與人之間溝通的網路都撕碎掉了，無形中的凝聚力被瓦解掉了，所以造成冷漠，人跟人之間不容易表達感情。這樣的一個社會，絕大多數的人生活得非常孤獨，人與人的關係和以前大不相同，朋友之間只是一種片面的關係，你跟我是同事，除了同事以外，我們什麼關係都沒有。結果人生活得非常孤獨，人際的關係是片面的，再加上絕大多數的人，工作都是非常單調的，沒有機會使用道德的熱情，這種能力就慢慢的退化。在鄉村裏的人，還容易表現這種熱情，彼此之間都很熟悉，在都市根本就沒有辦法，所以久而久之，大家就變得非常冷淡，再加上生活的忙碌，越是現代化的都市，人情越淡薄，彼此漠不關心。

這些現象有些並不是現代社會所能避免的，你要現代化，這些問題就來了，你如果說不好，又有誰能夠避免呢？

臺灣還有一種很奇怪的現象，譬如中南部從去年開始流行跳艷舞，平常喜慶跳個舞也就罷了，就連辦喪事也跳艷舞。原因是他家裏死了人，希望大家都來參觀以壯聲勢。這不只是道德的冷漠，而且到了道德麻木的地步。喪事應該是一件悲傷的事，卻大跳艷舞，社會的道德到那裏去了？我們常常在臺灣看到如果發生大車禍或其它大災禍時，都是冷眼旁觀的人特別多。這一點我們實在是不如西方人，比如說我有一個學生開車在歐洲旅行出了車禍，馬上就被另一個開車的外國人救起來送到醫院，才保住一條性命。這種情形在我們中國人，當然有的人還是會做，但是多半的人就會覺得少管閒事爲妙，這也是一種道德的冷漠。

怎麼樣讓這個社會重新建立起道德的熱情呢？這是一個極需努力的課題。

接下來談到到底是那些傳統道德在崩潰？是全部崩潰了？還是部分崩潰？我們可以把傳統道德分幾個層次來看，從儒家的五倫來看是一個層次。五倫是一種倫理學，而且是不發生多大作用的倫理學，到了漢朝的時候，和專制政體結合變成三綱，所謂君爲臣綱，父爲子綱，夫爲婦綱，是服從權威。三綱也是一個層次。三綱要有效的話，必須有禮教，用制度法律來支持，如果不遵守，就處罰你，所以第三層次是制度化。第四個層次是經過禮教進到一般人的生活裏，也就是社會化。儒家的倫理便是由此四個階段進入人民的生活裏去的。假如說儒家的道德在崩潰，是三綱以下的部分在崩潰，五倫並沒有崩潰。因爲五倫比較帶理想性，所謂父子有親、朋友有信等道理，在任何時代，任何社會裏，都承認它的價值。過去中國的父子有親很難實現，由於父親必須維持一家之長的尊嚴，父子之間是十分冷漠的。現在家庭的父子關係反而比較親密。所以說五倫並沒有改變，改變的是三綱、制度和禮教。尤其現在三綱備受挑戰，是因爲大家要民主自由，要爭取人權，這套價值觀念流傳到我們這裏，基本上大家都要爭取平等，和我們過去的尊卑觀念發生衝突。所以除非我們不走民主的路子，否則爲了順應潮流，三綱自然非崩潰不可。

近百年來，有很多大的運動和潮流，都促使傳統道德在崩潰。除了自由民主以外，革命可以說是中國從十九世紀末期開始，嚴重破壞中國倫理的重要因素。從倫理而言，一個革命志士必須公而忘私，國而忘家，他的父母、妻子、兒女可以因此棄之而不顧，可以一心一意只爲了報效國家而犧牲，貢獻出一切，這樣的例子太多太多了。固然他們的精神非常偉大，但是基本上他們破壞了家庭倫理。所以說革命的風潮是對倫理一個很大的打擊。但是要知道孫中山先生的革命是中國歷代所沒有的事情，是破天荒的一個新紀元的開始，因此在這個運動裏，中國傳統多多少少也受到了挑戰、衝擊和破壞。

在臺灣幾十年來，現代化的過程要工業化、多元化，就像臺北目前的社會，倫理的問題這麼複雜，根本不是傳統的倫理所能應付得了，當然非崩潰不可。

面對這些問題我們應該怎麼辦？而且應該有什麼樣的基本認識？基本認識並不是去解決個別的道德問題，但是當你要去解決那些個別的道德問題時，如果有這些觀念，會有很大的幫助。基本認識是爲了可以找到一個合理而正確的方向。第一個基本認識是：道德不是束縛人的，也不是專門壓抑人的。中國一向的傳統道德是束縛人的，給人一種壓制的力量，事實上眞正的道德不是這個意思，它的主要目的是激發人性愛的能力，錢是越花越少，而愛則是越付出越多，這是人的一種奇妙的力量，你越是懂得奉獻，你的精神生命越豐富。所以愛是一種能，道德就是引發這種能的開展，這樣的基本觀念才是正確的，絕不是束縛人和壓制人。過去的傳統道德走的都是一個相反的方向，所以變成一種束縛和負擔。基於這種認識，在教育孩子方面，我將給你一個勸告，當孩子做錯事情，不要太過於責罵他，因爲犯錯也是一種學習的過程，而且光罰也沒有用，應該鼓勵他去做一件好事來彌補。所以學校中如果犯了一個大過，可以用一個大功來抵掉，我認爲是相當合理的。道德的目的不是懲罰，而是要鼓勵他做更好的，用好的來抵消壞的，這在家庭教育上是值得重視的。

第二個基本認識是我們應該學習容忍規範上的差異性，不要在生活的細節上要求一致。十幾年前復興文化委員會訂得那些生活須知、生活禮儀、在衣食住行等方面都有很精細的規定條例，這些基本原理是從理學家來的，那已是八百年前的想法，在中國早已不能施行。其實日常的許多生活細節，根本不需要你去管他，卻偏偏要那麼正式的列出一大堆的繁文褥節。所以我覺得中國人不只是慚愧而已，我曾經把生活須知和日本規定的生活須知拿來作比較，發現日本人的確比我們有智慧，他們不管生活上一些細節問題，而是一些基本的原理，如果眞能確定一些大的基本原則，細節上根本不必加以規範。而我們卻老是在一些鷄毛蒜皮上的事作文章，而且生活上那裏可以如此細分，就是要管，也不需管到這個層面來。所以孔老夫子很有智慧，他說：「大德不踰閑，小德出入可也。」只要大的地方堅持，小的部分實在無須如此斤斤計較。所以在臺灣連學生的頭髮都會發生那麼多的問題和風波，這些都是不必要的。我常常覺得我們的社會有一種現象，就是在毫無意義的事情上吹毛求疵，不但浪費人力，而且也造成很多的問題。所以在這裏我要提出一個觀念，也許對年輕人很有幫助。人類的文化裏面基本上有三種現象，一種文化是合理的，包括中國的仁義禮智和西方人的博愛，以及佛教的慈悲等基本的大原理，你要生活得合理，就不能違背這些原則，這是我們所要崇敬、堅持的部分。還有一種文化是反理的，包括燒殺姦淫、暴力等各種違背社會的現象，是我們所不能接受的，根本上違反人的理性，這種我們應該想辦法去掃除它。還有一種是我們中國文化所沒有的觀念，就是無所謂合理不合理，像穿什麼衣服、頭髮留長留短等，都實在沒有一個合理或不合理的標準，這是一種文化中性的現象，這些並不需要你去管它，而眞正該重視的是那些合理和反理的部分。無所謂合理和不合理的部分，應該讓他們去自由發展。在我們的意識裏常常過分的要求一致性，把軍事教育擺到社會方面來普遍化，這是絕對不合理的。

第三個基本認識是道德在原則或形式方面可能是不變的，可是在內涵和實踐的方法上卻是有所變化，到底什麼該變，什麼不該變，我們常常混淆在一起，並且吵吵鬧鬧了好多年。事實上禮的觀念是不變的，儘管時代變遷，禮的內容不斷改變，禮的基本原則還是存在。最明顯的譬如說孝的問題，孝是天經地義的事，沒有任何一個時代可以說孝是不正確的，但孝的方式卻隨各時代而有所不同，尤其現代人對孝的要求跟過去很不一樣。所以它的內容和實踐方式是隨時代而不斷演變，而因爲變才有生機，才能夠不斷的延續，如果不變，反而會僵化而死掉。如果了解這個道理就不致太過於固執偏頗了。

第四個基本認識是一個社會要提升它的道德水平，一定要具備兩個條件，一是年輕人有機會發揮他的潛能。年輕人越有機會發揮潛能，這個社會的道德問題越不會嚴重，因爲如果有機會發展潛能，都有某種程度的自我實現和成就感，這樣的人是不會做出多大的壞事來，也比較不會出問題。人之所以有問題，是因爲他在人生的道路和生命的發展上產生挫折，所以越是能發揮潛能的環境，對道德越有利。臺灣目前這個問題相當的嚴重，從考試的選塡志願就已經不完全是興趣所致，而趨於一般社會的價值標準，結果浪費時間和精神而懊悔不已。所以要發揮潛能，必須合乎自己的志願和興趣才比較容易做到。常常社會的風氣造成很多觀念的扭曲，導致許多人走入錯誤的方向，以致於發揮不出他們的潛能，人生的挫折一多，道德問題於焉產生。另外一個條件是道德實踐的模範一定不能夠缺少，要眞有實行道德的人的存在，這就是中國的一句老話：「身教重於言教」，雖是老生常談，但在道德上是一個萬古不變的眞理。年輕人在道德上受影響，絕對不是通過教條和書本的學習，一定是跟比較有道德、正派的人在一起，潛移默化所致。所以一個社會如果缺乏道德模範，問題就相當嚴重，而我們這個社會的道德模範就已經比從前慢慢的遞滅，眞正好的榜樣越來越少了。道德的語言必須有實際的行爲去印證，這個語言才有力量，否則光是在嘴上耍功夫，是不會有效用的。

第五點的基本認識是實行道德必須要有健全的人格，而健全的人格必須要有均衡的教育。臺灣在此方面的問題相當嚴重，因爲臺灣的教育太不均衡了，平常強調四育——德、智、體、羣，事實上還要加上一個美育。在此五育上，我們還勉強可以說是重視智育，其實連我們目前的智育都是不健全的。自從由考試來領導學校的教學以後，智育就已經走上歧路。在這種不健全的教育環境中長大的人，二、三十年後，讓他們來做主管和領導人物，結果在問題發生時，沒有辦法應付和解決，因爲在教育過程中沒有培養這方面的能力，在處理問題時將會有極大的偏差。一個人要面對社會這麼複雜的環境，必須要有很豐富的資源，必須建立在五育的內涵均衡發展上，方比較能夠面對反應複雜的問題，否則都爲了升學而剝奪了小孩應該享有的東西，不但他自己過得不舒服，也會爲社會帶來極大的問題。而我們目前的教育型態卽是如此。

最後一點是目前臺灣在道德問題的解決上最迫切需要的是建立最低限度的道德，也就是公德心、守法的觀念，這是最低限度的道德，但是我們還是沒有建立起來。尤其一個現代化的社會，守法的精神沒有建立起來，才會引發出那麼多的問題。現在的社會靠禮教已無法維持，一定要靠法律，但是法律要發生效率，一定要公平。中國人到現在在法律下面的觀念還不十分正確，現代的法有兩個基本意義，消極的方面是懲罰人，積極的意義則是保障人權不受侵犯。法律如果能夠做到眞正保護人權，對我眞正有利，我怎麼會不守法呢？所以法律一定要把它積極的意義發揮出來。西方的法律就是在這種觀念下建立起來的，而我們卻演變成誰守法誰就倒楣，這樣教人如何還肯守法呢？所以法律一定要對個人的權益加以保障，如果這個觀念不加以釐清，守法的主觀意願絕對發展不出來。

所以要解決道德問題，最低限度的道德一定要建立起來，培養公德心和守法是必須認知的課題，在此前提下，法律的公正有賴於司法的獨立，而這正是許多年來我們一直沒有能夠做到的。

一九八七・七・二十五《臺灣晚報》整理發表

民主法治社會裏倫理問題的探討

——儒家倫理現代化之路

(一)本文的重點是：在儒家倫理傳統下如何解決民主法治社會裏的倫理問題？所以要採取這個角度來討論，主要是因我們的倫理教育，其要求既高且多，結果在實際生活上，連起碼的守法與公共道德的習慣都培養不起來，成為社會發展的嚴重問題。

(二)為了解決上述的問題，首先將儒家倫理區分為五倫、三綱、三綱法制化及社會化等四個層次，然後指出何種意義的儒家倫理與倫理現代化衝突，與現代化不衝突的部分，在現代社會又具有甚麼意義。

(三)為了糾正五四新文化運動以來激烈反傳統的心態，本文在處理儒家倫理的現代化問題上，面臨一項新的挑戰：既要發現儒家倫理傳統中值得我們接受、尊重的意義和價值，同時又不妨害我們為了倫理現代化必須達成改變它的目標，此如何可能？解答這個問題，成為本文論證最吃緊的部分。

㈣根據上述的態度，以及論證邏輯性的發展，本文提出自由人倫理的構想，以解決民主法治社會裏的倫理問題。並討論要建立自由人倫理，必須在自由、民主的原則下從事個人改造與社會改造，這樣才能使我們的精神價值有根本的突破。

㈠問題的癥結

討論儒家倫理的現代化問題，首先必須把儒家倫理的內涵，以及在歷史實現過程中所形成的幾個層次，加以釐清，否則這方面的討論，不但容易造成觀念上的混淆，也很難找到問題的癥結所在。

參考 G. E. Moore 的《倫理學原理》，其中所討論到的倫理學有：自然論的、快樂論的、形上學的，以及與行爲有關的倫理學，撇開其內容與性質不談，僅就名稱而言，先秦儒家從孔子的仁、孟子的心性、〈中庸〉的誠，曾發展出一套形上學的倫理學，但與後來歷史上實現的儒家倫理直接相關的，不是這方面的倫理，而是與行爲有關的倫理學：五倫。

五倫即：「父子有親、君臣有義、夫婦有別、長幼有序、朋友有信。」[七]其中不僅列出社會

[七] 《孟子・滕文公上》。

的五種基本關係，也包含了使這些關係合理化的規範，這是儒家倫理的理論層次，在先秦僅屬於一家的學說。漢初董仲舒提出三綱的倫理屬於第二層，三綱爲適應專制體制的現實政治而形成，並爲專制皇權提供倫理的基礎。三綱承繼了五倫的三種基本關係（君臣、父子、夫婦），但轉換了合理化的根據，使雙方對等的義務，變爲片面服從的義務❷，也就是使相對倫理轉變爲絕對倫理。五倫分列五種關係，而以家庭倫理爲主。三綱以君臣一倫爲優先，使上下服從的政治倫理，延伸到家庭倫理之中。儒家倫理的政治化，喪失了五倫合理化的精神。但也因政治化，才使它有機會成爲漢朝官定的倫理❸，從此所謂儒家倫理在現實歷史中才具有權威性與束縛性。三綱法制化是第三層，因法律具強制性，所以經過這一步驟，才能保障三綱的效力。三綱經由法制化，遂成爲傳統中國價值系統的核心部分，最後一步則是將核心部分的價值再經由社會化，而成爲社會的風俗習慣，儒家倫理發展到這一步，才算完成了它的歷史任務。從三綱觀念的出現，到保障禮教規律不遺餘力的《唐律義疏》的頒布，經歷了八百多年，最後一步更要晚至宋代才漸次實現。

❷ 參考徐道鄰：〈綱常考〉中對「五倫」與「三綱」的解釋，見《行爲科學中的新概念》，頁一四三，民國五十八年，臺北進學書局。

❸ 首先於漢宣帝甘露三年（公元前五一年），宣帝召集各地儒者會於長安石渠閣，討論經義異同，使董仲舒的經學思想取得官方的地位。一三〇年後，漢章帝建初四年（公元七九年），召集白虎觀會議，由班固寫成《白虎通義》，中有三綱六紀之論，從此仲舒的三綱成爲官定的倫理。

宋以後這一核心價值不僅型塑了國人的基本性格，也決定了倫理的思考模式。只有少數儒者仍在理想上闡揚五倫，在現實上仍不能不認同三綱❹。至於一般士人，對二者基本精神的差異，已混同莫辨❺。

毫無疑問，三綱的核心價值體系，對傳統中國的文化秩序與社會穩定，曾產生極大的功效，假如一百多年來，沒有自由、民主、法治、人權等外來思想的衝擊，假如自晚清以來我們不曾以建立一個現代法治社會以更新傳統倫理社會爲努力的目標，我們的社會勢必仍在原有的倫理基礎上繼續運作，也就不會有儒家倫理的現代化問題。

傳統倫理社會運作的基本依據是：專制皇權、三綱禮教、家族制度、農村經濟，四者互有關聯而又相互支援，形成傳統社會（宋以下）的強固基礎❻。在近代中國歷史的發展中，民國肇創，從體制上革除了專制皇權；變法以後新法律的不斷制定與修正，使家族主義在法律上已經瓦解❼；近三十年來的臺灣，已由農村經濟轉變爲資本主義經濟；如果這些變化可視爲中國現代化

❹ 如朱熹於〈白鹿洞書院揭示〉，即將五倫說列於篇首。另於日常對談中，則說：「臣之事君猶子之事父，東西南北，惟命之從，此古今不易之理也。」（見張伯行編：《濂洛關閩書》卷一七）又說：「看來臣子無說君父不是底道理。」（《朱子語類》卷一三）

❺ 如宋末人（姓名不詳）編撰的《三字經》：「三綱者，君臣義，父子親，夫婦順。」

❻ 參考龔忠武：《學而集——從君主到民主的中國社會》，頁二二，民國六十年，臺北環宇出版社。

❼ 瞿同祖：《中國法律與中國社會》，頁二五九，民國六十三年，臺灣崇文書店重印。

的主要標誌，就臺灣地區而言，可以說經濟的變革最具成效；五四新文化運動時期遭到最多攻擊的三綱禮教，表面上似早已消逝，尤其因現代新法制的建立，也使它失去了繼續運作的依據，但實際上強調服從的精神，至今仍支配着我們各級學校的倫理教育。在近代文化變遷的過程中，以精神價值這一層的變革最困難，這本是正常的現象，並非中國所獨有，假如觀念正確，把握到問題的癥結，教育制度與內容又能全面配合，經過一二世代，價值系統卽可望有根本的突破，只有這方面有了顯著的成效，整體的現代化才有可能。如果旣需要自由、平等、人權等新的價值觀，又必須建立一個法治、民主的社會，另一方面卻依舊堅持或變相地保存三綱的軀殼（三綱的本質、眞義，見下文），這就造成今日臺灣價值觀念上的混淆，結果不僅使倫理教育與社會的發展脫節，也延誤了倫理現代化的時機。

所謂儒家倫理的現代化，是個很複雜的問題，這一工作可以從不同層次去進行，也可以由不同角度去討論。本文的重點是：在儒家倫理傳統下如何解決民主法制社會裏的倫理問題？在這個問題上，我們認爲眞正與倫理現代化有衝突的是傳統倫理中的三綱（三綱涵義中也有不衝突的部分，詳見下文），不是五倫。雖然現代民主法治社會的倫理問題，並不能憑藉五倫來解決，但五倫中的合理成分，以及儒家一向重視的人的尊嚴等道德理想，將可因倫理的現代化而獲得新的意義。

(二)在傳統倫理架構中尋求倫理現代化的論證

海耶克 (F. V. Hayek) 說:「成功的自由社會在一甚大的範圍內,乃接受傳統、尊重傳統並導傳統於發展之途的社會。」❽近年來林毓生先生主張有一個豐富而有生機的傳統,對維護自由與促導進步的重要性❾,更是苦口婆心,再三致意,這是對五四新文化運動以來,激烈反傳統的思想,做了深入的檢討與批判以後,才獲得的覺悟。現在的問題是:此如何可能,在具體的工作中要怎樣進行?前文提出的倫理現代化與三綱之間的衝突,就是眼前的一個例子,就五四的心態而言,三綱倫理既與現代化衝突,就只有出之以摒棄的一途,也就是說新舊價值觀念可以像內臟移植手術似地作一全盤徹底的交替,這種方式不要說對價值系統的轉變這樣複雜的課題難以進行,即使在個人心理上也是絕對行不通的,因為生活在現代社會,現代化與傳統價值觀念,同為個人健全的心理不可或缺的因素❿。

前面說過,三綱這一核心價值,曾型塑了國人的基本性格,它既不能用外科手術的方法予以

---

❽ 海耶克著,周德偉譯:《自由的憲章》,頁八八,民國六十二年,臺灣銀行經濟研究室編印。
❾ 林毓生:《思想與人物・自序》,頁七,民國七十二年,聯經出版事業公司。
❿ 參考林憲:〈現代化生活與精神疾病〉,見葉英堃、曾炆煋主編:《現代生活與心理衛生》,頁一〇三,民國六十年,臺北水牛出版社。

摒棄，那末我們就必須在思想上面對一項挑戰：旣能發現三綱傳統中值得我們接受、尊重的意義和價值，又不妨害我們爲了倫理的現代化必須達成改變它的目標。

這個工作必須回到三綱本身，對它的本質、眞義，重新加以反省、理解。從新文化運動以來，大家看到的三綱的一切缺點與流弊，主要是依據自由、平等、人權等新的觀點，從這些觀點自然很容易就看出三個如何束縛個性、桎梏人心、妨礙進步，如何不合理又不合時代的需要。但從歷史的層次來看，爲了建立現代社會的倫理，上述的觀點雖是相干的；對中國古人發展出三綱的倫理，並一直堅持此一核心的價值，則不相干。三綱的眞義或本質⑪，是在人倫的關係中，一方要求另一方盡絕對而片面的義務，在倫理學上，它是建立在「道德本身就是目的，不是手段」以及「道德卽是道德自身的報酬」等預設之上，理想主義的康德曾如此主張，耶穌在全幅放棄和自我犧牲的具體行動中，也爲愛本身便是目的這一倫理思想提供了最感人的實例。此外，孔子的知其不可爲而爲，孟子的雖千萬人吾往矣，也都是出於眞情之不容已的崇高的道德精神，在近代史上，爲眞理，爲自由，甚至爲革命而獻身者，眞是不勝枚舉，所以這種道德精神之爲崇高並不因古今而有所不同。問題是在這樣的道德不能（也不應）要求於人人，因要達到這個境界，實人

⑪ 下文對三綱的眞義、本質的解釋，是參考賀麟：〈五倫觀念的新檢討〉，見《文化與人生》，頁二一～二二，民國六十二年，臺灣地平線出版社重印。

間至難之事。但在傳統中國，三綱是經由法制化而成爲在實際上支配所有人的禮教，於是承受禮教者，旣多半非出於自由意志，而三綱的眞精神，亦爲禮教的桎梏，權威的強制所掩蔽。問題還不止於此，在中國傳統裏，要求盡片面義務的對象，不是神、不是眞理，也不是自由、革命的理想，而是君、父、夫，這些人很可能是具有多方面人性弱點的人，這樣禮教的權威就成爲他們掩飾肆無忌憚之行的有利藉口，而被要求的一方自然就成禮教的犧牲品了。

根據以上的分析，可知眞正與倫理現代化衝突的，不是三綱的本質、眞義，而是桎梏人心，束縛個性的三綱禮教。在家族主義的傳統裏，禮教因受法制的保障，使它具有絕對的權威，因此對人的行爲有普遍的束縛力。現代法治社會的法律是個人主義的，它保障的不再是傳統的禮教，而是個人的權利。所謂「個人的權利」當然是指每個人的權利，每個人都有他自己的權利，但不能侵害別人的權利，因此人人必須遵守法規與公共道德，這是現代法治社會所要求的「最低限度的倫理道德」⑫。這種道德平淡無奇，且是互利式的，正因它對人不做過分要求，所以它的流弊與缺點也最少。至於崇高的美德，高超的道德實踐，必然仍受到尊重與讚賞。此畢竟是個人奮鬥之事，不能要求於人人。能要求於人人的，只能是最低度的，這個道理本很簡單，可是在我們這

⑫ 「最低限度的倫理道德」一辭，見傅偉勳：〈批判的繼承與創造的發展〉，《中國論壇》，二二一期（民國七十三年十二月十日），頁四六。

個社會，那些設計倫理教育的人，竟然不懂，他們總是直覺地以爲一談個人權利就不免太自私，因此主張「先有義務，始有權利」⑬，他們不知道，現代社會要養成國民（國民不同於傳統的臣民，臣民是只被要求盡義務，沒有人主動爭權利的。）尊重法律的習慣，最重要的一點，就是使他們能普遍感受到，法律不只是懲治犯罪，更積極的目的是保障個人的權利，如此才能激起國民守法的主動意願。西方人的守法習慣，就是在這種強烈的意願下逐漸養成的。如果守法是我的義務，那末我所以自願去做，是因只有這樣去做，才足以保障我的權利，在這裏，義務與權利是無所謂先後的。我們的倫理教育，其要求既高又多，結果在實際生活上，連起碼的守法與公共道德的習慣都培養不起來，之所以如此，原因可能很複雜，但因誤解權利觀念使個人權利遭忽視，甚至連帶着曲解法治（如只要求別人守法，自己——包括個人與政府——卻不守法），應是最重要的一個因素。

梁啟超在大半個世紀前就說過：「國家譬猶樹也，權利思想譬猶根也，其根既撥，雖復幹植崔嵬，華葉蓊鬱，而必歸於槁亡。」基於這個了解，因此他勉勵國人：「爲政治家者，以勿摧壓權利思想爲第一義；爲教育家者，以養成權利思想爲第一義；爲私人者，無論士焉、農焉、工焉、商焉、男焉、女焉，各自堅持權利思想爲第一義。」⑭梁先生對權利與國家關係的了解，顯

⑬ 教育部訓育委員會編印：《訓導法規選輯》，頁一七。

⑭ 梁啓超：《新民說》，見《飲冰室文集》卷一，頁二一，民國五十二年，中行書局臺灣重印。

然是以西方法制史爲背景的，西方從雅典的梭倫（Solon）立法起，就是幫助平民抵抗統治者壓迫剝削的一種努力；最早的羅馬法十二銅表（西元前四五〇年），是平民向貴族經數十年的艱苦鬥爭才獲得的成果；嗣後最爲人稱頌的，有西元一二一五年的英國大憲章、一六八八年的人權法案、一七七六年的美國憲法和一七八九年的法國人權宣言，這種種法案的建立，無一不是以權利意識爲中心，也無一不是政治民主化、人格尊嚴化的重要里程碑⑮。爲什麼梁啟超於一九〇二年時就認識到權利思想對建立一個民主法治國家的重要性，而今反而令人有觀念迷失之感？其中一個重要的原因，自然是因在我們禮教法制化的傳統裏，缺乏權利意識與守法精神。更重要的原因是，我們似乎一直未能弄清，要在現代法制民主的社會裏，建立現代化的倫理，必須從傳統的倫理價值方面有根本的突破，這不是復興三綱、五倫就能達到的。

三綱法制化形成的禮教傳統，因其強調盲目順從、束縛個性、錮蔽心智，與我們今日正努力追求的自由、民主、開放社會的目標背道而馳，要改變它，仍是今後倫理現代化工作中一大難題，因這方面的工作相當於國民性的改造。當然，由於受社會文化變遷的影響，這方面並不是沒有改變，只因教育政策，尤其是倫理教育未能全面配合，故速度遲緩，效果未彰。

⑮ 以上參考徐道鄰：〈從法制史上看東方及西方法律觀念之形成〉，見《行爲科學中的新概念》，頁一四七～一五〇，民國五十八年，臺北進學書局。

三綱本質的一面在現代化的倫理中，屬於高層次的道德，表現這種道德的實例，永遠是人類能實踐高超道德的見證，是社會大眾學習、仰慕、嚮往的對象。由於這「道德的少數」的存在，個人道德的提昇才有希望。但這種道德與配合民主法治所需要的倫理不同，它須在理想主義的人文教育與宗教實踐中才能培養出來，而這一點也正爲我們今日的教育所忽視。

三綱之外，再看五倫。五倫有其合理的成分前文已提過，但五倫並不能滿足現代社會的需要，民國七十年時李國鼎先生就正是因爲洞察到這一點，才提出著名的「第六倫」之說⑯。第六倫就是個人與社會大眾的關係，它的行爲準則屬於一般主義（Universalism），即大家都適用同樣的準則，也就是所謂公德。第六倫的觀念，在突破傳統倫理思考上很有幫助，因透過這個觀念，不但把五倫劃入私德的範圍，且明示要建立適合現代社會的倫理，必須超越傳統。不過要爲現代社會建立新倫理，恐怕不是在五倫之外加一倫就能解決的，因第六倫並不能概括五倫之外所有人間關係，是不是在已與羣（社會大眾）之外的其他關係中還要建立第七第八倫呢？天主教的李震神父就認爲第六倫忽略了人與天（神）的關係，因此主張第六倫之外還須建立第七倫⑰（其

---

⑯ 李國鼎的「第六倫」說，首見於民國七十年三月十五日於「中國社會學社」講詞：〈民國七十年代社會學者面臨的挑戰〉，講詞要點見次日《聯合報》。同年三月二十八日於《聯合報》再發表〈經濟發展與倫理建設——第六倫的倡立與國家現代化〉一文。對第六倫有進一步的發揮。

⑰ 見李震：〈論精神汙染與道德建設〉，刊於民國七十年五月號《益世雜誌》。

實人與神的關係，乃上文所說「屬於高層次的道德」，與現代社會急需建立的倫理，其性質根本不同：人神之間是典型的盡其片面義務的道德，現代倫理則是以權利意識爲中心的）。最近王洪鈞教授，因三家電視臺的惡性競爭，因此主張建立資訊倫理的「第八倫」⑱。準此以推，是否在其他的關係中（如己羣與他羣，人與大自然的環境），又要各建一倫呢？現代社會的倫理問題，顯然不能順着這樣的方向去獲得解決。現代社會倫理問題的重點，不在爲各種不同的關係建立不同的規範。設想新規範並不難，問題出在遵守規範的人身上，如果個體在精神上或性格上沒有相應的改變，建立再多的新規範亦屬徒然。何況在現代社會複雜的人際關係中，只要彼此同意，規範可自由訂立。李國鼎先生所說的公德，一般又叫做公德心，所以公德並不是公眾的規範，公眾的規範是法律，公德針對傳統的私德而言，它代表一種新的態度、新的價值觀和新的處理人際關係的方式，而這些只有在自由的價值中、民主的方式中，以及自由、民主的心態中才能培養出來。人如果有自由的信念，又有民主的素養，生活在現代社會，無論在什麼關係中，他都會比較有能力做合適的處理。

---

⑱ 王洪鈞：〈從三臺惡性競爭所引伸的第八倫問題〉，見政治大學《新聞學人》卷九，一期（民國七十五年五月）。

(三)自由人倫理的構想

要教養出具備上述條件的國民，勢必要建立一套自由人的倫理才有可能。在這裏，我們不用現代倫理或新倫理的名稱，而用自由人的倫理，是因它既可以涵蓋儒家在仁的基礎上發展出來的一套修身養性的內聖之道，又可以不爲其所限。修身養性乃屬於個人倫理的範疇⑲，相對於最低限度的道德而言，它是最高限度的道德（因其目標在成聖成賢）。本文所關心的儒家倫理現代化課題，不在這一層次，而是指社會倫理的範疇。儒家倫理的問題在此而不在彼。自由人的倫理在社會範疇，至今仍是一創建性的工作，它需要在國人的心靈中，於修身養性之外，發展出守法精神與權利意識。這兩個範疇在道德上雖屬不同的層次，但也有共同點，即二者都重視個人尊嚴，也都要求做自己的主人。更重要的是，傳統儒家對於每個人均具有道德上與精神上自我改進之內在能力的信念，也正是今日重建社會倫理的一大動力。

爲解決倫理現代化課題而建立的自由人倫理中「自由」一詞是偏重於權利意識的⑳。在中

---

⑲ 關於從仁的基礎上發展出來的一套個人倫理，可參考楊慧傑：《朱熹倫理學》第五章，民國六十七年，臺北牧童出版社。

⑳ 關於自由與權利的關係，可參考張佛泉：《自由與人權》第二章第二節，〈自由之確鑿意義——諸權利即諸自由〉，民國四十四年，香港亞洲出版社。

國，權利意識一向被壓縮在義務觀念之下，以家庭爲主的人倫關係而言，這是正常而健康的㉑。但在社會、政治的範疇，「諸權利就是諸自由」，「自由實代表了一個國民所享受的一切普通權利」㉒。自由或權利意識與守法精神的培養密不可分，羅馬政治家、哲學家西塞羅（Marcus Tullius Cicerol）早就說過：「我受縛於法律，爲的是要獲得自由。」假如政府要求人民守法，而法律卻不能保障人民的自由（卽權利），是不會有效的。只有當國民普遍感受到自己的種種權利已獲得確切的保障，守法的習慣才能順利養成。

自由人倫理是爲了相應民主法制社會的倫理要求，如果社會不能朝民主法制的方向發展，自由人倫理也無從建立，二者相輔相成的關係，一如三綱禮教與專制政制的關係。此外，一個社會如只知在政治上爭自由，而不能同時把自由的價值實踐到全民的生活，去改變他們的態度，改善各種的人際關係，自由不容易在這個社會生根，也很難成爲一個眞正民主開放的社會。自由人倫理的建立，就是要朝這個目標去努力。

自由，最直接使人想到的，就是不受約束的行動，凡事可以依照自己的意志去做決定。事實上只要是兩個人的生活，行動就不可能完全不受約束，自由人的生活並不是毫無限制的放縱，像

㉑ 參考余英時：《從價值系統看中國文化的現代意義》，頁八一，民國七十三年，時報文化公司。

㉒ 同⑳。

魏、晉時代少數知識份子的放蕩不羈，並不能爲中國建立一個自由主義的傳統，因爲他們心目中只有自己沒有別人，他們的生活只表示對既嚴峻又虛僞的禮教的反動，反動只能解縛於一時，不能爲羣體的生活爭取到合理的自由。在羣體生活中，必須自行約束才能合羣，自行約束的能力又必須在快樂和沒有恐懼感的心理狀態下才容易成長，在這裏自由與自制分不開。自由人的倫理觀，認爲培養人的自制力，才是約束的最佳方式，才不會因約束而妨害個性和潛能的發揮。在任何社會，他制力自不可能完全除掉，但應縮減到最低限度的必要程度。法國人權宣言：「自由是在不傷害別人時做任何事的權利。」「不傷害別人」就是最低限度的必要程度。如果是兒童，還要加一條「只要不危及他本身的安全」，因兒童還不能保護他自己。不要傷害別人，是因別人和我一樣不願意被別人傷害。把所有的人都看作和自己一樣，是自由人倫理的第一信念。人都有自尊心，不食嗟來之食，也是自尊心的一種表現，但人類一向普遍缺乏尊人的能力，階級思想、身份觀念，以及不從同一立足點出發的價值觀，妨礙了這種能力的成長，嚮往自由的社會，必須堅信「人生而平等」，把這些障礙除掉，並培養民主的素養，尊人的能力才可能普遍提高，一個具備尊人能力的人，才有眞正的自尊。自尊與尊人密不可分，是自由人倫理得以建立的基本要素。

(四)自由人倫理如何建立

所以建立自由人倫理，如何培養國人的民主素養，成爲一個重要的關鍵。首先，民主的素養始育於民主的家庭，所謂民主的家庭，就是以獨立、自主爲倫理準則、倫理教養的家庭，這種教養非但不與強調義務優先的傳統家庭教養相悖，反而能增強其盡義務的能力。

民主對家庭的影響，根據托克維爾（Alexis de Tocqueville）當年在美國的觀察，他發現在美國的家庭裏父子間的距離已縮短（目前在臺灣，這種現象也日漸增多），做父親的已自覺到自己的權威有限。某種程度的權威依然存在，但權威不是來自傳統，不是來自習俗，也不是依賴任何性質的制度，在民主的家庭裏，父親所能運用的權力，只有感情和閱歷做後盾。可以斷言，只有這樣的家庭，才是最有利於培養下一代獨立、自主的性格。獨立、自主的性格，不但不會促使兩代之間關係的疏離，恰恰相反，托克維爾認爲「風氣與法律越民主，父子的關係也更親熱」。如果仍有疏離現象，那不是因爲獨立、自主的性格，而是由於其他的原因。民主的家庭，使父親那種嚴格的、因襲的、合法的權威沒有了，圍繞着壁爐的是一種平等的氣氛，這種氣氛對培養孩子的健康心理和性格是必要的㉓。

在這樣的家庭裏，與強調片面服從的三綱禮教自然不同，但卻是五倫中「父子有親」這一倫理的實踐。「父子有親」可以說明早期儒家本就體認到在這種關係裏存在着自然的感情紐帶，這

㉓ 參考托克維爾著，李宜培、湯新楣合譯：《美國的民主》，頁一八〇～一八三，一九六八年，香港今日世界社。

種感情在沒有約束的情形下會自然流露，孝的本義也是如此。後來經由三綱法制化才使孝道制度化，制度化的孝道，其目的之一，蓋是希望藉它來強化這種感情，結果效果上適得其反，此正如托克維爾所說：「要試圖使它們（指人類自然的感情）更加強烈，反而會使它們失去原有的力量，因爲它們只有在不受干擾時最強烈。」㉔由此可知，在充滿平等氣氛的民主家庭裏，要比禮教森嚴的傳統家庭更能把這種自然的感情釋放出來。

不過，民主的家庭，對培養民主素養與國民性的轉化（由順從性格轉化爲獨立、自主的性格），僅是提供人生最早一個階段孕育的環境，要把自由價值充分實現於生活，要使自由人倫理成爲今日我們倫理生活中的主導力量，還必須更進一步做一體兩面的努力：

一面是個人的改造，一面是社會的改造，自由、民主是兩面改造的共同指導原理，它雖有表現於個人和表現於社會的不同，但精神是一體的。

在自由、民主的原則下，個人改造必先肯定自由是一個生活的原理，相信人類需要自由生長和自發的演進，反對一切專斷權力的使用。個人改造的目的，除了自主、獨立之外，還要使自己成爲一個能盡社會責任的人，這至少要具備兩條件：一是道德的熱情，一是知識的眞誠。熱情的反面是冷漠，假如道德的冷漠已成爲相當普遍的現象，那末這個社會的倫理道德正在瓦解之中。

㉔ 同㉓，頁一八五。

挽救這方面的危機，端賴能否喚起道德的熱情，宗教的功能往往在此，富有宗教意味的禮教也有同樣的功效。道德的熱情使人勇於捨己爲人，對社會所負的責任，遠超過法律所規定的範圍。道德冷漠，倫理淪喪，守法的精神是無從培養的。海耶克說：「人人自動遵守一定行爲規律爲自由順利進行之基本條件。」㉕所以一個自由人，不但不能放縱，且必須承受自由的嚴厲本質。自由與自律實不可分。

道德的熱情，如化爲宗教性的狂熱，並不必然導致道德的結果。道德熱情如缺乏理智的引導，往往導向錯誤的方向，形成一股破壞社會秩序的力量。所謂理智的引導，是主觀上能獨立思想，客觀上能服膺正確知識的能力，知識的眞誠有助於這種能力的培養。知識與道德在自由人身上，是一種互相激發又相輔相成的力量，缺一不可。

有人把自由比作空氣和陽光，這個譬喻如果是爲了說明自由乃人類生存必不少的條件，那是正確的，如果以爲自由眞能像空氣陽光那樣任意享用，那就錯了。爭自由的歷史清楚的告訴我們，沒有廉價的自由，因爲人一向缺乏寬容的習性，尤其是那些握有權勢的人，近代許多爭取自由的民族，失敗的例子遠比成功的例子爲多。一個社會要發展成自由社會，就倫理的觀點來說，必須從個人改造做起。要改造個人，最佳的途徑是經由自由民主的教育，只有自由民主的教育，

㉕ 同❽，頁七九。

才能充分實踐自由人的倫理。這種教育強調自律與自我教育，培養自治自主的能力以及合羣愛人的態度，主張根除恐懼和憎恨的因素。嚮往自由的社會，如不能把教育朝這個方向去發展，無異緣木求魚。

個人改造是社會改造的起點，社會改造是個人改造的目標。由於自由必須在人際關係中表現，而社會是由複雜的人際關係交織而成，因此改造個人和改造社會，工作的性質雖不同，工作卻是同時進行。必須先有一羣覺醒的個人，才有建立一個自由社會的希望。建立自由社會的阻力，除了爲人熟知的專斷的權力之外，還有墨守成規的心理，專斷的權力阻礙人民自發自動的成長，墨守成規的心理排斥新思想、新觀念。自由社會的先決條件，必須把權力約制在合法的範圍之內，所以一個自由的社會必是一個法治的社會。墨守成規是因凝固在僵化的傳統上，假如我們承認「一個豐富而有生機的傳統，對維護自由與促導進步的重要性」確有道理，那末朝向自由發展的社會，是最有助於保有這樣的傳統的，因自由社會既是多元又是最有生機的社會。

生活在自由社會，只要不違法、不作惡，人享有個人生活中的一切自由。不違法是尊重法律的權威，法律的權威須建立在法律的公正上，對不公正的法律和枉法的判決，人民有糾正和批評的權利。不作惡，主要是指不侵害他人的權益。生活的自由使人與人之間有顯著的差異，社會的多元化使社會的矛盾、衝突必然增加，這是自由與活力的代價，也使守法與容忍異己顯得特別重要。

要。從個人改造到社會改造，是建立自由人倫理必經之路，這樣才能使我們的精神價值有根本的突破，儒家倫理現代化的目標，也只有在這個過程中才能達成。

一九八六・九・二十五《中國論壇》

二

二

「五四」在今日的意義

「五四」在中國現代史上，曾是轟轟烈烈且產生多方面影響的運動，而今對大多數國人而言，已是一歷史名詞，只有少數知識份子仍在懷念它、討論它。

懷念雖僅是感情上的連繫，如果沒有這層連繫，歷史將失去意義。討論則是要透過感情的層次，更深入地去了解它的功過得失。在近年對「五四」新文化運動的討論中，顯然已獲得一項新的結論：「五四」的理想必須肯定，「五四」的心態必須糾正，「五四」的複雜而又分歧的影響，必須經由學術的立場予以徹底的釐清。

「五四」的理想是民主與科學，它代表中國文化重建以及中國現代化的基本方向。二十年代科學主義盛行一時，三十年代曾有民主與獨裁的大論戰，這些史實說明我們在基本的大方向上也曾迷失過。在臺灣這三十多年來，科學主義早經學術性的澄清，雖仍有科學如何生根的問題存在，但基礎教育已不斷改進，基本科學的研究也有進步，其重要性被肯定早已不成問題。三十多年來，民主在臺灣從未迷失過方向，一開始就是民主如何在現實社會現實生活裏充分實現的問題，因此朝野爭論的焦點一直是在民主實現的程度和速度上。

「五四」心態最爲人所詬病的，是反傳統，有的學者稱之爲「全盤性反傳統主義」，這種心態在六〇年代的臺灣曾一度復活，不久在觀念上卽已糾正，到今天在知識份子當中恐怕已沒有人再認爲傳統與現代化是對立的，但眞正的問題並沒有因此而獲得解決。僅僅改變反傳統的態度仍屬於消極性的，更積極的工作，是如何去轉化傳統，使其與現代化接筍。這方面的工作當然很複雜，就心態而言，就是要由傳統單元封閉的心態解放出來，培養出多元開放的心態，這種心態除了多元社會的外緣條件之外，還必須在充分開放的學術環境，以及民主的生活方式之中，才有機會逐漸養成。

「五四」的激烈反傳統，是浪漫主義的，兩極的另一邊主張全盤西化，也屬於浪漫主義。五四運動之所以發展成如此特殊的形態，一方面固然與重意志輕理智的道德傳統有密切的關係，另一方面與西方的思潮也是分不開的。曾有學者指出，「五四」是迎接西方思潮的時代，而當時西方思潮的大背景便是講究羣眾、意志與權力的浪漫主義。這種特殊形態的表現，使一向被我們認爲代表中國啟蒙運動的「五四」，與西方十八世紀的啟蒙運動相較，實形似而神非，蓋西方的啟蒙運動，雖也是從反對中古宗教和舊形上學開始，但它的基本心態卻代表理智與理性發展的運動，正因如此，所以哲學家卡西勒（Ernst Cassirer）才斷言，這個運動不僅使現代哲學思想獲致它的自信與自覺，而且還把理性的自動這個概念深植於知識的每一個領域。很顯然，五四運動並沒有爲我們帶來這方面的成就，如果說我們今天應去完成五四啟蒙運動未竟之業，主要也是指這一方面。

至於「五四」複雜的影響，其中一個重要的問題是：一個本以追求自由民主爲職志的運動，繼起的發展卻轉折爲掛著社會主義招牌的政治運動，至少就自由主義的立場來看，這是一場「奇怪的挫敗」，那些把二者之間看成有直接因果關係的眾多說詞，不免把這段歷史看得太簡單。這段歷史早就應該從學術上加以釐清，可惜由於種種禁忌，這方面的工作始終未能認眞進行。此外，周策縱先生於二十七年前說過：「對某些中國人而言，五四運動代表一次民族的復興與解放，但對另一些中國人來說，五四運動卻是一次民族的浩刼。」到今天，這樣的中國人是否仍佔多數？

歷史的問題不應迴避，歷史的了解須依賴嚴格的史學工作，不可受任何特殊意識形態所左右。

一九八六・五・十《中國論壇》

民主：播種不易，收成尤難

——念「五四」想今朝

一九八八年的春天，臺灣政局的發展，令人擔憂，令人困惑，也令人感到無奈！

自從四月七日國會殿堂裏一場空前的羣架，接著是司法行政不尋常地介入，和各地紛紛舉行羣眾大會製造民意假象，由此動作，由此行動，雖不能遽加斷語：我們的民主前途依舊黯淡，但居於發展民主政治樞紐地位的立法委員、國會與政黨，其一連串的表現竟如此異常，不能不使我們體認到，要使臺灣走上民主大道，還需要一段漫長而艱困的歲月。

僅由現實來看，這些現象的確令人困惑，如拉長距離，從歷史的觀點來看，這種種並非不能理解。我國雖然從「五四」新文化運動起，由於提倡「德」先生和「賽」先生，使民主主義的意識形態，已由思想上予以凸顯，然嗣後大半個世紀中，不論是家庭和學校，也不論是政府和民間，從未重視過民主的教養，使國民朝這個方向去發育成長。

「五四」以前，民主理念的宣揚，已有相當時日，但使這個理念影響到青年知識份子，並使年輕一代的知識份子大體了解到，中國無論是「外抗強權」（反帝）或是「內除國賊」（反專制），都應走民主的道路，仍始於新文化運動。這個運動主要領導者之一的陳獨秀，在袁世凱帝制運動進行得如火如荼，對言論思想採取高壓的環境中，創辦《新青年》，提倡科學與民主。儘管這期間的新知識份子對民主，如周策縱先生所指出：「他們從不曾充分討論過這個名詞、徹底瞭解這個名詞」，民主的口號卻從此流行。

陳獨秀一生的曲折歷程，似乎正反映了我國民主播種期的多災多難，像他這樣一位曾相信要救中國，必須實行民主的人物，卻成爲中國共產黨的創始人（一九二一），然後又成爲共黨的叛徒，晚年發表〈根本意見〉（一九四〇），重新回到五四時代的民主主義。經由如此苦痛的經驗，終於使他領悟，無產階級也好，資產階級也好，民主的基本內容如：法治、反對黨，以及思想、出版等自由，都同樣需要；也使他相信，政治上的民主主義和經濟上的社會主義，是相成而非相反。

汪榮祖先生於〈浪漫的五四〉一文開頭就說：「五四運動的元素是浪漫主義」，因此，「五四」雖倡導民主與科學，但浪漫五四的寵兒實是民族主義和社會主義的革命風潮。五四時代陳獨秀的轉變，與這股革命風潮是分不開的。陳氏推動過這股風潮，自身終於在風潮中消失，其中的原因，由汪先生對五四浪漫主義的解釋，不難獲得一些了解。浪漫主義的特色是：(1)重意志輕理智，所以「五四」鼓舞政治活動多，鼓舞學術活動少；(2)見羣眾而漠視個人，所以「五四」對學運、工運、婦女解放等的貢獻大，對人格尊嚴與知識自主的貢獻小；(3)講權力少顧倫理，所以「五四」激發革命熱情的效果大，建立新倫理規範的效果小。在這浪漫主義的風潮下，不但使「五四」的理想變質，剛生出的民主幼苗，也幾乎遭到全盤扼殺，因民主精神是重視理智、重視個體、重視倫理的，它無法在浪漫的激情中成長。這一頁歷史教訓，對今日臺灣的民主運動，應有其重大啟示，因爲我們的民主運動，在目前正瀰漫在浪漫激情之中，表現著浪漫主義的特色。

在上述革命風潮之外，到了三十年代初期，當納粹主義、法西斯主義的狂飆衝擊我們時，我們的高級知識份子之間，興起了一場民主與獨裁的論戰，這場論戰爲民主信念帶來新的災難。「五四」時代的胡適，主要的工作是在文學革命，其次是宣揚解放意義的自由，其次是科學方法，對民主談得很少。可是在這場論戰裏，胡適卻扮演了民主信念守護神的角色，許多民主理念的詮釋，都發表在這一時期。很不幸，與他論戰的主要對手，竟然是他的好友，如蔣廷黻，如丁文江，還有其他許多人，這些受過英美教育的知識份子，被二十世紀極權主義的風暴沖昏了頭，他們公然主張放棄民主，擁護獨裁，他們的言論，今日看來令人十分吃驚。重溫這一幕歷史，也不禁使我們想到當前的臺灣應有的警惕，不要以爲我們的社會對民主已有堅定的共識，如果羣眾運動的狂飆一再興起，如果政治風暴繼續不斷，有可能激起人類獨有的破壞性，使我們喪失了原就模糊的民主共識和薄弱的民主基礎，甚至迷失了爲民主奮鬥的方向，現在並不是沒有這種徵兆。

一九四六年由國民大會通過的中華民國憲法，是民國史上中國人要求民主、爭取民主所獲得的成果。當年制訂這部憲法時，大概沒有人料想到，它對臺灣四十年來的民主化過程，會產生如此重要而奇妙的作用，不論是在朝的執政者，或是在野的反對者，當他們爲自己的利益辯護，或互相抗爭時，憲法竟是雙方的護身符，四月中旬展開的所謂「護法」與「護憲」之爭，是這種妙用最典型的例子。

如果沒有這部憲法，一九四九年以後臺灣的民主列車，恐怕根本無法啟動；如果沒有這部憲法，四十年來所有爭民主、爭自由的言論和行動，將失去合法的依據。今日從事民主運動者，喊得最響亮的口號，就是「回歸憲法」，憲法仍舊是最有力有利的法寶。

如何回歸憲政，是當前臺灣民主化過程中最艱巨的課題，因它牽涉到整個政治形態轉變的問題。以往黨、政的權力結構與官僚體系，是爲了適應強人領導而建立起來的。要回歸憲政，必須修改惡法，剷除惡例，以及改變長期在戒嚴體制下形成的反民主的觀念和做法，要做到這些，等於是整個政治體質、體制的改造或重建，這絕不是短期能做得到的，也絕沒有人可以保證什麼時候能做到，而民間的反對集團，對權力重新分配的渴望，又如此濃烈，這就是當前政治衝突的主要根源，也是前面所說令人擔憂、令人無奈的原因。

有的學者認爲我們現在已進入「民主起飛期」，也有人說我們現在已到民主收成的季節，事實又如何呢？從最近朝野一連串異常的動作和反應，實看不出與解嚴前有何差別。可以預見的是，民主的前景，還有一段漫長而崎嶇的路程要走。在今天我們只能說，臺灣的民主充滿希望，但也充滿危機，能否化危機爲轉機，生活在這塊土地上的，固然人人有責，更重要的，是政府的領導人和民主運動的領袖，都能以果敢無私的政治家自許，知識份子、輿論界，能保持冷靜和不偏不倚的判斷，擔負起民主導航的責任。

一九八八・五・十《中國論壇》

民主紮根

爭執了三十多年的解嚴和組黨問題，現在總算獲得初步而有條件地解決，假如大環境沒有重大的危機，更進一步的開放，當可預期。今年十二月的大選之後，又將有長達三年的時光「西線無戰事」，這三年將是我們民主的發展、社會的常態化，最具關鍵性的時刻，趁著這難得的緩衝期，除了希望政黨政治能順利成長之外，更重要的是必須認眞考慮並徹底進行民主紮根的工作。

民主紮根必須從家庭、學校、社團、政黨各方面齊頭並進，才能收到全面的效果，所以是很複雜的工作，但其最基本的意義，是在相應自由的精神、民主的運作而從事的國民心理的重建。亞里斯多德說：「民主的性格造就了民主的政體，獨斷的性格造就了獨裁的政體。」所以國民心理重建工作的重點，當在民主性格的塑造上。

民主性格的塑造，在心理層次上，我們不妨用變化感、伸縮性的概念來加以說明：生活在現代社會多數人都會感到它的變化既大花樣又多，如果不能養成變化感的心理習慣，你就很難適應當前這個複雜易變的世界，也很難迎接一個民主開放的社會。極權的社會基於集體意識的要求，因此人民的心理與生活趨向僵固，僵固的心理會對變化產生恐懼。民主開放社會裏的人民，他們的行動方式容許多樣性，支持多樣性背後的理念是個體意識：人雖然不可能不是團體的一份子，但可以保有獨特的性格和獨特的表現，所以在這樣的社會裏，異端或異見，不再視爲攻擊性的價値判斷，而僅是現象的描述。民主的政治哲學最基本的一個信念，就是保護異端或異見，因爲它是促使社會進步的創新活力。具有創新活力的社會，也就是不斷在變化的社會。因此，人們不僅要學習尊重別人，而且是否能尊重與我個性不一樣，與我意見不相同的人，就成爲民主性格中一個很重要的特徵。

這裏所說的伸縮性，是指一種心智的結構，現在學者們常提到的中國傳統中習慣於單元簡易的思考方式和二元價值觀點，就正是缺乏伸縮性的心智結構的佳例，這種心智結構的僵固，當我們面臨「秦漢以來未有之世變」（李鴻章語）的十九世紀，曾充分表現適應上的困難。具有伸縮性的心智結構，它的思考方式和價值觀點是開放多元性的，從近代民主發展的過程來看，許多民主的特性，莫不以多元價值觀點爲前提，民主越進步的國家，他們的價值觀點也越富有伸縮性，對社會上的種種衝突也愈有調節的能力。返觀今日我們的社會，黨外言論一直有一種所謂「泛國民黨」的趨向，就是「對國民黨的優點，非常吝於承認，只儘量從優點中尋找缺點」（蔣良任語）。同樣的，執政黨也從來不肯對黨外說一點讚美的話（難道黨外對民主沒有一點貢獻？），這都是由於心智結構缺乏伸縮性，結果當然祇有增加緊張，製造衝突。

變化感易使人接受新奇，對創新的事物不致畏懼；伸縮性使人對外在環境的複雜情況更有合適的反應能力。具有這種心智結構的人，他參與社會生活是自發的、主動的，他相信不論是自我的實現和社會的進步，其力量都是來自一個個能發揮自己個性與潛能的個體，由這種個體組成的社會，才是眞正有內聚力的社會，這樣的社會才可望實現法治、走向民主。

所以爲民主紮根而塑造民主性格的工作雖然千頭萬緒，但重點必須落實到培育健全的個體上，使他們熱愛自由，崇尚正義，具有開放的態度，相對著傳統性格而言，這是一種新人，西方的工業化和現代化工作，實際上就是由這種新人所推動。我們實行憲政近四十年，這方面的工作似乎從未認眞考慮過，更不用說徹底進行了。約翰・史都華・彌勒（John Stuart Mill）說：「一個阻礙其人民發育成長的政府，……將發現軟弱無能的人民，終究無法成就偉大的事業。」民主是這一代中國人最偉大的事業，要完成它，基本上必須從健全其個體着手。

一九八六・十一・二十五《中國論壇》

開放社會的基礎建構

從歷史的觀點來看，臺灣的現階段正面臨傳統社會逐漸瓦解，開放社會尚未形成的過渡期。一個享有吃、喝、玩樂自由的社會，只具有開放社會的表象，開放社會的基礎建構是法治、民主與自由，三者不可分割，它們之間的關係：自由是開放社會追求的目標，民主是實現目標的程序，法治是要保證這個程序在公平的秩序中進行。

要走出過渡期，法治觀念必須做哥白尼式的轉變。中國傳統法家式的法治，其主要目的在維護統治者的利益和權威，它是統治人民的工具，人民除了服從官頒的法律之外，別無選擇。現代民主社會裏的法治，有兩個特色：一是保障個人的權利，一是限制政府的權力。這種法治觀念植根於西方傳統，因西方的法律是歷代的平民抵抗統治者的壓迫、剝削，經過長期的奮鬥，一點一滴向統治者手中爭取來的成果，因此人民自然樂於守法。政府如不能把保障人民的合法權利作爲優先的工作，而只一味強調公權力，又不檢討公權力的要求是否合法，這是傳統變相的統制心態，不合現代的法治觀念。

民主是邁向開放社會不可或缺的程序，也是社會各種利益團體、政治團體互相競爭的過程。在這過程中，如沒有健全的法治提供公平的競賽規則，沒有獨立的司法維護法律的公正，社會將變得動盪不安。如是短期的現象，這是過渡期整個社會必須付出的代價；要縮短過渡期，以國家安全社會安定爲藉口而犧牲人民的基本權利，終將無效。相反地，政府應加速推動民主化，使政府的決策能符合大多數人民的意願，並能依據憲法對人民負責，這才符合民主的標準。

自由是人類至高無上的價值，也是實現開放社會最重要的信念。在正常的狀況下，所有妨礙自由（個人基本權利）的措施都是不正當的。除非國家面臨重大而又立即的危機，法治都必須保持常態的運作。經由法治，使個人的自由獲得保障，同時也限制了政府干預個人自由的權力；經由民主則使全體國民分享權力，這才是自由開放的社會。

開放的心靈，靠個人的努力就能達到。開放的社會必須建構在法治、民主與自由的基礎之上。把臺灣建立成開放社會，不僅符合兩千萬人的願望，也是十億中國人的終極理想。我們正有機會爲中國歷史創造新頁。

一九八七年《自立晚報・國慶特刊》

沒有獨立自由的精神，那來健全的政治文化？

——《異端的權利》對我們的啓示

> 《異端的權利》對我們最大的啟示，是在說明異端對促成社會的進步與歷史走向合理化，是多麼重要。因此，近代任何一個法治民主的國家，都必須立下明晰的法律條文保護異端。

日本著名的經濟史家大塚久雄曾說過，近代自由民主社會之所以產生，僅就人格特徵而言，在開放、合理的態度、自主性、反權威主義等之外，最重要，也是最根本的，乃是「獨立自由」的精神。斯·茨威格(Stefan Zweig)所著這部《異端的權利》，主要的目的之一，就是在表揚西方從中世紀轉型到近代的過程中，一位傑出的「異端」卡斯特利奧，爲爭取並實踐「思想的獨立自由」，而終至壯烈犧牲的歷史。

今年五月中旬，我在北京新華書店看到這部書，翻了幾頁，內心非常激動，這部書的中文版能在今日大陸出版，不但具有強烈的現實意義，也表達了趙台安、趙振堯這兩位譯者，對中國自由民主的熱切期待。

書中兩位最重要的主角，一位是宗教改革者加爾文，一位是「異端」卡斯特利奥。由前者的一生，我們可以看到一個原本爲爭取信仰自由的宗教改革家，如何攫取權力，如何在取得權力後，實施獨裁恐怖統治，不擇一切手段，消滅異己的過程；由後者的一生，我們可以看到一個孤立的個人，在與獨裁對決的期間，如何保持內在的自由，發揮思想的威力，爲體現獨立自由的精神，留下不朽的典範。

不寬容的時代

異端與獨裁對決的歷史舞臺，是十六世紀的中葉。在作者斯·茨威格的筆下，這是一個不寬容受到鼓勵，寬容遭受鎭壓的時代；是良心的呼聲十分寂寞的時代；是神學家們打着宗教改革的旗幟，滿口卻叫嚷着「我們教導的都是眞的，我們不教導的都是假的」，使人道主義者被這些「改革者」的不人道嚇壞了的時代。

就在這個時代，提倡地動說的哥白尼，在世之日，儘量守住自己發現的秘密，才免於受到直接的迫害；稍後繼承他的布魯諾，卻因闡揚地動說，爲維護眞理而被處以火刑。

就在這個時代，著名的人文主義者伊拉玆馬斯，只不時冒險射出幾支冷箭；拉伯雷則戴上小丑的帽子，穿上五顏六色的彩衣，以狂熱的嘲笑代替鞭笞；傑出而又銳利的哲學家蒙田，以其雄辯的文筆議論時事；與卡斯特利奧相比，他們都顯得老於世故而小心翼翼，他們沒有人企圖以狠狠的一擊，去制止不名譽的迫害和處決。在西方近代思想史上，卡斯特利奧在思想上的成就，不及這些人文主義的大家，但他獲得了不朽的人道主義者的聲譽，因爲他毫無畏懼地迎接他面臨的災難，他英勇地支持受迫害的同道們的志業，而獻出了他的生命。

卡斯特利奧感嘆地說：「我懷疑，在世界歷史上，是否有過這樣的時代，像我們這個時代那樣流過那麼多的血！」

權力使人腐化

在這本書裏，作者很生動地描述、分析了一個曾追求信仰自由的神學家，如何被權力腐化，終於建立起世所罕見的精神暴政。

加爾文是一位成名很早的神學家，一五三六年才二十五歲，就發表了他最重要的著作《基督教原理》，在該書序文中，他大膽地向法國國王法朗西斯一世挑戰，要求宗教寬容和允許信仰自由，因此他被法國青年當作一個先驅和福音派教義的旗手。在《原理》中他曾宣稱：「把異端處死是罪惡的，用火和劍結束他們的生命，是反對人道的所有原則的。」但當他一旦攫取了權力之後，就迫不及待地在他的書中删去了人道的要求，上面摘引的句子在《原理》第二版時，已被修改。

加爾文在向日內瓦市政當局奪權，採取了以下的謀略和步驟：首先由於他的神學造詣，獲得市政當局的信賴與支持，成立了新的教會，並由他制訂教會規章，這套規章一直被後來的長老宗教會所沿用。加爾文本是法國籍，法國有許多新教教徒因逃避天主教的迫害，避難到日內瓦，加爾文攏絡並收買了他們，使這羣新教徒無論在物質上和道義上都得依靠他，同時運用他的影響力說服市政當局，批准給予日內瓦公民權和投票權。再進一步，他便設法使他的信徒塞滿了公職的位置，原來主宰市政的共和派的權力結構和影響力，遂逐漸在暗中遭到破壞。等到老派的日內瓦愛國人士，和那些曾爲日內瓦的自由流過血的民主派人，發覺這羣外國人的陰謀時，爲時已晚。

爲了消滅他的對手，加爾文用上許多政治陰謀家慣用的伎倆，在本地人和外來移民之間製造矛盾與街頭衝突，於是趁機把事件擴大，誣蔑共和派通敵，並用殘暴的酷刑逼供取得獨裁者所需的「證據」，證據顯示反對派正計劃一次大屠殺，加爾文和他的支持者將被殺害，同時外國軍隊將進入日內瓦。當所有的詭計得逞，劊子手就可以動手了，所有反對加爾文的人都要被處死。從此，日內瓦全城留下的唯一勢力，都屬於加爾文的私黨。

在斯·茨威格的筆下，加爾文是一位非常可怕的獨裁者：(1)任何一個人一旦成爲他敵人，就不能再在日內瓦容身，在日內瓦也絕不允許任何人拒絕承認他至高無上的領導，或對自由抱有熱望。⑵他性格非常極端，要麼全有要麼沒有，因此，爲了鞏固權力，一點也不介意使用什麼手段，而且不達目的絕不終止。⑶只有他一個人有資格解釋上帝的語言，只有他一個人掌握了眞理，因此，他拒絕同任何人討論，他只下命令。

國家權力在他至高無上的控制之下，各種權力機構——市政會議和宗教法庭，大學和法院，金融和道德，教士和學校，警察和監獄，文字和言論，甚至最秘密的竊竊私語，都聽任他擺佈。他的教條已成爲法律。

一個絕不允許獨立思想和異端存活的城市，一位熱愛精神自由的異端，卻闖了進來，他就是和這位獨裁者演一場歷史性對決的另一主角卡斯特利奧。

異端與獨裁的首次衝突

卡斯特利奧僅是一位窮學者，早年靠譯書和家教維持生活，因酷愛自由，成爲異國難民、流亡者，沒有公民身份，沒有居住權。依據斯·茨威格的描述，他生性痛恨殘酷、倡導寬容；只爲自己的良心服務，不服從他人的命令，在他來說，只有良心的自由才是人類至高無上的善；他性情溫和、理性，從不輕舉妄動；更重要的，他相信人的生命比任何教條更神聖，認爲每一個爲了他的信念被折磨被屠殺的人，都是無辜的受害者。

這樣一位人道主義者，於一五四〇年春季，因看到幾位早期新教教士被燒死後，離開了法國里昂，到斯特拉斯堡訪問加爾文，因那時候加爾文被大部分宗教流亡者，當作精神自由的提倡人。首次會見，他給加爾文留下深刻印象，並在加爾文妻子在城裏爲未來新教義的傳教士而造的招待所裏住了一星期。

加爾文早就蓄意把日內瓦改爲新教的中心，一五三六年發表《基督教原理》後，即抵達日內瓦講授《聖經》，次年又寫成《信仰教程》，因推行宗教改革過急，與市政當局發生衝突，一五三八年遂被迫出走，回到斯特拉斯堡，但並未放鬆重回日內瓦的努力，一五四一年終於達成願望，不但返回日內瓦，並獲得市政當局的信賴和支持，建立起新教歸正會。卡斯特利奧也到了日內瓦，不久在加爾文的支持下受聘爲日內瓦學院院長，他的教學和傳教的工作深獲好評，卡斯特利奧此刻也很尊敬加爾文。

兩人首次衝突，起因於卡氏的《聖經》拉丁文譯本。當日內瓦書商答應印他的拉丁文譯本第一部分，加爾文卻拒絕無條件地給予「出版許可」，條件是必須經他審查，並依照他的意思修改，而卡氏只同意朗讀原稿給他聽，加爾文的意見是否被接受，則仍由卡氏本人來決定，可是加爾文是一位反對協商，絕不妥協的人物，他的話就是命令。因此，「這兩個在宗教事務上要求完全自由的人物發現，他們各自代表的自由宗教改革和正統宗教改革，就要撞車了」。同時加爾文也意識到，這一具有獨立思想的人，是一切獨裁永無休止的敵手。

在卡斯特利奧拒絕做任何無視良心的承諾，在加爾文運用他的影響力並使用詭計的情形下，卡氏終被逐出日內瓦。因他的表現極乎人望，公衆輿論認爲他受了很大的寃屈。兩百年後，伏爾泰對這件事的評論是：「我們能夠根據卡斯特利奧揭露加爾文迫害的實例中衡量這專制暴君的惡毒——雖然卡斯特利奧是遠比加爾文偉大的學者，是加爾文的妒忌把他逐出了日內瓦。」

迫害與反迫害的歷史性對決

這場衝突，僅是卡斯特利奧與加爾文之間生死對決的一個序幕，眞正的對決是到一五五三年，另一英勇的異端塞維特斯被加爾文用宗教迫害史上罕見的殘暴處死而引起的。

卡斯特利奧離開日內瓦之後，加爾文的權勢如日中天，以致沒有一個人敢冒風險而向日內瓦獨裁者的對手假以援手，因此他的生活窮困潦倒，甚至討乞維生。數年之後，才勉強在巴塞爾——這最後的宗教自由之國中安居下來，過着隱居生活，從事宗教上創造性的事業。

塞維特斯被害事件發生後，由於他使用過分殘暴的手段，迫害一個僅在教義上有歧見的人，因此四方對加爾文的義憤迅速增長擴大，英國大史學家吉朋曾認爲塞維特斯的殉難所產生的反感，甚於羅馬天主教宗教法庭的大屠殺。面臨不利的處境，加爾文不得不親自撰文爲自己辯護，並把責任推諉給市政當局，說自己如何暗中幫助塞維特斯，他自以爲這套虛構的說詞，就能一勞永逸地從殺害塞維特斯這個傷腦筋的問題脫身出來，事實上了解眞相和有能力與加爾文對抗的人，大都保持緘默，幾乎使他的僞善得逞。然而，出乎意料之外，一種加爾文十分熟悉，但是深惡痛絕的聲音出現了，它以侵犯人道爲名，譴責加爾文應對殺害塞維特斯負責，他就是卡斯特利奧。他並沒有被加爾文長期追獵嚇倒，爲了拯救無數其他人的生命和爭取異端的權利，他毅然決然甘冒生命危險。在他看來，如果對這樣一種荒謬的行爲，再不起而迎戰的話，那麼，歐洲的思想自由就到了末日。

迎戰的文字絕不訴諸謾罵，他仍以不帶偏見的邏輯性，明晰地、無可辯駁地發展了他的論點。他把爭論的焦點放在「對純粹思想上觸犯的異端，是否應加以迫害、處死」這個問題上。卡斯特利奧爲此而寫的《論異端》，是歷史上討論異端並爲異端爭權利的輝煌文獻之一。他指出，「異端」只是一個相對的概念，對天主教徒，一個加爾文教徒當然是一個異端；對加爾文教徒，一個再洗禮派教徒當然也是一個異端。因此，「當我思考什麼是眞正異端時，我只能發現一個標準：我們在那些和我們觀點不同的人們的眼裏，都是異端。」可是今天的日內瓦，在加爾文獨裁統治下，卻使這個稱號變得如此荒謬，如此叫人恐怖，「以至於如果有人要去掉他的一個私仇，他發現最容易的方法，就是控告這人是異端。一旦其他人聽到這可怕的名字，他們就嚇得魂飛魄散，掩耳不迭，就會盲目地不僅對被說成是異端的，而且對那些膽敢爲他講一句好話的人進行攻擊。」卡斯特利奧斬釘截鐵地宣告世人：「請相信我，如果基督今天還在世，他不會建議你去殺害那些叫着基督名字的人，卽使在某些細節上他們可能有錯，或有可能偏離了正確的道路也罷。」

卡斯特利奧認爲只有一件事能把人類從野蠻主義中拯救出來，那就是「宗教寬容」。他呼籲：「讓我們彼此寬容吧，讓我們不要譴責別人的信仰吧！」因他深信所有的眞理，特別是宗教眞理，都是可爭論的和有分歧的。

卡斯特利奧《論異端》迅速流入日內瓦，加爾文深知其作者「在一個不知畏懼的靈魂裏，有一顆堅強不屈的良心」。這不但使他緊張，甚至感覺到他的教會都因此面臨危機，於是立即下令，製造仇恨異端的輿論，同時授意一位對他忠心耿耿的西奧多・特・貝齊撰文駁斥，這位論戰的代理者，希望有一天能繼承加爾文的位子，也和加爾文一樣，他極端仇視任何精神自由的空氣，他說：「良心的自由是惡魔的教條。」爲了消滅自由，他主張用火和劍去摧毀那些犯了可憎恨的獨立思想的人們。他的言論中最聳人聽聞的有：「無論怎樣殘酷，暴政總比讓人隨心所欲好……異端不應受到懲罰的論點，和殺長弒母不應處死的論點同樣地荒謬，因爲異端之罪千倍於殺長弒母。」貝齊並向卡斯特利奧發出警告：就此收斂，時間還來得及。

卡斯特利奧不理會貝齊的狂吠，他決心針對加爾文，向法庭上訴，爲塞維特斯翻案，希望藉此能讓整個人道主義者世界，自由地討論塞維特斯案件的每一細節，並使加爾文的罪行大白於天下。他在起訴書中控告加爾文：「根據加爾文的說法，只有一個宗派是正確的，其他宗派一定要服從他。當然，對於約翰・加爾文大師，他自己的教義看來是眞的，而其他宗派的領導人也對他們的信念抱着相同的態度。加爾文說別人是錯誤的，而別人說加爾文是錯誤的。加爾文要想成爲至高無上的法官，而別人也這樣想，那麼，由誰來決定呢？不管怎麼說，是誰任命加爾文爲至高無上的，擁有獨一無二的權去判決極刑的仲裁人呢？」在卡斯特利奧心目中，塞維特斯的錯僅在執着於自己的信念，而加爾文卻犯了雙重之罪：教唆罪和執行那可憎的行爲罪。不管他將不幸的塞維特斯投入火焰的動機是什麼，他的行爲是罪大惡極的。

卡斯特利奧與加爾文之間的對決，等於是一個壓倒優勢的國家組織對付孤立的個人，其結果是不難預知的。這時候卡氏已是巴塞爾大學裏的教授，市政當局沒有理由禁止一個自由市民打筆墨官司，可是加爾文卻透過外交渠道，向巴塞爾市行政會與大學施壓，市行政會的議員們認爲，與其得罪加爾文這樣一位強人，不如犧牲卡斯特利奧。因此，卡氏的控告被拒不受理，其他任何不利於加爾文的文字，也一一爲審查制度消滅。

卡斯特利奧隱忍了二年，日內瓦的特務仍不放過他，惡毒的迫害反而使他贏得了很多友誼的支持，德國宗教改革的前輩梅蘭克森寫信給他，希望這封信對保護卡斯特利奧有所幫助，同時警告加爾文，要他停止瘋狂地迫害這位偉大的學者。不料起了反作用，使加爾文下定決心毀掉他，一方面利用假證人誣害，一方迫使巴塞爾宗教會議採取行動，眼看着卡斯特利奧的大難即將臨頭，猝然去世才把他從殘酷的敵人手中拯救出來，他得了無法控制的嘔吐症，直到他負荷過重的心臟停止跳動爲止，時爲一五六三年十二月二十九日，卒年四十八歲。

宗教迫害與宗教寬容的「兩極相通」

卡斯特利奥去世不到半年，加爾文也離開人間。獨裁者一死，頑強的現實就把他要實行的、毫不寬容的「教規」緩和下來。歷史證明，溫暖的感情比抽象的教條更有力。後來，加爾文主義經由奇妙的修改，卻由其要阻礙個人自由的狂熱決心，產生了政治自由的思想。荷蘭、克倫威爾統治下的英國和美國，這三國產生了近代自由主義的雛型，給國家的自由民主思想帶來寬廣的視野，美國《獨立宣言》，就是由清教徒精神所產生，這一宣言又對法國《人權宣言》形成決定性的影響，這種由宗教迫害到寬容自由的奇特轉化的歷史行程，斯・茨威格稱之爲「兩極相通」。兩百年後，當年最徹底地浸透了不寬容的日內瓦，居然成爲歐洲宗教寬容的中心。卡斯特利奥宗教寬容的理想，不僅以嶄新的活力開出了花朵，也成了反極權主義的精神武器。

《異端的權利》對我們最大的啟示，是在說明異端或異議者對促成社會進步與歷史走向合理化，是多麼重要。因此，近代任何一個稱得上法治民主的國家，都必須立下明晰的法律條文保護異端或異議者。保護異端，就是護衞獨立自由的精神，沒有獨立自由的精神，或不允許這種精神充分發揚，那來健全的政治文化？

一九八八・八・二十五《中國論壇》

儒家與臺灣的民主運動

我選擇這個題目來討論，並非出於偶然，而是基於主客觀的雙重因素：在主觀方面，我曾浸潤於儒家思想傳統多年，並一直關心它在現代中國的命運。

在客觀方面，有兩項獨特的事實的存在，也迫使我不能不思考這方面的問題：

第一，在過去四十年中，臺灣是幾個不同的華人地區，唯一提倡儒家思想，使這個傳統從未中斷的地方。

第二，臺灣也是四十年來，在中國人的生活區裏，唯一產生持續性的民主運動的地方。

由於以上雙重的因素，使我提出這個問題來討論，不但顯得十分自然，而且相當重要，因爲在這個世界上，今天只有臺灣才有機會就運動的層次，來檢討儒家與民主的關係。

一位憲法學者論儒家與民主

一九四五年以前，臺灣在日本統治下，人民有過多次反抗運動，但很少發生民主運動。臺灣歷史上有持續的民主運動，是在第二次大戰結束，國民政府退守臺灣之後。在國民黨龐大組織與軍力控制之下，仍能有民主運動，首先應歸功於一九四六年十二月二十五日在南京公布的中華民國憲法。戰後急於制訂這部憲法，是爲了早日結束訓政，還政於民，以期達成全國團結、和平統一的目標。終因中共退出制憲國大，使內戰加劇，這部憲法國民黨在大陸時期，並沒有能實施。當初制訂憲法時，大概沒有人會想到，它竟然在臺灣這四十年來的民主運動史上，產生了極爲奇妙的功用：一方面它代表國民黨政權的法統，使國民黨不管甘願與否，都必須不斷向世人宣告，堅守民主憲政的體制；另一方面，憲法也使在野推行民主運動者，爭自由、爭人權的言論，獲得法典上的依據。

憲法的起草人是民社黨黨魁張君勱先生。

在這裏，我所以要提及張氏，不只是因爲他有功於憲政制度的締造，希望國人追求民主者當飲水思源而已；而是因爲他同時也曾是一位儒家思想的闡揚者。因此，藉這個機會，把「民主」與「儒家」在張氏的了解中，究竟存在着什麼樣的關係，稍加釐清，對以後的討論會有些幫助。

一九四九年是張氏一生中扮演截然不同角色的分水嶺，在此之前，他的主要角色是政治學學者和政治活動家；在此以後，因流亡海外，已失去政治活動的舞臺，遂以講學著書爲主，其闡揚儒家思想，甚至主張復興儒學，都在這一時期。

四九年前張氏著作中涉及儒家的地方不多，討論中國文化與思想者，當以一九三五年出版之《明日之中國文化》爲最重要，書中論及儒家與民主關係的，有下面一段：「同爲儒家，有主宋學，有主漢學；漢學之中，或主古文，或主今文，或主鄭玄，或主王肅；宋學之中，或主程、朱，或主陸、王，其優劣得失可以不論，要其不能對於現代之政治、社會、學術，爲之立其精神的基礎，一也。……自孔、孟以至宋、明儒者之所提倡者，皆偏於道德論。言乎今日之政治，以民主爲精神，非可求之古代典籍中也；……與其徘徊於古人之墓前，反不如坦白承認今後文化之應出於新創。」❶這一段話，值得注意的有兩點：

㈠儒家傳統，無論是那一派，對現代的政治、社會、學術，都不足以「爲之立其精神的基礎」。所謂「精神的基礎」是指「精神的自由」。由此推想，張氏在這個時期，對四九年後新儒家所說，傳統儒家思想中具有民主政治思想之種子❷，以及儒家有其符合民主、自由與人權精神

❶ 見該書頁一三一～一三二，民國五十六年（一九六七），臺灣商務印書館第二版。

❷ 此說見牟宗三、徐復觀、張君勱、唐君毅於一九五八年初，共同署名發表之〈中國文化與世界〉，已收入唐君毅：《中華人文與當今世界》，此說見該書頁九〇三，民國六十四年（一九七五），臺灣學生書局。

的地方❸，恐怕皆難獲其同意。

(二)「以民主爲精神，非可求之古代典籍中」，等於說儒家思想傳統中，並無所謂民主精神。「承認今後文化之應出於新創」云云，更是在強調，中國今後要開創民主，與儒家傳統並不相干。

四九年後，中國文化在大陸上正遭到史無前例的衝擊和挑戰；再加上張氏長期寄居國外，目睹西方學者把中國文化當作斷絕的文明來研究的情況，亟思有所辯解❹。在如此客觀環境與主觀願望交織下，重新回溯儒家的傳統，自然是另一種心情。了解這種心理轉變的背景，再讀一九六五年發表的〈新儒家政治哲學〉一文❺，對文章中於儒家和民主之間關係看法的改變，就不會感到奇怪。以前是就民主實踐的立場批判儒家，現在是從思想史上調和二者的關係。

在這篇文章裏，張氏提到儒家思想「可以奠定民主，而鼓我勇氣者」，共有五點：(1)孟子爲

❸ 徐復觀著、蕭欣義編：《儒家政治思想與民主自由人權》，此說見該書編序頁四，民國六十八年（一九七九），臺北八十年代出版社。

❹ 見張氏著：《新儒家思想史》，前言，頁五，民國六十八年（一九七九），臺北張君勱先生獎學金基金會出版。

❺ 此文已收入張氏所著：《中西印哲學文集》上册，下文所引五點見該書頁三九〇～一，民國七十年（一九八一），臺灣學生書局。

湯放桀、武王伐紂所做的辯護，即「聞誅一夫紂矣，未聞弑君也」。張氏認爲孟子所言與傑弗遜起稿〈獨立宣言〉之語有相同者。(2)孟子告齊宣王：「左右皆曰可殺，勿聽，……國人皆曰可殺，然後察之，見可殺焉，然後殺之，故曰國人殺之也。」張氏認爲「被治者同意之種子」，已具於此段文字之中。(3)孟子所說「昔者堯薦舜於天而天受之，暴於民而民受之」一段，已重視民心之歸向，「吾人誠不能謂堯舜出於民選，然選賢與能之精神自在其中」。(4)西元前四八六年，召公諫周厲王「防民之口，甚於防川」一段，因厲王不聽，結果遭民變而亡，「此爲歷史上之大教訓，因此歷代有諫議大夫與御史之制。惟其不以民選爲後盾，故其諫諍之效力，不如西方之國會遠甚。然言論自由，爲民意發洩之所，其成爲吾國傳統，固已久矣。」(5)黃梨洲攻擊專制君主「藏天下於筐篋」之文，「吾人將此文，以比較三代與秦後君主之制者，推廣而用之於君主專制與西方民主，更推之於右派獨裁與左派獨裁，則孰以天下爲公、孰以天下爲私心之辨，昭然爲人所共見矣。」

列舉五點之後，張氏的結語是：「以上所舉儒家之傳統，無一字一句非今日之至寶，倘國人奉之爲圭臬，而求一一見之於實事，則所以追隨英國光榮革命，與美國華盛頓與傑弗遜者，何難之有乎？」張氏的調和論，至多只能說明，儒家的思想傳統中，具有民主精神，以及民主政治思想的種子，其所謂「可以奠定民主，而鼓我勇氣者」，也只能增加對民主的信念。近代中國政治上最大的問題，是如何把傳統思想中重視民意、主張言論自由、天下爲公等「一一見之於實事」。

一九四九年前留下的成果，是制訂了一部民主的憲法，近四十年來臺灣的民主運動，就是希望能實現這些目標。

傳統政治文化制約下的民主實驗

近代中國在西方新思潮影響下，產生的民主運動，可追溯到一八九八年的維新變法，在過去將近百年的歲月中，要求自由民主的呼聲，雖從未間斷，但眞正有機會有條件從事民主政治實驗的，是近四十年來的臺灣。

一九四九年國民政府退守到臺灣，對是否要依照旣定的憲法實行憲政，幾乎一開始就面臨欲迎還拒的困境。到臺灣後，憲法不僅如前所說，是國民黨政權的法統所在，也是它宣稱對大陸仍擁有主權的依據。因此，國民黨在任何情況下，都不能公然毁憲，說不要實行憲政。

另一方面，當年在大陸，急於制定憲法，決心推行憲政，誠如當事人之一的蔣匀田先生所回憶，是爲了「便於團結朝野的力量，趨向和平民主建國的遠景」❻。遷臺之後，民主建國的遠景遙遙難期，在野的政治力量在戰亂中皆已潰散，行憲的外在壓力已不復存在，推行憲政的意願自然減低，加之外有中共爲強敵，內有「二二八」事變後的隱憂，爲了臺灣的安定，國民黨有理由

❻ 蔣匀田：《中國近代史轉捩點》，頁一八八，民國七十五年（一九八六），臺灣影印。

停止行憲。

在上述的困境中，國民黨實際上所施行的，是所謂「戡亂與憲政並行」的非常體制。爲了「戡亂」，使行憲前的戒嚴法繼續有效；爲了「憲政」，即使在大局並未穩定的一九五〇年，仍然舉辦了局部的地方選舉。戒嚴法必然使個人與社會的一些基本權利，受到很大的限制；地方選舉的定期舉行，不僅使人民享有局部的選舉權，爲憲政的延續保留了一線生機，同時也爲民間的民主運動，培植了一片苗床。

由非常體制所塑造的政權，在中國政治史上是一種新的經驗，它的運作和效果，假如臺灣未來的民主能成功，未嘗不是爲傳統的君主專制轉向民主政治，開創了一種新的模式。許多人都說國民黨是專制政權，所謂「專制」大約包含兩層意義：⑴與眾制的民治政體相對照，凡大權屬於一人者謂之專制。⑵與法治的政府相對照，凡大權不受法律之限制者謂之專制❼。照這個意義來看，在臺灣的國民黨政權，可以說是典型的專制。但它畢竟爲憲政開了一扇選舉之門，儘管有人說三十多年來，國民黨制定選舉法規與辦理選舉的過程，其實就是臺灣地區民眾爭取民權的滄桑史❽，試問如果它完全是一個專制政權，又爲何自動爲民眾爭取民權開方便之門？因此，你不能

---

❼ 蕭公權：《憲政與民主》文集，頁六五，民國七十一年（一九八二），臺北聯經出版事業公司。

❽ 陳季安：《國民黨式的選舉——三十年來選舉法規總檢討》，見《臺灣的憲政危機》，頁二〇三，民國七十二年（一九八三），臺北八十年代出版社。

說它完全是專制。「戡亂與憲政並行」的體制，它的基本目標，是要在鞏固政權的前提下，實行有限的民主，有的學者稱之爲「權威式民主」、或「指導民主」❾。無論你做怎樣的解釋，從理論上看，這都不是眞正的民主，因爲「無論任何主義，任何政策，無論這些政策是好是壞，是資本主義的或是無產階級的，只要其採用取決不是出於人民自主，而是出於他人代主，都是變相的獨裁，而不是民主。」❿

問題是在，事實上一個幾千年來都缺乏民主傳統的國家，在邁向政治民主化的過程中，它不可能不受到領袖性格和客觀條件的限制，尤其是傳統權威主義政治文化的制約。儒家的思想傳統裏，雖有重視民意、主張言論自由、天下爲公等思想，但始終未能制度化，制度化的是一套專制的政治文化，它以「尊君卑臣之法」爲其精髓，它所塑造的政權，不容許對權力挑戰的勢力存在，儒家在這種體制裏，只有「緣飾」的作用，做做門面的招牌，士人若非「曲學阿世」，很難飛黃騰達，儒家這種處境，有學者稱之爲「儒學的法家化」⓫。八十年代以前的三十年中，臺灣

---

❾ 見葛永光：《民主化與臺灣的政治發展》，頁三、九，此爲民國七十六年（一九八七）十二月二十四至二十六日，臺灣政治大學國際關係研究中心主辦「現代華人地區發展經驗與中國前途研討會」論文。

❿ 同❼之書，頁一七七。

⓫ 參考余英時：〈反智論與中國政治傳統〉一文，見《歷史與思想》，頁三一～四六，民國六十五年（一九七六），臺北聯經出版事業公司。

的政治文化，基本上是上述傳統政治文化的延續。所不同者，它不僅「緣飾以儒術」，爲了維護法統，爲了反共，所以還要「緣飾以民主」，在中國政治上自然是一種新的經驗。傳統的「緣飾以儒術」，雖不足以改變專制的體制，但在社會文化方面，儒家還是發揮了相當的正面作用，使歷代少數理想主義的儒者仍有立足之地。「緣飾以民主」的效果更大，它不僅爲臺灣的民主運動提供了活動的空間，到了最近的八十年代，且已逐漸發展出對權力挑戰的反對勢力，使傳統儒者夢想的重視民意與言論自由，已逐漸趨向制度化，這在中國，不只是新的經驗，也是新的成就。

就臺灣民主化的經驗來看，「權威式民主」或「指導民主」，在理論上既未具備民主的要件，事實上對走向民主會形成嚴重的障礙。至於將來臺灣是否能實現眞正的、完全的民主，到目前爲止，難以逆料，因爲今後面臨的難題，必然比過去更多，主要是我們一向缺乏民主的教育，作爲民主基石的法治也不健全，因此國人的民主和守法習慣，兩皆闕如，這又不是短時間能解決的難題。所以在可預期的未來，臺灣的民主幅度，會繼續擴大，但「權威式民主」，不會很快改變。

在權威式民主模式下，最近十年來臺灣的民主化運動仍能迅速成長，除了定期的選舉之外，不可忽略經濟不斷成長這個重要的因素。儘管已有人擔心，經濟利益與政治利益已形成「共生共利的複合體」，今後會抗拒所有可能妨礙它利益的一切變革⑫。但在以往經濟成長的過程中，已

⑫ 見民國七十七年（一九八八）六月二十五日《中國論壇》主辦「國民黨與臺灣前途」座談會中杭之先生的發言。

使臺灣崛起中產階級。臺灣中產階級的特色之一，是希望改革現狀，又珍惜安定和既得利益⓭，由於後一種心態，使得執政的國民黨，不必再使用高壓政策，也能維持社會秩序的穩定；由於前者，使民間的民主運動，獲得大量人力物力的支援。這一社會的進程，在中國當然也是全新的經驗。創造這些經驗的，受過西式教育的技術官僚，扮演重要的角色，他們依附政治權威，滿足了己身的經濟利益，也爲社會帶來財富。他們不一定希望民主，甚至敵視民主，但經濟的成果，卻使臺灣的民主「無心插柳柳成蔭」。這種經驗，在未來中國推展民主時，很值得參考。

臺灣政治民主化的現階段，最嚴重的危機之一，是作爲民主基石的法治問題。要健全法治，必要的條件是：制訂法律不能有悖於憲法，同時要顧到多數人的利益，使立法能達到相對公平公正的程度，司法也必須獨立，更重要的是政府施政必須率先守法。嚴格地說，這些條件，國民黨統治下的臺灣，從未眞正具備⓮。以往在「戡亂」的大帽子之下，還不覺其問題的嚴重性，自去年解嚴之後，民主活動的空間擴大，政府的公權力與公信力，隨卽遭到四十年來最嚴厲的挑戰，社會脫序的行爲，更是層出不窮。這是「戡亂與憲政並行」非常體制遺留下的後遺症。

⓭ 蕭新煌：〈蛻變中的臺灣社會結構與政治動向〉，民國七十六年（一九八七）六月五日，臺灣《聯合報》二版。

⓮ 有關破壞憲政結構的法令規章之研究，見胡佛：〈憲政結構的流變與重整〉，此爲民國七十四年（一九八五）十二月《中國論壇》主辦「國家未來十年」研討會論文。

如此上下競相脫法的現象，論者多歸咎於政府一向玩法而未能守法。誠然，在近四十年難得安定的歲月中，未能把握時機，締造健全的法治，國民黨政府的確難以辭其咎。不過，如把問題做深一層的追究，他所以未能遵照憲法，走上法治之路，與背負傳統政治文化的包袱，應有相當大的關係。就缺乏法治而言，儒家思想傳統與專制政治文化，並無二致，「人治」與「法治」遂成為中西政治思想主要的分歧點。

在這裏我願意順便一提，六十年代張君勱先生針對錢穆先生《中國傳統政治》所寫的《商榷》，它關係到中國政治的根本問題。錢先生認為中國歷史上並無所謂專制，中國的政治傳統本來就是符合民主的。張先生反駁的主要論點是：「《商榷》的宗旨，不外乎民主政治與傳統政治根本上之不同。因傳統中之各項無可為今日民主政治之採用資料，即令有一、二點，如監察、考試，皆已本國民主權之原則，納入於現行憲法之中。」⑮張氏為了反駁這種不實的，但在臺灣卻有影響力的論調，利用晚年僅餘的時間，全力撰成《中國專制君主政制之評議》，目的無他，不過「以期民主政治有推行盡利之一日」。可惜，本由國民黨主導而完成的《中華民國憲法》，來臺以後，它的領導並未能充分體會到這部法典在中國歷史上的重大意義，趁機開創中國法治的新

⑮ 張君勱：《中國專制君主政制之評議》（原名《錢著「中國傳統政治」商榷》），頁四六一，民國七十五年（一九八六），臺北弘文館出版社。

頁，反而把人治的傳統發揚到新的高點⑯。

今年年初，蔣經國總統去世，李登輝先生順利接班，爲人治轉向法治帶來新的契機。接下去的工作，是如何把人治的政治結構全盤改造，是如何把「戡亂與憲政並行」的非常體制，回歸到憲政的正常化上去。這一歷史性的艱鉅工程若能完成，臺灣的政治才能脫胎換骨，走出兩千多年的專制夢魘，邁向民主大道。

臺灣民主化的主要動力

以上一節，我們已檢討了國民黨政權，在臺灣政治民主化過程中所表現的，與儒家思想傳統以及專制政治文化的關係，同時也說明了它對臺灣民主直接間接的貢獻。

推動臺灣民主化的主要動力，除了國民黨政權之外，還有在野的知識分子，和來自民間的政治運動家長期的犧牲與奉獻，事實上臺灣的民主運動，一直以此爲主力，在運動的過程中，國民黨政權成爲民間爭自由、爭民主的對象。假如沒有知識分子在思想上的宣揚、言論上的爭取，又假如沒有政治運動家勇於參選、鼓動風潮，臺灣的民主不可能有今日的成果。

---

⑯ 據彭懷恩於〈中國人的民主觀念——大學生民主心理取向的探討〉一文所做的調查研究，對「強而有力的領袖較之優良的法律重要」這一題，回答「很同意」與「同意」相加，高佔百分之五十八，見民國六十六年（一九七七）十一月一日，臺北《仙人掌雜誌》，頁一三四。

在非常體制下，一九七七年前，由知識分子主導的民主運動，實質上只能說是追求自由、民主的異議運動，五十年代的《自由中國》是如此，七十年代初的《大學雜誌》亦然。他們的影響由於雜誌性質的局限，多半只限於知識青年。爲什麼四十年來從事民主運動的人，不論知識分子或是政治運動家，幾皆以雜誌爲聚合力量的方式，主要是因有廣泛影響的傳播媒體，如廣播、電視、報紙，都被官方所控制，因此，除了選舉期間（臺灣叫做「民主假期」），很難再有民主運動的熱潮。現在雖已解嚴，但廣播、電視仍未開放，報禁雖解除，而辦新報的高成本，非知識分子和政治運動家所能負擔。目前言論尺度雖較前大幅開放，要臻於充分反映民意的輿論政治，還有一大段距離。

異議運動的貢獻，是在悉心製造一言堂的社會裏，多少仍能發出一些與官方意識形態、教條不同的聲音，以減少它對學校、社會的腐蝕作用。國民黨政權對異議的聲音，寬容的程度很有限，一旦發現有擴大的趨勢，不是用政治罪名，便是從內部分化，使雜誌的聚合瓦解。四十年來，與民主運動有關的雜誌，都難持久，異議聲音和影響越大的，壽命越短。因此，臺灣的異議運動，從未對統治者構成威脅。

異議運動所以未能壯大，還有一個原因，即敢於公開表示異議，並向政治權威挑戰的知識分子，在數量上一向很少，能始終堅持自由、民主信念的更少。一九七七年前，就靠着這少量的異議分子，一方面延續了「五四」以來知識分子追求民主的香火，另一方面，如果說他們也與儒家有關，那就是他們也同時繼承了歷史上體恤民情、批評當道的儒者的抗議傳統。事實上他們也未能脫出中國歷史上抗議傳統的格局。

少數異議者之外，其餘知識分子，雖有不少人對權威結構的政治體系不滿，但他們並不期待政府的型式更朝向模仿歐美民主的政治體系。據美國學者艾普敦在臺灣所做的《政治體制支持》的研究中指出：中國人中有不在少數的人，仍嚮往傳統儒家的「父權政治」。艾普敦也發現：「受測者對民主政治的特徵所列的是萬能的政府、廉潔的政府和強權的領袖。而西方民主政治中所強調的是多數原則、多黨制、平等原則、尊重異己等，都不受中國學生的重視。」⑰年輕一代知識分子對民主觀念的模糊不清，應是國民黨政府長期以來發揚傳統專制政治文化、實施「黨化教育」的結果，造成臺灣政治進一步民主化的一大隱憂。

一九七七年前，臺灣異議運動中知識分子的意識形態比較單純，大抵以自由主義為主，此外還有民族主義，但影響力更小。七七年後隨着「黨外」政治運動的興起，以及經濟快速成長，培養了日漸充沛的社會力，使異議知識分子的意識形態也趨於分歧，到目前為止，除了自由主義、民族主義之外，另外有社會主義、批判理論、異化論、新左派、依賴理論、本土主義、統一派、

⑰ 以上見鄭台芳：〈中國民主化過程所面臨的心理障礙〉，曾發表於民國六十六年（一九七七）十一月一日，臺北出版《仙人掌雜誌》，頁五三、五五。

環保運動、反傳統主義、西化論及反現代化論等⑱。不同的意識形態，有與不同派系的反對勢力結合的趨勢，未來臺灣小黨林立的局面，已見端倪，這對國民黨的繼續統治是有利的。

一九七七年十一月十九日的「中壢事件」，使臺灣的民主運動走向一個新的階段。在此之前，主導運動的，大體上以知識分子為主，之後，民間的政治運動家紛紛崛起，一直居於運動的領導地位。事件起因於選務糾紛處理不公，遂引發「二二八」事件以來罕見的一次羣眾暴動。這一天午夜，五項地方公職選舉揭曉，黨外人士獲得空前勝利，即使在不公平的選舉法令嚴格限制下，黨外仍能獲得約百分之三十的選票，近十年來每次選舉，大抵能保持這個比例。

「中壢事件」對國民黨和黨外都有很大影響。對國民黨而言，今後對民間的反對勢力，無論在政策和做法上都必須改弦更張。戒嚴令雖仍然有效，言論自由的尺度卻大為開放，新的政治性期刊雜誌更是成為黨外攻訐國民黨和從事文宣的主要利器；集會、遊行雖然仍為法令禁止，但是只要事先報備、申請，都能得到允許與容忍⑲。

對黨外除了因選舉勝利，鼓舞了更多的反對人士在嗣後的各項選舉中熱烈參選之外，最重要的是事件之後，因民間的街頭政治活動日多，掃除了長期籠罩在臺灣社會的政治恐懼的陰影，使

---

⑱ 周陽山：〈知識多元主義與臺灣學術發展〉，見《當代中國與民主》文集，頁二一三，民國七十五年（一九八六），臺北東大圖書公司。

⑲ 同⑨，頁一〇。

以往視爲禁忌的一些政治性敏感話題，都可以公開談論，爲往後的民主運動做好了相當程度的心理建設⑳。這方面的進展，雖於一九七九年十二月十日又發生「高雄事件」，並未受多大影響，在「高雄事件」軍法審判期間，經由公開辯論和報紙的大幅報導，反而使黨外人士的觀念、想法，有機會傳到社會每一角落。

近十年來黨外政治運動最大的成就，是於一九八六年九月二十八日成立了「民主進步黨」，這不僅是在臺灣，在中國民主運動史上也是一件大事，因爲它純是發自民間的一股有組織的反對力量，沒有這種力量，一黨獨霸的政權，很難自動走向民主，近兩年的改革，比以往任何時期的速度都加快，就是這股力量與國民黨政權互動的結果。

民進黨成立以來的表現，並不能令多數民衆滿意，原因之一，是黨內的政治運動家，多半是戰後出生，是在國民黨宣揚的政治文化和黨化教育中成長，其崇尙權威，缺乏寬容，以及排他閉鎖的反民主心態，與國民黨如出一轍，於是在政治資源極貧乏的現況下，便已山頭林立，派系鬥爭。近代英美民主政治的成功，是受賜於兩個主要條件：一是歷史的淵源，二是人民的質地。英美的民主政治歷數百年之改進發展，然後具備現代的規模，人民是在實踐過程中養成了民主的優

⑳ 韋政通：〈三十多年來知識份子追求自由民主的歷程〉，見《臺灣地區社會變遷與文化發展》，民國七十四年（一九八五），《中國論壇》出版。

良質地㉑。這兩個條件我們都沒有。孫中山先生「訓政」的設想，本意是培養國人自動的能力和民主的習慣，爲實現民主憲政做好準備。而國民黨實際上所做的，卻是培養服從領袖，「灌輸一種主義，以消除異己的思想，這只是納民於政的企圖，不是還政於民的準備」㉒。結果使今天朝野的政治人物，彼此都不能互相容忍、互相尊重，大家都嚐到反民主教育的惡果。

自從黨外運動興起之後，它的成員就具有普遍的草根性，與異議運動時期，其成員皆由大陸來臺第一代、第二代知識分子與本土知識分子菁英結合而成者不同。由於這一特性，使他們在近幾次的選舉中，早已叫出「民主、自決」的口號。近年來民進黨內部，主張「臺獨」的聲浪已壓倒「民主」，今年四月幾乎因此釀成黨的分裂，公然爆發了國家認同的問題，爲臺灣的民主運動帶來新的危機。

據一份研究報告指出，近年黨外政治運動中，出現了一種「反智」的現象，與以往民主運動相較，這是一個新的問題。報告說：「本來，知識分子的職責，是在主導社會，而今，一個運動既以迎合羣眾、討好羣眾爲尙，則其對於主導社會的知識分子，也就不予重視了。甚至本身原本出身知識階級的人，也不屑再扮演知識分子角色。」了解這個現象之後，我們也就不難理解爲什

㉑ 同❼，頁五八。

㉒ 同❼，頁一八一。

麼……近年來黨外的一些雜誌中，所表現出的反知識、反學院，以及反知識分子的言論，更是俯拾卽是」的現象㉓。形成這種現象的原因並不簡單，這裏只想說明一點：黨外政治運動中的反智現象，與中國政治傳統中的反智現象，有同也有不同，傳統的反智主要是爲了迎合帝王、討好權貴，現在是爲了迎合羣眾、討好羣眾，對象雖不同，而其只是爲了滿足已身的利益，不惜「曲學阿世」，並放棄知識分子的職責，正是一致的。這種現象，不論古今，都與崇尚理性、自尊尊人的民主精神嚴重相悖。

結論

以往討論儒家與民主的關係，比較重要的有兩種方式：一是理論上的探討，希望能爲中國建立一套合乎民主精神的新的政治哲學；一是思想史上的探討，例如討論民本與民主的異同及其關係。這兩種工作在學術上都有重要的意義。本文則是從一個新的角度出發，嘗試由臺灣的民主實踐或民主運動中來看二者的關係，希望能爲這個問題的討論拓出一個新的視野。

㉓ 李筱峰：〈知識份子與政治革新運動〉，爲《中國論壇》主辦：「知識份子與臺灣發展」研討會論文，見民國七十五年（一九八六）十月十日該刊。

張君勱先生在人生不同的階段中，對儒家與民主提出兩種截然不同的看法，他的調和論，是屬於思想史的探討，與民主的實踐無關。當他扮演政治運動家角色時，他很堅決地表示，儒家的思想傳統，並不能提供民主的精神基礎，今後中國要建立民主的文化，應出於新創。證之於臺灣實踐民主的經驗，他這個看法顯然比較正確。

行文中雖對儒家的思想傳統，與專制結合後的儒家，加以區分，並說明與民主實踐、民主運動發生衝突的，是專制的政治文化。但儒家思想傳統中的重視民意、主張言論自由、並提出天下爲公的理念，仍是儒家德治系統中的思想，因此，在「人治」這一點上，不論是思想傳統和專制傳統，並沒有兩樣。如何由「人治」轉向「法治」，成爲臺灣民主實踐、民主運動過程中，最難突破的困境。

臺灣所以能有持續性的民主運動，最重要的是依賴三個條件：(1)有一部相當符合民主精神的憲法；(2)經濟發展培養了充沛的社會力；(3)異議知識分子與黨外政治運動家不懈的奮鬥。所以朝野對今日已有的民主成果，都有同當的貢獻，但與儒家——不管是那種意義，並無直接的關係。

民主優先於統獨

——民進黨不宜把臺灣獨立列入黨綱

統、獨問題，不僅與臺灣的前途攸關，也與中國未來究竟要在怎樣的建制上才能獲得長治久安，有莫大的關係，所以在今天如果能公開而熱烈地來討論這個問題，確有其重大的歷史意義。

就統一來說，「三民主義統一中國」旣嫌其空洞，「一國兩制」又不為我們所接受，就當然有其他的可能。更重要的理由是，四十年來的臺灣，至少在經濟、社會、政治這幾方面所累積的資源和表現的活力，已打破中國歷史的紀錄，創造這些成果的國人，對統一問題，應有相當大的發言權。

對統一問題應有發言權

統一問題，主要是針對中共和中國的未來，因此它比較有充分討論的餘地。臺獨問題，如僅止於討論，則屬於言論自由範圍，我們應該竭力爭取。臺獨論者可以討論臺獨運動的歷史淵源和臺獨意識形成的歷史背景；也可以討論臺獨究竟是階段性的，還是終極性的？如果是階段性的，我們的國土分裂已達四十年之久，如此訴求，是否還有其他的意義？如果是終極性的，在國內外將會遭遇到什麼困難？我們是否有力量去克服這些困難。我認爲這些問題都可以討論，經由公開而熱烈地討論，有助於情緒的抒解，也可以解開長期言論禁忌下形成的心結。

公開討論有助情緒抒解

如果一個政黨要把臺灣獨立列入黨綱，問題的性質就大不相同，不管你用什麼言詞表達，一旦列入黨綱，就是全體黨員行動的指標和綱領。迫使一個基礎並不穩固，實力並不雄厚的在野政黨，去爲一個至少在近期內毫無可能的目標，與執政黨攤牌，眞令人百思不得其解！

也許民進黨裏主張把臺灣獨立列入黨綱的先生們，還有更高明的理由未曾公開，僅就已公佈的一些理由來看，似乎並沒有多大的說服力，例如「列入黨綱，是支持臺灣獨立的基礎」，老實講，假如眞要有「支持臺灣獨立的基礎」的話，一個必要的條件，就是具備比中共武力有壓倒性的優勢。列入黨綱，不但不會支持什麼，反而有可能使現有的一點基礎，毀於一旦。縱然執政黨對這件事不做強烈反應，一個政黨內部，有如此明顯對立的意識形態，還能不分裂嗎？這個結果，實在不是任何一個支持臺灣民主運動的人，所願意見到的。

造成意識形態明顯對立

贊成把臺灣獨立列入黨綱的理由，還有「臺灣獨立與否，決不影響中共謀臺的野心」，請問有何根據說這種話？還有「民進黨要有明確的主張，才能讓支持者有目標，光談自決，是不負責任的說法」。在我看來，民進黨能有今日的聲勢，主要是以「民主進步」作爲明確的主張，「自決」還在其次，十年來一直不願公開宣揚「臺獨」，是因認識自己的處境，是對民衆負責任的做法。還有「獨立言論備受打擊，所以更應獲得保障」，眞正能保障獨立言論的，不是列入黨綱，而是爭取司法獨立，訂定保障異議者的法律，民進黨過去一直以此爲重點訴求，今後仍需大家繼續努力。還有「民進黨要眞正民主化就應獨立」，這話涵有兩種意義：一是臺灣如被中共統治，就不能有眞正民主化，所以要眞正民主化就應獨立；一是獨立乃臺灣眞正民主化的先決條件。如是指前者，在中共未民主化之前，確有道理；如是指後者，我認爲要使臺灣眞正民主化的條件有許多，但與獨立並不相干。

爭取司法獨立保障言論

在反對把臺灣獨立列入黨綱的理由中，其一是「已包含在言論自由範疇內，不必多此一舉」，這一點很正確。其二「凡事有輕重緩急之分，應先致力政治民主化」，這正是我要說的重點。

目前輿論比以前開放，整個的社會氣氛也和以往不一樣，的確是加速推動臺灣民主化的好時機，但絕不是「突破臺獨瓶頸」的好時機。如把臺灣獨立置於運動的優先目標，不但分散了民主運動的力量，迷失了民主運動的方向，還可能爲民主運動帶來倒退的危機。

要使臺灣實現眞正的民主化，至今仍是一長期而十分艱鉅的工程，眞正的民主化，首先要奠定法治化的基礎，也就是要把人治的政治形態，轉變爲法治的政治形態。民主化也不祇是政治，政治民主化必須同時伴隨着社會民主化、教育民主化，方克竟其全功，這絕不是短期間能做得到的。現前我們要努力的工作正多，怎可爲一個遙遠又不切實際的目標分心？

民主化首在法治化基礎

臺灣能有發自民間力量的反對黨，在中國的政治史上是空前的大事。今日的成果，民進黨的領導階層、幹部、黨員，固然功勞最大，但如沒有廣大民眾的支持，沒有四十年來愛好自由民主的知識份子的奮鬥，恐怕很難有今天。今天民主的成果雖難言豐碩，得之確屬不易，大家要好好珍惜啊！

一九八八・三・二十三《自立早報》

想起賀佛爾

最近這段日子，每當午夜夢廻，賀佛爾（Eric Hoffer）的影子不時縈繞腦際，多年前讀他的《羣眾運動》所感受到的震撼，幾乎又引起我心靈一陣激動。我並不認爲他在這個問題上告訴了我們多少眞理，但他對羣眾運動深入的洞察力，使我們了解這一社會現象，的確很有幫助。

賀佛爾的分析，有幾點令人印象深刻，首先，在怎樣的環境才會產生羣眾運動？他回答：「最易於羣眾運動滋長的環境，是一個富有自由，卻缺乏使挫折受到緩和的社會。」因爲自由鼓勵了各種各樣的嘗試，同時失敗和挫折無可避免的也相應增加，而羣眾運動卻在受挫者的心中引起了共鳴。受挫者參加運動可能是掩飾弱點的一種方法，因自己若是進行可能的事而告失敗，責難便完全落在自己的身上；但若企圖去做不可能的事而告失敗，比從事可能的事而失敗，可以減少丟臉的危險。因此一事無成的人往往會膽大妄爲。

其次，羣眾運動的本質如何？賀佛爾說：「除非我們能認識到他們兢兢以求的是培養、完成和鞏固團結與自我犧牲的精神，我們就難以瞭解羣眾運動的本質。」所謂團結，就是把個體溶化到團體中去，對個體是一種壓縮的過程，因他必須放棄個人選擇與獨立判斷。羣眾運動要求自我犧牲，也必使人在律己的道德上有所犧牲，因羣眾運動必須鼓動熱情，而「我們的熱情在鼓勵我們憎恨、殘暴、野心、譭謗的習性上，成效最大」。這就是羣眾運動的可怕之處。所有的羣眾運動都把服從視爲最高的德性，這種反個體的偏執，同時也把羣眾帶向原始狀態。

賀佛爾說：「一種教條讓人懂了，就會喪失它的力量。」「要使一種教條有效，顯然不能使人理解，而必須使人信仰。」所以羣眾運動必有其盲目性。當個體在羣眾運動中喪失獨立性以後，他們發現自己擁有一種新的自由——一種恫嚇、凌虐，甚至施暴都毫無愧怍的自由。這也就是羣眾運動一部分吸引力之所在。

羣眾運動的領袖要具甚麼條件？賀佛爾認爲，僅就領導而言，見解的性質似乎只能發揮較小的作用，眞正發生作用的是高傲的姿態，完全蔑視別人的意見。這種人物既然要率領羣眾，所以他必須是一個現實主義者，可是當放言高論時，他又必須使用夢想家與理想主義者詞令。一個羣眾領袖的力量，並不在於直接掌握羣眾，而在能夠控制並吸引一小撮幹員，這些幹員必須無所畏懼，精明自負，並且能組織和推動大規模的行動。領袖人物還有一項重要的任務，就是能在他的黨徒中間引起一種幻覺，覺得他們是在參與一件了不得的大事，且要運用驚心動魄的場面，把這種幻覺加以提昇、擴大。羣眾運動富有高度的感染性，它不僅能使參與者因共鳴而增強鬥志，卽使冷靜的旁觀者也會爲之感動，這也就是爲甚麼羣眾運動能像滾雪球般，越來越膨脹的主要原因。

羣眾運動的盲動性，就理智的觀點以及可能造成的嚴重後果，都應該受到最嚴厲的譴責。但盲動性卻是羣眾運動力量的重要來源，當一個社會產生信心危機，會助長羣眾的盲從。賀佛爾說：「沒有一種羣眾運動不歪曲事實。」「某種程度的矇騙，對於有效的領導權是不可少的。」因此所有的羣眾運動都不可避免的，或多或少的使其黨徒與眞實狀況之間予以隔離，或對眞實狀況加以扭曲。有效的羣眾運動，往往使忠實的信徒培養出一種特殊的心理，卽「對於不應該知道的事情他可以視而不見，聽而不聞，這就是他何以堅忍，何以忠貞的原因。他不會看到危險就恐懼，看到障礙就沮喪，看到困難就退縮，因爲他根本就否認這些東西的存在」。盲動性就是一種力量，由此可見。

《羣眾運動》這本書，是用這樣的句子來結束的：說來也眞奇怪，羣眾運動使人在靈魂上受了創傷，同時它又是使社會和民族從死亡中興起的神奇工具——一個復活的工具。

一九八七·七·十《中國論壇》

談兩大政經風暴

——探原因、說影響、提建議

劉宜良案和十信案兩大政、經風暴的成因十分複雜。若只問「基本原因」，我想法治應該是最具關鍵性的因素。

權力：是兩面的利刃

傳統中國的禮教已崩潰，以工商爲主的現代社會，要維持它的秩序，禮教已無能爲力。要使複雜的現代社會正常運作，主要要依靠「法律主治」的法治。三十多年來，中華民國的憲法許多重要部分首先遭到凍結，政府官員口頭常說的「依法行事」的「法」，有多少是不與憲法衝突的？有多少是經過立法院通過並經總統公佈的？所以我們這個社會還不能算是一個眞正法治的社會。既不是禮治，又不是法治，如說臺灣是一個特權泛濫的社會，大抵離事實不會太遠。特權是法律之外的權力，政治享有特權太多，政治未有不腐敗的，經濟享有特權太多，經濟沒有不犯罪的。所以造成兩大案的基本原因在法治未立，而又任意破壞法律。從另一個角度看，江南案與十信案的主角，又何嘗不是特權泛濫下的受害者！權力有時候眞像一把利刃，可以砍傷別人，也可以刺傷自己。有特權就必有受害者，特權最足以製造民怨。

創傷：必須儘速撫平

這兩大案立卽的影響還是在經濟，雖不至於弄到百業蕭條，但對百業都有影響，主要是在心理上。生活在臺灣的人，「過客」心理一向嚴重，這種心理的形成，最根本的原因，是對這裏缺乏安全感，無法掌握未來的命運，因而產生人才人口外流，投資意願低落的現象。兩大政、經風暴之後，這現象會更嚴重。這多年來，在一切以經濟爲優先的政策下，使我們生活的環境急遽惡化，生活品質日漸下降，嚴重危害社會的罪行層出不窮，但至少在表面上還能維持一個繁榮景象，對內對外的宣傳總有一張王牌，今後恐怕連這張唯一的王牌再也打不出來。

比過客心理還要令人擔憂的是，政府的形象和信譽已因兩大案遭到極大的損害。過客心理所產生的影響是一個緩慢的過程，民衆對政府如普遍失去信心，可能產生立卽的危險。過去政府雖也不斷犯錯，但大多數民衆仍然愛護政府。可是這一次，許多一向愛護政府的人，也莫不感到痛心疾首。政府方面，劉案僅使一位情報首長判重刑，十信案也只有一位部長願負「道義責任」，這樣的大案卽使在帝王時代，恐怕也不能如此輕易交代，假如兩大風暴發生在我們的鄰邦日、韓，將會鬧成什麼樣子？我們的老百姓絕大多數都極善良、儒弱，他們能忍耐，忍耐表示仍有期待，知識份子還有不少肯直言者，表示仍有士氣可用，就要看政府是否有決心重建國家形象與政府信譽了。

復健：要拿出魄力來

假如政府有決心重建國家形象與政府信譽，我們認爲下面幾點應該努力去做：

第一，由於劉案的慘痛教訓，以後所有情治機構，絕對應受法律約束，由國會監督，並向各級民意機構負責。

第二，中央行政機構應選擇時機澈底改組，引起如此兩大政、經風暴，顯然有些官員未能負起責任，如仍由這個班底進行改革，必然使人感到政府缺乏改革的誠意。行新政用新人，乃古今之通義。

第三，在目前的環境下，言論不宜緊縮，相反地應該開放，開放的言論可以抒發民怨，有助於恢復社會心理的平衡。黨外言論所以會發展到今天這個地步，古哲荀子的話也許可幫助我們做一個解釋，他說：「物類之起，必有所始，榮辱之來，必象其德，肉腐出蟲，魚枯生蠹，怠慢忘身，禍災乃作」。假如三十多年來，我們的國會能發揮制衡的力量，有健全的輿論監督政府，今天怎麼會發生這樣大的亂子？

第四，最重要的一點，是政府必須有最大決心，全面恢復憲政功能。憲法本來就是我們治國南針，捨棄大道不走，才有今日之敗象。全面恢復如一時做不到，也應定下時間表，逐步推行，以昭民信。這一點能做到，前面三點都不成問題。只有政府能下此最大決心，方足以振奮人心，改變世人觀瞻，使對抗中共的「三民主義統一中國」不致流於空洞口號。

一九八五・六・十《中國論壇》

政治形態的轉變

——新政府當前最艱鉅的課題

政治強人過去了，由政治強人長期統治所塑造的政治形態，以及配合這種政治形態而建立的權力結構和官僚體系，卻不是一朝一夕所能轉變。現在大家都期待新政府能開創新局，輿論和民意的壓力顯然比過去增加，今後政府是否能滿足社會大眾的希望，主要的困難，不在民間的反對勢力，而是在政治形態、政治體質如何改變？

政治強人塑造的政治形態，最顯著的一個特徵，就是它基本上屬於人治，而非法治，多年來遭到知識分子和反對集團批評最多的，諸如司法不獨立、法律不公平，甚至常以行政命令當作法律，還有業已引起執政黨立法委員關切的「動員戡亂時期臨時條款」問題，和近年頗使政府頭痛的公權力問題，這些問題的根源，都出於人治的政治形態上。

要改變這種政治形態，上述問題必須立即而認眞地著手一一去解決，而解決這些問題的最高準則，卽政府必須依據憲法向人民負責。

依據此最高準則，要做到司法獨立，那末憲法第八十條：「法官須超出黨派以外，依據法律獨立審判，不受任何干涉」的規定，須能徹底執行。最近司法首長常強調維護法律尊嚴，建立司法威信，假如眞有此決心，就應遵照憲法，讓司法儘快獨立，這一點如在短期間做不到，也必須先使以往「司法配合國策」、「奉命不上訴」等問題不再發生。否則在社會大眾權利意識普遍覺醒的情形下，今後向法律挑戰的事件，必將層出不窮，還談甚麼司法威信！去年臺灣地區發生近一千八百次的自力救濟事件，在政府官員看來，總認爲人民缺乏守法的精神，破壞公權力。官員們大概不會想到，這些事件的發生，民眾多半只是爲了爭取自身的權利，而這些權利在長期的戒嚴體制下，向來沒有受到重視。那些常把「法治」掛在嘴邊的官員們，恐怕早就忽略了（也可能根本沒有這種認識），近代法治的要點，一是保障人民的權利，一是防止政府官員的濫權。能做到前一點，人民自然樂於守法；能做到後一點，政府才能獲得人民的信任。新政府今後如不朝這樣的法治目標去努力，仍企圖像往昔用恫嚇、用高壓的方式，來維護公權力，在民間反對勢力日漸壯大，人民普遍渴望民主、開放的今天，不僅會擴大人民與政府之間的距離，將勢必產生無止境的衝突，甚至大型的動亂，假如眞的有一天發生這樣的不幸，老實說，其咎在政府，不在人民，因爲人民已耐心等待了四十年。

要使人治的政治形態，轉向法治的政治形態，公正的立法是必要的。我們當然知道，卽使眞正民主的國家，絕對公正的法律是不存在的，負責立法的國會議員，不可能完全不受利益團體遊說的影響，問題在立法的程序是否民主、合法，凡是依據民主合法的運作程序定下的法規，縱然不如理想，那至少是可以忍受的。像過去四十年，我們的立法機構，長期在黨鞭的指揮下，以黨意爲最高準則，方便種種特權的立法，是人治政治形態下產生的畸型現象，因爲有這種畸型現象，才會使一些老國代自以爲代表法統的荒謬想法。今天連全面改選國會的要求，都會遭到如此大的阻力，今後如果反對黨繼續要求省主席民選，甚至總統民選，政府又將如何因應？既決心走民主的路，這些問題遲早會面臨。事實上，卽使國會全面改選，以執政黨所能掌握的豐富資源，他仍將是多數政黨，如果執政黨內部不能民主化，使黨籍的立委擁有相當的自主權，公正的立法依然難期。所以今後執政黨能否走向民主化，成爲政治形態能否轉變的一個重要關鍵。

近年來知識份子和輿論界，不斷發出回歸憲法的呼聲，以我這個外行人，憑常識已能看出，直接妨害回歸憲法的「臨時條款」，它的制定和一而再、再而三的修訂，是強人政治直接主導下的產物，它嚴重扭曲了法治系統，限制了憲法的功能。由於「臨時條款」在法律位階上相當於憲法，才產生許多次級法律與行政命令便宜行事的不正常現象，人民的權利也因此受到嚴重剝奪。明明是「臨時」條款，卻存在了數十年，且具有最高根本法的效力，能說它不是人治政治形態下產生的又一畸型現象？新政府如要開創新局，必須下最大決心，排除萬難，選擇適當時機，廢除「臨時條款」，至少現在應該開始研究這個問題。

以往的強人政治，是以政治強人長期累積的個人聲望爲支柱，崇高的聲望，使他享有集中的權力。因缺乏權力分散的傳統，致使決策官員決策能力萎縮，官僚系統趨於僵化，不容易發揮效率。一旦當他洞悉到時代在變、潮流在變，自己所領導的黨與政府也不能不順應時代，趕上潮流，而思推動大幅改革時，縱然有大公無私的意向，也會發覺到事事難以稱心的困境，這時候他終於碰觸到人治政治形態的侷限。

新任總統李登輝先生，個人的聲望雖比不上前任總統，但他的品格和作風，目前頗能獲得社會大眾的信任。我們特別擔憂的是，李總統個人的品格再好，能力再強，如果政治形態不能產生根本的轉變，他也必然會陷入上述的困境。

國民黨將來要繼續執政，必須使臺灣實行眞正的民主，要做到這一步，宜傾全力使人治的政治形態轉向法治的政治形態，我們認爲這是新政府當前最重要最艱鉅的課題。

一九八八·三·二十五《中國論壇》

為什麼大家都有無力感？

十多年前，只有少數知識份子談到無力感問題，在當時，我們在法治、外交方面，雖遭受重大挫折，但政府與民間的企業家，卻充滿信心與活力，正朝向創造經濟成果的目標邁進。時至今日，無力感竟然像瘟役一般，蔓及整個社會，從個人到團體，從民間到政府，都瀰漫着一片無奈之聲，卽連一向活力充沛的經濟，也是問題叢生，欲振乏力。普遍的無力感，顯示我們的社會經過二三十年的成長和發展，尚未進入開發國之前，已可能面臨衰退。

問題究竟出在那裏？當大家一心追求經濟成長的同時，而我們的社會更新、文化再生、政治改革的步調卻相當緩慢，因此，經濟成長的速度愈快，社會整體的發展愈失去平衡。一個發展中的社會，如果失衡狀態很嚴重，它將無法建立一個不斷更新的系統，也培養不出文化再生的動力。這時候，經濟如遭到內外的打擊，它會因缺乏更新的系統、再生的動力，再加上政治的呆滯，而迅速趨於衰退，經濟衰退、政治呆滯、文化不振、社會大眾冷漠與觀望，正是今日我們面臨的情況，也是普遍無力感所以產生的癥結所在。

要改變社會大眾的冷漠與觀望，必須加速社會自由化的過程，要加速社會自由化的過程，首要之務，對異議和批評者不是重重設防，而應切實給予法律的保障。當人們能自由表達異議和批評時，才會對國家社會的事務有眞實的參與感，眞實的參與感足以培養社會的內聚力，一個有內聚力的社會，才能把經濟發展的成果納入共同的目標，成爲社會更新的資源。批評家布利威爾(David Brewer)說得好：「寧願五花八門的批評都混雜其中，我們也不願看到全無批評的現象。流動的河水充滿了健康與生命，止水卻只有腐濁與死亡。」表面安定，內裏鬆弛的社會，經不起風暴的吹襲。走向自由的過程，某種程度的矛盾與衝突，正是社會活力的表徵。

文化再生主要靠不斷的創新，能不斷創新的文化，是建設現代化社會最基本的動力。要文化不斷創新，必須使學術思想工作者，從事文學、藝術創作者，自由地發揮他們的創造力。如果作家、藝術家創作時必需考慮他的成品是否會觸犯忌諱，學術思想工作者必須考慮他的研究結果是否與官方觀點相衝突，這時候他已喪失了心靈的自由，自由的心靈是文化創造的源頭活水，如時常受到外力的干預或壓制，它會失去熱力而逐漸枯竭，於是造成與文化創新相反的結果——文化不振。中國歷史上文化最輝煌的時期是春秋戰國時代，那也是思想最自由的時代，諸子百家的思想，對當時官方的意識形態而言，沒有一家不是異端。認識這一點，一個社會如能保護異議和批評者，等於是保護文化創造的資源，否則資源會日漸流失、枯竭，因此造成思想貧困、文化萎縮——這是導致我們今天連知識份子都有無力感最深層的原因。

長期的政治呆滯，是造成普遍無力感最直接最明顯的原因。長久以來大家對政治革新的要求，主要在法治與民主，這個要求不算過分，因爲社會的控制如不依靠法治與民主，將永遠隱藏着爆炸性的危險，這種危險在我們的社會並非只是可能，而是一再發生的事實，每發生一次都會使社會元氣大傷，人們的挫折感也會加深一次。現在政府常說我們正面臨社會轉型期，要知道只有在法治民主的制度上才能促使有秩序的轉變，這種制度也就是我們盼望早日建立的能使社會不斷更新的系統。目前我們的社會秩序，顯然遭到種種暴力的挑戰。和平改革的願望如長期受挫，接下去會發生怎樣的變化，是誰也難以預料的。

普遍的無力感，使國民顯得軟弱無能，「靠着軟弱無能的人民，終究難以成就偉大的事業」。我們願意把史都華・米勒（John Stuart Mill）的名言奉獻給當道者。

一九八五・七・十《中國論壇》

日文專業書刊大展的聯想

四月上旬臺北市有「日文專業書刊大展」，到日本參觀過他們的出版機構和書店的人，大概都會感到，這次在臺北的書刊展，無論其規模、數量、種類都嫌太小、太少。但新聞界已有人在擔心「我們的文化倒向東洋的幅度，是否又大幅增加」，這實在是過慮。目前臺灣社會，除「色」、「食」兩項特具活力之外，對較高層次的文化的吸收力一向很弱，我們眞正該擔心的不是文化倒向東洋，而是我們對促使日本今日能成爲一等工業與經濟大國的學術文化活力，以及戰後他們對國民精神的自覺和更新所做的努力，都相當隔閡與無知。

出版業的蓬勃，只有美國堪與一比，去年美國出版新書八萬種，日本是四萬五，人口是二比一。從這次書刊大展現場展示的部分書目，像法律、經濟這樣專門的領域，一九八四年新版的書目就分別達二百六十多頁，去年底我們在國父紀念館號稱「全國圖書展覽」的圖書目錄，也不過二百七十八頁（我們的版式K數較大）。由於日本人對新觀念新知識的熱中追求，戰後迄今共翻譯了各種外國書籍超過十六萬種，觀念與知識的大量引進，不僅爲日本的國力培養了雄厚的資產，也爲日本人的精神更新提供了豐富的滋養。

近百年來由於甲午之戰（一八九四）、九一八事變（一九三一）和七七事變後的八年侵華戰爭，使好幾代的中國人一直抱有很深的仇日情結，這種情結使我們對日本的了解，有的仍停止在一九四九年前的水平，有的也只止於繁榮的表面，甚至連知識份子談起日本，仍不外強調他們受中國文化影響的一面，殊不知日本在戰後的四十年中，不僅在工業和經濟方面創造震撼世界的奇蹟，也是西方傳統之外，包括政治民主、社會開放、價値系統重建等現代化趨向最成功的國家。

國人對日本似有一牢不可破的印象，總以爲日本人擅長模仿而難能創新，這個印象自始就不正確，日本人一向都是從模仿中求創新，如大化革新前後模仿中國文化，明治維新後模仿西方文化，他們都能使學到的外來文化與自己的傳統相融合，創出日本的新文化。

在二次世界大戰期間，日本在軍國主義主宰下，瘋狂地發動侵略戰爭，幾乎導致亡國滅種的悲運，所以在戰後特別重視國民性和精神的改造，一個具體的例子是二十年前頒佈的《理想國民的典型》，這個文獻首先指出日本人所面臨的問題：⑴一面提高人性，一面開發人的能力；⑵期爲世界性的日本人；⑶樹立健全的民主主義。其次是對日本人的期待，在個人方面強調自由與個性，同時也要有愛人愛物之心；在家庭方面主張愛與開放；在作爲一個社會人方面，除要專心於工作、貢獻於社會福利、重視社會規範之外，還要有創造性；最後作爲一個國民，要有正確的愛國心，並要發展優秀的國民性。把這個文獻與臺灣二十多年前頒佈的《國民生活須知》一加比較，則兩國在精神自覺方面的高下立判。

日本今天當然還沒有達到他們的理想，但從各方面的成就看，他們在戰後國民性和精神的改造工作，確已收到成效，他們能衝破被世人認爲無法克服的「人口太多，國土太窄，資源太少」的困境，這方面的成效恐怕是最根本最主要的原因。

日本蓬勃發展的出版業，正是其雄厚國力表現的一面。今日日本的工業與經濟已稱霸世界，明日的文化大國已可預期，我們呢？

一九八五・四・二十五《中國論壇》

閒暇的價值

在現代工商業的社會裏，人們大都知道忙碌的重要，而忽略了閒暇的價值。工商社會的特色之一是競爭激烈，因此分秒必爭，生活緊張。在大家講求效率、努力工作的過程中，帶來了社會的繁榮，所以現代人崇尙忙碌的價值，甚至視之爲一個人身分地位的象徵，這都是無可非議的。

我們要指出的是，現代工商社會忙碌的生活中，所能滿足我們需要的價值，只是眾多價值需求的一部分，除此之外，還有一些更高更重要的價值值得追求。當我們一旦自覺到人生還有更高更重要的價值追求時，就會體驗到閒暇的重要，因爲它是人創造高層次價值或滿足高層次價值不可或缺的條件。

根據馬斯洛（Maslow）的人格心理學理論，他把人類的需要分爲五個層次：①生理的；②安全的；③愛與歸屬的；④自尊的；⑤自我實現的。生理的需要主要是指食、色及逃避痛苦；安全的需要是指生活能獨立，並進一步能獲得恆產。由農業社會轉型爲工商社會，以及初期工商社會中人羣的忙碌，多半是爲了滿足這兩個層次的需要——目前臺灣正是這樣的一個社會。

滿足生理和安全的需要，是追求更高價值的先決條件。不過，生理需要的滿足是難以持久的，一個始終耽溺於這一層價值追逐的人，不可能有重要的成就，要有成就，必須轉化生理的驅力，使它向更高價值方面去發展。滿足安全需要的價值雖比生理的較高，但爲什麼社會上仍有許多人生活既能獨立又有恆產，卻仍舊缺乏安全感？這同樣也迫使我們不能不面對更高價值追求的問題。

生理和安全需要的滿足，在性質上屬於匱乏需求的滿足，這兩方面的滿足，主要靠金錢，金錢只能代表工具性的價值。愛與歸屬、自尊、自我實現所以代表人類更高更重要的價值，是因人要成爲被人熱愛、爲人接納、又富吸引力，必須有相當成就，使自己的生活表現眞正的價值；也唯有如此，才能建立穩固可靠的自尊。如要滿足自我實現的需要，還必須有遠程的人生目標和足以奉獻一生的理想。這些價值都不是金錢能換取的，這些價值追求的本身就是目的，所以它能充實人生，使人的生活感到有意義。人只有在不斷努力追求更高價值的過程中，才能逐漸克服內心不安全的焦慮。

長期生活在工商社會，終日忙碌緊張的人，必然會降低反應的靈活，並造成心靈的低度自由。追求更高價值，不論是滿足美的需要或求知的需要，都不能缺少靈活的反應和心靈的自由，而這些條件都必須使生活中享有適度的閒暇，才能培養並保持。巴勃（Zevedei Barbu）從社會心理學的觀點討論自由的心理層面，認爲理智的反應需要閒暇，緊張急迫的生活易於促使本能的反應，這兩種反應方式可由自由的程度加以辨別：自由的程度越低，人的理智便退讓給本能，面對問題只能尋求直接的答案；自由的程度越高，則自我越能與其面臨的情境保持距離，因而能增強心靈探究問題的能力。

費伯倫（Thorstein B. Veblen）在《有閒階級論》中，曾說明古代高深學識在其發展的初期，本是有閒階級的一種職業。爲了崇尚更高價值的追求，柏拉圖肯定奴隸制度，孟子也視勞心與勞力的區分爲天經地義。閒暇本身並不代表什麼價值，閒暇的價值決定於我們如何利用它，沒有能力利用閒暇的人，閒暇會成爲一種負擔，對那些有能力有天才的人，如果給予充分的閒暇，就可能在高層次的價值上貢獻出他的成就。

現代社會已無所謂有閒階級，卽使從事高層次價值工作的人，由於整個社會都是快節奏的，所以也一樣忙碌。忙碌是現代社會的特徵，也是現代社會的病態，因生活過於忙碌，使多數人的心智結構失去彈性，因而增加焦慮和不安；更嚴重的是造成自我的失落與靈氣的喪失。所以現代人的生活，表面雖富裕，內涵卻是十分貧乏。

現代人的生活裏最缺乏的就是心靈的空間——閒暇，閒暇才是人類智慧的苗床。

一九八五・二・二十五《中國論壇》

三

三

三十多年來知識份子追求自由民主的歷程

——從《自由中國》、《文星》、《大學雜誌》到黨外的民主運動

自由係在狂風暴雨中備嚐險阻方行確立，並經過諸多矛盾及歧見方得完成。自由之利益須待自由確立已久後，方能被領悟、被重視。

——托克維爾

一、引言

自民國六十六（一九七七）年以來，臺灣因內外情勢的急遽變化，為沉寂已久的自由民主運動，提供了新的時機。這個運動經過六、七年的演變，雖已取得一些進展，但運動本身顯已陷入因分裂而欲振乏力的困境，當大家正在反省，尋求整合的新方案的時候，對過去三十多年來知識

份子追求自由民主的經驗和教訓，予以重點式的回顧，該是一件有意義的工作。「歷史乃生命之師」，對前人的經驗和教訓多一分了解，就可以使我們在判斷未來的發展時多一分依據。

三十多年來知識份子追求自由民主的歷程，可粗分爲三個階段：

第一階段以《自由中國》半月刊爲代表，它的組成以大陸來臺的自由主義者和少數開明官員爲主幹❶。在思想上以自由爲人類文明的終極價値，個體的自由則爲實現其他價値的條件❷；而以保障憲法所賦予的基本人權，爲其現實努力的目標。經十一年的經營❸，該刊的內容至今仍爲臺灣地區爭自由爭民主言論的典範❹，對以後兩個階段的知識份子，有很大影響。

第二階段以《文星》與《大學雜誌》爲代表，這兩個刊物在人事上並沒有關聯，但有近似的風格，同樣純以知識份子爲主體，在臺灣自由民主運動最暗淡低沉的十年中，發揮知識份子追求自由的精神，延續了自由主義的傳統。兩個刊物雖大抵都以自由民主爲追求的共同目標，但重點

❶ 大陸來臺的自由主義者有胡適、殷海光、夏道平、宋文明、毛子水、戴杜衡、聶華苓、羅鴻詔、宋英等，開明官員有雷震、王世杰、杭立武等。

❷ 參看張灝：〈殷海光先生與近代中國自由主義的傳統〉，見《八十年代》月刊總號四十一號，民國七十三年八月一日。

❸ 《自由中國》半月刊創刊於民國三十八年十一月，至民國四十九年九月結束。

❹ 臺北八十年代出版社於六十八年曾出版四册《自由中國選集》：(1)《地方自治與選舉》。(2)《司法獨立》。(3)《言論自由》。(4)《反對黨問題》。

不同，《文星》以打倒權威、爭取運用理性的自由爲主，表現啟蒙運動的特色；《大學雜誌》最具代表性的言論，都以現實社會與現實政治爲其論述的對象，又特別主張青年參政的自由。它們持續性的影響力雖不及《自由中國》，但在它們的鼎盛期，在知識青年中都曾興起過一陣風潮。

第三階段以民國六十六年以後的黨外民主運動爲主。推動的主力，包括從事實際政治活動的人物、知識份子和數量日增的政治及文化的新生代❺。其中絕大多數出生於戰後，且是在執政黨教育政策下完成大學或研究所教育，所以這股力量是由臺灣社會本身所滋長，也是在教育普及、生活富庶、中產階級日漸壯大等條件下所發展出來的一種趨勢。他們與以往兩個階段的知識份子最大的不同，是不再以「文筆政治」爲滿足，他們藉參選的機會，走向羣眾，抓住社會大眾不滿心理，製造選舉熱潮。這一階段在思想方面頗能運用以往累積的資源，在政治自由之外，復主張經濟平等、權力和社會資源的再分配。

本文主旨就在針對這三個階段的活動做初步的探討，探討的方式，側重其歷史背景及其活動

❺ 從事實際政治活動者：黃順興、黃信介、康寧祥、余陳月瑛、邱連輝、許世賢、黃天福、張德銘、費希平、許榮淑、周清玉、蘇貞昌等，知識份子參選者：張俊宏、許信良、姚嘉文、林義雄、呂秀蓮、尤清、黃煌雄、陳水扁、謝長廷、林正杰等，政治及文化新生代（主持黨外文宣工作者）：陳菊、司馬文武（江春男）、林濁水、林世煜、蘇逸凡（慶黎）、鄧維賢、張富忠、陳忠信、魏廷朝、楊青矗、王拓、劉守成等。

的特色。最後一節，是站在知識份子的立場，對如何打開現階段臺灣民主運動的困境所提的建議。

二、「自由中國」運動的歷史背景及其言論特色

要追溯過去三十多年中追求自由民主的歷程，必須從民國三十八（一九四九）年初由少數自由派知識份子和國民黨籍官員醞釀的「自由中國」運動說起。當時國民政府在大陸上雖還有半壁江山，但徐蚌會戰結束以後，情勢已十分危急，胡適和他的一些朋友在南京、上海常談到國家問題，於是動念想辦一個日報或雜誌以振起輿論，「自由中國」這個名稱，就是在大家聚談中定下來的，並推舉胡適爲這個運動寫份宣言❻。

這一年四月六日，胡適奉派去美國，題爲〈自由中國的宗旨〉的宣言，是在赴美途中寫成，在宣言裏他說明發起這個運動的動機是因爲「我們在今天，眼看見共產黨的武力踏到的地方，立刻就罩下了一層十分嚴密的鐵幕。……我們實在不能坐視這種可怕的鐵幕普遍到全中國，因此，我們發起這個結合，作爲『自由中國』運動的一個起點」❼。宗旨共有四條，最重要的是主張支

❻ 胡適：〈自由中國雜誌三週年紀念會上致詞〉，見《自由中國》卷七，十二期，又見《胡適之先生年譜長編初稿》第六册，頁二〇八三。

❼ 見❻《年譜長編》，頁二〇八二。

持政府用種種力量抵抗共產黨，不讓他繼續擴張勢力範圍；同時也要督促政府，切實改革政治經濟，努力建立自由民主的社會。

正如殷海光在當年六月所說的，「在南京陷落以後再談聯合自由民主的人士，已經太遲了」❽。這時候中美關係已陷於最低潮，胡適與蔣廷黻爲了表明自由主義者堅決擁護政府，曾發表旨意與上述宣言類似的〈中國自由黨組織綱要草案〉，終因政府軍失利的情況，出乎大家的意料，半年後，大陸已全部赤化，自由黨未能組成，曾被著名學者張丕介視爲「一道光明」的自由中國運動❾，唯一落實的工作是在臺灣創辦了《自由中國》半月刊，胡適手書的宣言，也就成爲這個刊物之發刊宗旨。

這個刊物的創辦人雷震，和主要撰稿人之一的殷海光，在六十六（一九七七）年以後的自由民主運動中，受到相當的尊敬；對刊物中的言論，不但肯定其具有重要的歷史意義，且被視爲思考國家和時代問題必要的參考架構❿。

《自由中國》半月刊所以至今仍能享有崇高的聲譽，最重要的原因，是在它的筆陣中集合了當時許多第一流的知識份子，由於這些知識份子，在國家前途萬分險惡的時候，能不顧自身的安

❽ 殷海光：〈中國底前途〉，見《民主評論》卷一，一期，民國三十八年六月十六日。
❾ 張丕介：〈展望自由中國運動〉，見《民主評論》卷一，四期，民國三十八年八月一日。
❿ 見《自由中國選集》總序，出版時地見❹。

危，盡其言論之責，才使它足可與「五四」運動前的《新青年》、「九一八」國難後的《獨立評論》齊名。

該刊在將近十一年的歲月裏，內容除政治之外，還包括文化、社會、經濟、教育、國際等各方面問題的評論。但如從它的歷史意義以及對後來的影響來看，大抵可簡約為三個重點：⑴思想啟蒙：這方面主要在民主與科學的宣揚、傳統文化的批判，代表「五四」精神的餘緒。⑵以民主憲政為主導的政論：因中華民國的憲法，是國民黨政府成立的依據，所以憲法成為《自由中國》批評政策爭取自由最有利也是最有力的據點，為了維護憲法的尊嚴和憲法的精神，《自由中國》的同仁付出了很大的心血，也給後來者莫大的鼓舞。⑶反對黨問題的討論：在問題的性質上，它可以包含在第⑵項裏，但在《自由中國》的言論中，這一部分甚為凸出，也最具震撼力，因此引起最多的爭議⑪。這方面問題的討論雖到後期才達高潮，但在創刊的初期就已經被提出⑫。最後終因從理論的探討進入實際的行動，而使這個刊物結束⑬。

《自由中國》時代的自由主義者，他們熱衷於宣揚民主與科學，並把民主與科學視為與傳統

---

⑪ 反對黨問題的討論和爭議，大部分重要的文章已收入《自由中國選集》⑷：《反對黨問題》。

⑫ 如雷震：〈反對黨之自由及如何確保〉一文，即發表於卷二，七期，民國三十九年四月一日。

⑬ 參看傅正講：〈自由中國與中國民主黨〉，見《中國民主運動發展史》（一九四六～八一），《八十年代》月刊，十九期，民國七十一年二月十五日。

文化對立，一如「五四」時代。他們不但認爲民主、科學是中國啓蒙運動的中心課題，也是改造中國的總原則。如果反科學反民主，自然就出現一黨專政，因而赤禍橫流、民不聊生⓮。直到四十八（一九五九）年，該刊仍強調「一黨專政是目前諸般病症的總根子」⓯，因此主張要解決今日中國問題，必須廢棄一黨專政，認眞實行民主。所謂民主，他們著重在輿論和民意，認爲輿論是民主政治的靈魂，根據民意行使政權，乃民主政治精神之所繫⓰。因此不僅重視多數之治，且以爲多數就有權決定一切，這正是海耶克所說的「教條式的民主主義」⓱。在那年代，自由主義者並不一定都清楚民主與自由的區別，視多數之治爲民主，當然不錯，但這種民主的制度和運作，僅能看作一種決定爭議的方法，並不能視之爲決定何者乃其所應爲的權力。海耶克說：「民主政治本身決非終極或絕對的價值，而必須就其所獲致的成就予以評斷，提供此類評斷之準繩者爲自由主義。」⓲簡單地說，民主只是手段，自由才是目的，才具有絕對的價值。在二十世紀，

⓮ 民國四十八年五月五日《自由中國》社論：〈展開啓蒙運動〉。

⓯ 同⓮。

⓰ 見雷震：〈輿論與民主政治〉，《自由中國》卷五，七期（四十、十、一）、十期（四十、十一、十六）、十二期（四十、十二、十六）；卷六，二期（四十一、一、十六）連載，引文見《自由中國選集》(3)：《言論自由》，頁三三、四七。

⓱ 海耶克著，周德偉譯：《自由的憲章》，頁一五七，臺灣銀行，民國七十年四月三版。

⓲ 同⓱，頁一五一。

有些獨裁統治或共產主義統治的國家，都可以自稱是民主國家，因此有形形色色民主的爭議。但他們絕無法自稱是自由國家，能容忍自由主義的存在。沒有法律充分保障自由的民主，不是眞的民主。

自由主義者的科學觀，最大的謬誤，是以科學不僅研究自然界，也能處理道德和價値問題，甚至提倡「道德科學」⑲，比「五四」時期主張「科學的人生觀」者又進一步，這都是「科學主義」的思想，這種思想，近二十年來已遭到嚴格批評⑳，不必在此討論。値得指出的是：自由主義者與維護傳統文化的保守主義者之間的衝突，主要是由科學主義的思想所造成㉑。自由主義者認爲，近代科學的發展，已使神話與玄想的權威動搖，建立在神話與玄想之上的道德倫範也因此失去依據，所以這方面的傳統文化必須從頭再造㉒。不論是「五四」或《自由中國》時代，自由主義者是透過西方啟蒙運動所竭力詆譭的中古文化來了解中國傳統的，於是所謂傳統時代，在他們的心目中，就成爲充滿著貧窮、壓迫、無知與蒙昧的歷史。到了六十年代，由於知識的增進，

---

⑲ 見⑭之文。

⑳ 對現代中國的「科學主義」做嚴格而系統批評的著作有：Kwok, D. W. Y.（郭穎頤）：*Scientism in Chinese Thought (1900–1950)*, Yale Univ. Press, 1965.

㉑ 參看韋政通：〈兩種心態・一個目標——新儒家與自由主義觀念衝突的檢討〉，見《儒家與現代中國》，頁一八四～一八五，民國七十三年七月，東大圖書公司。

㉒ 見⑭之文。

有的自由主義者已不斷調整他們與傳統的關係，並抑制了科學主義的傾向㉓。但在五十年代受其影響的青年，在六十年代所發動的中西文化論戰中，卻擴大了其間的矛盾。

《自由中國》畢竟是一份政論性的刊物，雖熱衷於民主、科學、自由等項目的宣揚，在理論上並沒有多大建樹。只因爲當時「五四」運動幾乎已成爲禁忌，所以藉著紀念「五四」，不斷地呼籲「重整五四精神」！「跟著五四的腳步前進」，「展開啟蒙運動」㉔。他們延續了「五四」精神，同時也缺乏反省地沿襲了「五四」思想的缺點。阻礙他們反省的一個重要原因，可能是因爲企圖利用「五四」的工具價值，以表達他們對保守主義和現實政權的不滿。

一直到創刊三年以後，《自由中國》在七卷九期的社論裏，仍宣稱：「無論大家對於國民黨的看法如何，我們決不能對它灰心。」原先發起「自由中國」運動的原始動機是爲了對付大陸共產黨的，到了《自由中國》半月刊時代，因大陸已失，它的言論遂轉而針對臺灣的內政，在以民主憲政爲主導的言論中，愈到後期愈趨於激烈，因此四十九（一九六〇）年曾被國際新聞學會譽爲「敢對這個政權某些基本政策予以正面攻擊的唯一刊物」㉕。這種言論雖不爲國民黨所諒解，

㉓ 參看前㉑之書，頁一八九、二〇一～二〇三。

㉔ 這三篇皆《自由中國》社論，發表時間依序爲民國四十六年五月五日、民國四十七年五月一日、民國四十八年五月五日。

㉕ 耿瀛志：〈介紹國際新聞學會對臺灣新聞自由的報告〉，見《自由中國》卷二三，二期，民國四十九年七月十六日。引文又見《自由中國選集》(3)：《言論自由》，頁二五七。

但平心而論，維護憲法尊嚴和憲法精神的一切言論，都是爲了護衞政權的根基，是眞正爲國民黨著想的㉖。後來《自由中國》的不幸結局，或許只能解釋爲理想主義者與現實權勢之間難以和平共存的命運。

該刊在涉及基本政策的「出版法事件」中，四十三（一九五四）年和四十七（一九五八）年曾兩度興起批評的高潮。由於政府以行政命令公佈的「戰時出版品禁止或限制登記事項」及強制在立法院通過的「出版法修正案」，都嚴重違反憲法第二十三條規定的出版自由，引起輿論界羣起反對，第一次反對曾迫使政府下令「暫緩施行」，第二次則告失敗。無論是成功和失敗，他們的言論已爲知識份子爭取自由寫下輝煌的一頁㉗。

第二次爭取出版自由失敗後，《自由中國》發表一篇題爲〈看兩位先哲對於出版自由的意見〉㉘，一位是《失樂園》的作者大詩人密爾頓，當英國政府於一六四四年爲了箝制言論自由，經議會通過「印刷條例」時，他寫〈言論自由論〉抗議：「取締出版自由的陰謀，它所給予我們的巨大損失和危害，比之於若干敵人封鎖我們國家的海岸和一切港口尤爲重大和厲害，因爲這樣

㉖ 這種想法，徐復觀曾說過多次，見《儒家政治思想與民主自由人權》，頁二九八、三一三。民國六十八年，八十年代出版社。
㉗ 這兩次爭取出版自由的文章，大部分已收入《自由中國選集》(3)：《言論自由》。
㉘ 見《自由中國》卷一八，十二期，民國四十七年六月十二日。

就是阻止和遲延我們得到最豐富的東西——眞理。」一位是「美國革命聖人」傑斐遜，一七九二年他在給華盛頓的信中表示人是可以憑理智與眞理來治理的，但是，「我們第一個目標，應該把一切通往眞理的大道開放給他們；迄今爲止，所發現的最有實效的，就是出版自由」。

從四十六（一九五七）年八月一日開始，《自由中國》以〈今日的問題〉爲總題，一連發表了十五篇社論，在〈我們的新聞自由〉㉙一篇裏，徵引日本評論家御手洗辰雄訪臺後所撰〈新臺灣〉一文的內容，可謂觀察入微，發人深省，他認爲當時臺灣大眾傳播被抑壓的情形，「有的地方比起戰時的日本還要嚴厲」。談到學術思想，由於這方面的資訊受嚴格的限制，他提出警告：「學問被阻不得進步，固不待言，第一是人心將因此而退化、萎弱，對於他種思想的消化力抵抗力都將失卻，這可眞有發生可怕的結果之虞」。如果拿過去二十多年的史實來檢驗，這位被我們官方一向認爲公平而出於善意的評論家的忠告，已一一成爲事實。另有一段話，也頗具深度和遠見：「和共產中國的競爭，不是僅以經濟與生活來決定的。若不培養健全的精神，決不能堪耐長期的緊張。……沒有言論、思想自由的地方，決沒有人心的自主、積極的躍動。……共產中國的統制愈嚴，自由中國愈應尊重自由，而且這也不正是邁向勝利之道嗎？」二十七年後，這些話依然是不磨的眞理。

㉙ 見《自由中國》卷一七，十二期，民國四十六年十二月十六日。

在爭取言論及出版自由之外，法治問題的討論是《自由中國》以民主憲政為主導的言論中另一重要的部分。憲法公佈施行之前，對所謂法治可能發生爭論；憲法公佈施行之後，就政府方面而言，所謂法治就是一切舉措都必須合乎憲法。五十年代《自由中國》討論法治的所有言論，都集中在一個目標，即籲請政府「恪遵憲法厲行法治」[30]，這對促進臺灣政治的自由化和民主化關係重大，因為不先切實厲行法治，不可能真正實行民主[31]。

言論自由與出版自由雖極重要，但對一般社會大眾而言是次要的，也少直接關係，可是法治是否能做到公正，執法者是否能守法，就可能影響到每個人的權利，因此社會大眾對法治的關懷遠超過自由。《自由中國》在前述系列的社論中有一篇〈今日的司法〉[32]，詳引監察院對司法部門的檢討，所言當時司法界腐敗黑暗的情形，令人驚心。社論指出司法問題有：(1)審判失去獨立精神，司法變成了政治的工具；(2)審判不公平，常有畸重畸輕之感；(3)主管司法行政人員精神之墮落；(4)司法人員的風紀日趨敗壞。由於這些問題的存在，所以使「大家認為今日臺灣的司法，比日據時代還不如」，因在日治時代對臺灣人固然使盡欺壓奴役，但法律比較能做到公平合理，在選舉時，軍警和公務員都不干涉選舉。

---

[30] 這是李聲庭一篇文章的題目，見《自由中國》卷二一，十期，民國四十八年十一月十六日。

[31] 參看林毓生：〈論民主與法治的關係〉，見《思想與人物》，民國七十二年，聯經出版公司。

[32] 見《自由中國》卷一七，一期，民國四十六年七月一日。

在這四項問題中，最根本的一項是司法獨立精神的喪失，喪失之故，因當時第一二審法院在行政系統上受司法行政部監督，部長雖是行政官，對法官卻有升遷考核之權，方便行政干涉司法，使法官很難獨立行使職權，才發生「司法配合國策」、「奉命不上訴」等問題。此外，如國民黨召開八全大會時，各地法院院長或首席檢察官，紛紛競選全會代表，使憲法第八十條：「法官須超出黨派以外，依據法律獨立審判，不受任何干涉」的規定，形同具文㉝。經過二十多年輿論界和知識份子的呼籲爭取，終於在一九七七年中美斷交後，執政黨爲了收拾人心，決定法院改隸，但仍保留審檢人員互調辦法，使司法改制未竟全功，司法獨立的精神依舊不得貫徹㉞。

在那個時期，《自由中國》每逢重要問題，往往會發表一些意味深長、意義警策的文章，這些時論文章雖然事過境遷，後人讀來仍不覺其過時。下面舉兩個與法治有關的例子。

四十八（一九五九）年有一篇〈羅斯福總統究不敢毀憲〉的文章㉟，文章的背景是當時「連任與修憲」的問題正受海內外中國人關心之時。該文在簡述了羅斯福企圖毀憲而招致沒趣的一段史實之後，寫下兩點感想：⑴它說明了雄才大略的當政者，都是不大歡喜權力分立的憲政的，不

㉝ 見簡暢：〈我所知道的司法〉，《自由中國》卷一八，十二期，民國四十七年六月十六日。又見《自由中國選集》⑵：《司法獨立》，頁九七。

㉞ 參看李鴻禧：〈愼戒推檢交流貫徹司法獨立〉，見《中國論壇》卷八，五期，民國六十八年六月十日。

㉟ 作者爲唐德剛，見《自由中國》卷二一，十期，民國四十八年十一月十六日。

特是袁世凱要毀憲，就是號稱一代民主宗師、「四大自由」起草人的羅斯福也有狗急跳牆之時。(2)這故事也告訴我們，憲政之推行，不能倚靠當權者皇恩浩蕩的來「行憲」，它要建築在全國人民以及人民的「代表」或「委員」們對憲政的認識之上。如果當時的民主黨人，也是一批只知攀龍附鳳，只知不擇手段打擊政敵，而對民主憲政一無所知的飯桶和黨棍，則羅斯福恐怕也早已變成了斯太林而為千古罪人了。

另外一個例子是四十七（一九五八）年，「出版法修正案」終於在「國人皆曰不可」的情況下經立法院強行通過後，《自由中國》除發表社論憤慨地說「我們正因為反憲法、反自由、反民主的力量在擡頭，更要充分發揮這次爭取出版自由的精神，繼續努力奮鬥」外[36]，又發表〈由出版法談到委任命令及自由裁量〉一文，文中有如下的警句：「國家制定一種法律，並不是單單拘束人民，而且同時亦拘束行政機關。行政機關若謂有了出版法，便可自由行動，眞是太幼稚了。」又說：「自由裁量只能積極的增加人民的福利，不得消極的禁止人民的作為。」該文作者認為即使根據出版法，行政機關也很少有行使自由裁量權的餘地，「不得自由裁量，而擅自自由裁量，這是破壞法律。行政機關驅逐人民於法域之外，人民便由政治社會回歸到自然世界。」[37]近年來

[36] 民國四十七年七月一日《自由中國》社論，引文又見《自由中國選集》(3)：《言論自由》，頁一九六。

[37] 文刊四十七年七月十六日《自由中國》社論，引文又見《自由中國選集》(3)：《言論自由》，頁一九九、二〇二。

我們的社會，暴力事件層出不窮，人民生命財產的安全已遭到嚴重威脅，能說與行政機關任意破壞法律毫無關係嗎？

反對黨在中華民國的歷史上，並不是什麼新鮮的問題，民國初年孫中山先生不但在言論上承認「立憲之國，時有黨爭」的事實㊳，且主張「一國之政治必賴有黨爭始有進步」㊴。事實上孫先生所領導的國民黨，在民初也有過在野反對黨的經驗。北伐以後，國民黨獨掌政權，實行一黨專政，主張「黨外無黨」，但這口號事實上並未實現，因青年黨和國家社會黨在當時都是名符其實的反對黨，雖然他們在種種制限之下只能採取秘密活動。抗戰軍興，因號召一致抗日共赴國難，青、民兩黨獲得承認。戰後爲了實行憲政，兩個在野政黨，又在「聯合政府」名義下加入了政府㊵。

從民國史上政黨的演變，政府遷臺之後，應該接受的一項歷史教訓是：反對黨的存在，並不致影響政權的根本，動搖政權根本的，是中共的武力奪取，中國共產黨自民國十年成立以來，從未打算從事黨爭。戰後國民黨決心還政於民、開放政權，是經過殘酷的歷史教訓，才走上憲政的正途，來臺後理應順此正途，以開拓國家的新機運。

㊳ 見民國二年三月對日本神戶國民黨員講詞。

㊴ 見民國二年一月十九日在國民黨茶會講詞。

㊵ 參看蕭公權：〈中國政黨的過去與將來〉，見《憲政與民主》，民國七十一年，聯經出版公司。

細讀《自由中國》討論反對黨的言論，我們有充分的理由說，他們所以念念不忘這個問題，是的確經過深切反省的。他們深信在憲政體制下，反對黨的存在是天經地義的，只有全心全力維護憲法的精神，才是眞正愛國的行爲，國家歷經千辛萬苦，人民遭受無數犧牲，才走上的憲政大道，絕沒有任何理由重新走回頭路。因此該刊不斷呼籲國民，提醒大家追求中華民國憲法的實現，是國民最大的義務，也是反共唯一的生路。

回顧過去三十多年，國民黨和政府，對言論自由及法治問題的討論，還能容忍到相當程度，唯獨對反對黨問題卻視爲禁忌，其忌諱的程度迄未稍減，例如當年《自由中國》討論這方面的文字，於六十八（一九七九）年再度集印時，就仍然未能免於被查禁㊶。

毫無疑問，就是因爲當年《自由中國》從書生論政，竟然發展到籌組新黨的行動，才增加當局對這個問題的忌諱。今日看來，當年這方面的文字，除了令人佩服他們能堅守原則，表現道德勇氣之外，在說理上已顯得平淡無奇。不過，其中有一段話，現在讀起來，恐怕比二十七年前發表此文時還要有意義，其文如下：「我們如想引起大陸人民對獨裁專政作進一步的反抗，唯一的辦法是用事實來刺激他們。事實才是最好的宣傳。大陸人民決不那麼傻狂，以生命去反對甲的獨

㊶ 指《八十年代》出版的《反對黨問題》一書，民國七十一年十月，《博觀》月刊談反對黨問題，也被查禁。

裁專政而歡迎乙的獨裁專政！自己不誠意促成民主政治的實現，以爲大陸上會從此不可收拾，未免是盲目的樂觀。」㊷這些話在當權者看來自是十分刺眼，但確是實話。

從理論上爲反對黨辯護，並非難事，因這在西方已有幾百年歷史，在中國也有大半個世紀，道理說得夠多了。真正的問題是在民主國家被認爲天經地義的反對黨（《自由中國》的立言就是從這個標準出發），何以在中國社會的發展竟如此困難？

當《自由中國》負責人雷震於四十九（一九六〇）年因地方選舉的刺激，企圖集合青、民兩黨和本省地方政治人物籌組「中國民主黨」失敗之後㊸，追究其原因，一般的看法，大約有下述六點：⑴因美國外交政策在當時已由堅決反共轉而走向承認現實與提倡人權；⑵當時一般民衆的知識水準較今日爲低，尤其是有理想、有熱情敢參與的社會青年遠較今日爲少；⑶雷震被捕，組織受重大挫折；⑷胡適返臺後接見新黨人士，表示要愼重組黨，展緩成立㊹；⑸李萬居多病，且

㊷ 朱伴耘：〈再論反對黨〉，見《自由中國》卷一七，六期，民國四十六年九月六日。引文又見《自由中國選集》⑷：《反對黨問題》，頁九八。

㊸ 關於「中國民主黨」籌組的背景及有關人物，除見⑬之文外，亦可參看《反對黨問題》一書〈編者的話〉。

㊹ 根據胡先生《年譜長編》的記錄，與此說不同。《年譜》說四十九年十一月二十五日胡氏「應李萬居、高玉樹的邀請，懇勸他們不要走極端，希望他們和和平平的籌組新黨，並且從從容容的去獲得政府的諒解」。（見《年譜長編》頁三三四六）

《公論報》產權糾紛，李氏敗訴；(6)整個政治環境對「中國民主黨」尚不能諒解㊺。以上所列舉的原因，多半是有根據的，但都未說到問題的根本。問題的根本，是在民國以來，我們始終未能建立作爲民主基石的法治。因此，自由中國運動剛起時，張丕介就說過「這在目前還祇是一種中國發展的必然趨勢，一種思想和理論上的可能」㊻。三十五年過去了，客觀條件雖已較前成熟，但自由民主運動所遭遇的基本困難，並沒有多大改進。

在《自由中國》時代從事自由民主運動的人士，似乎都以爲只要政治問題能解決，其他問題都可迎刃而解，今天的黨外仍受這種觀念的影響很深。我們必須認清，長久以來我們始終沒有在培養國民的民主生活上下過工夫，自由民主的學術基礎也極薄弱，孫中山先生所設計的「訓政」階段，本是爲憲政做預備的，實際上所做的幾乎與民主教育相反，以「訓」代「教」的風氣，一直到現在都未完全改正過來。假如我們的教育不能朝自由民主方向開放，社會不能切實厲行法治，要建立一個自由民主的中國希望實很渺茫。

三、《文星》的思想啟蒙與《大學雜誌》知識份子的政治改革運動

㊺ 以上六點中的前兩點見㊸〈編者的話〉；後面四點見〈雷震、胡適、中國民主黨〉，《八十年代》三期，民國六十八年八月。

㊻ 同❾。

《自由中國》半月刊結束前一個半月，殷海光在一篇討論在野黨（他同意胡適主張不要用「反對黨」這名詞）的文章裏，表現出當大家正在熱烈進行籌組新黨運動時，他卻能做冷靜的思考和反省，結果他發表了完全超越當時「意見氣候」的深刻見解，他自覺到今日中國底基本問題，是怎樣建立一個適於現代生活的新文化，在這文化轉變的過程中，政治運動不過是爲求文化問題解答的一個層面或一個角度。因此他主張「我們要使中國人能適應這一變動中的新世界，必須從事一個啟蒙運動。……在啟蒙運動中知識份子反權威，對於舊的傳統重加評價，對黑暗宣戰，並倡導獨立的思想及知識活動」㊼。如前文所說，《自由中國》時代的思想啟蒙工作是承襲「五四」精神的，但到它的末期，在「重建文化的自覺和努力」的要求下，已有超越「五四」的傾向，殷海光所期望的再啟蒙工作，正是《文星》所走的方向。

《文星》月刊創刊於一九五七年十一月，《文星》二字採自《杜工部集》：「北風隨爽氣，南斗避文星」，最初的願望只是想藉它來嚮導一代的文運，所以初期標示的性質是「生活的、文學的、藝術的」。因同時強調「啟發智慧並供給知識」，所以文藝創作所佔的份量不大。但從第三年開始調整性質爲「思想的、生活的、藝術的」，「將『文學』化合於藝術與生活之中，而加

㊼ 殷海光：〈我對在野黨的基本建議〉，見《自由中國》卷二三，二期。引文又見《自由中國選集》(4)：《反對黨問題》，頁二五二～二五三。

強『思想的』比重」㊽，因爲經由思想才比較能發揮「知識的力量」，從事非政治的思想改造，把從閉塞思想出身的中國民眾，導向現代開明思想的主流。所謂現代開明思想的主流，《文星》標榜的是：自由、民主、法治、反對教條、反對共產主義㊾。從《文星》內容的演變看，要到第四年（一九六一）才更切合這個旨趣。

《文星》有一特色，每期介紹一位封面人物，多半還配合一篇專論，從這些人物不僅能反映出它的風格和趣向，也大抵能符合它所標榜的，把中國民眾導向開明思想主流的目標。大概是由於《自由中國》悲劇的教訓，才使《文星》採取迂迴的方式來表達追求自由民主的熱情。下面是九十八期《文星》封面人物的分類統計，括弧內的數字是刊載的期次：

類別	人名	數量
文學	海明威(1)、毛姆(2)、卡謬(3)、希梅耐茲(5)、李普曼(11)、巴斯特納克(13)、赫胥黎(19)、麥克里希(22)、赫塞(23)、賽珍珠(25)、艾略特(27)、佛斯特(33)、聖約翰佩斯(38)、摩爾(41)、英瑞亞珂(42)、威廉·福克納(45)、史諾(46)、伊瓦·安德理克(52)、斯坦貝克(54)、勞倫斯奧立佛(60)、桑德堡(61)、薩林傑(63)、佛洛斯特(64)、亨利密勒(84)、莎岡(88)。	二五

㊽ 參看《文星雜誌選集》第一冊〈序言〉，民國五十四年，文星書店。

㊾ 蕭孟能：〈一個出版人的願望〉（代序），見《出版原野的開拓》，民國五十四年，文星書店。

政治	杜勒斯(17)、威理・布蘭特(30)、邱吉爾(32)、阿德諾(37)、莫臬(49)、伊諾努(53)、徐滿(67)、吉拉斯(68)、胡佛(69)、羅慕洛(70)、馬丁・路德・金(85)、溫莎公爵(90)、伯納・巴魯克(91)、羅伯・甘迺迪(94)、吉塞爾(96)。	一五
哲學	羅素(4)、史懷哲(6)、胡適(51)、卡納普(56)、考夫曼(57)、艾爾(58)、田立克(59)、亞斯培(71)、沙特(76)。	九
科學	波爾(9)、沙克(12)、赫維西(18)、鄂圖漢(24)、馮・布勞恩(28)、范阿倫(31)、李貝(39)、施博格(50)、賀奇肯夫人(89)。	九
藝術	狄斯耐(35)、薩爾斯(36)、畢卡索(48)、英格瑪・柏格曼(77)、奧遜・威爾斯(81)、碧姬・芭杜(83)。	六
音樂	史特拉文斯基(7)、卡沙斯(15)、卡拉斯(21)、卡拉揚(82)、巴克豪斯(98)。	五
歷史	湯恩比(8)、喜龍仁(10)、威爾・杜蘭(16)、蔣廷黻(72)、費正清(78)。	五
法律	布雷克(65)、道格拉斯(75)、龐德(79)、歐爾・華倫(87)。	四
教育	梅貽琦(43)、柯楠特(44)、海倫・凱勒(93)。	三
經濟	華爾哈爾(14)、羅斯托(74)、海耶克(95)。	三
宗教	若望二十三世(26)、保祿六世(97)。	二
社會	派深思(62)、鮑格達(80)。	二

社會運動	山額夫人(66)、海倫・克蕾・布朗(92)。	二
新聞	亨利・魯斯(34)、約翰・根室(86)。	二
軍事	艾森豪(40)、石托勞士(47)。	二
體育	布倫治(20)、卡洛・赫絲(29)。	二
人類學	李濟(73)。	一
漢學	高本漢(55)。	一

上列九十八人，除胡適、梅貽琦、蔣廷黻、李濟爲中國人，其餘皆現代西方人，包括自由主義大師羅素、海耶克，強烈反抗獨裁的卡沙斯，土耳其民主政治的保母伊諾努，維護人權不遺餘力的布雷克，主張行動卽自由的沙特，美國「法律界的教師」龐德，黑人民權領袖馬丁・路德・金，美國自由精神的保護神歐爾・華倫，自由的保衞者杜勒斯，追求愛情自由的溫莎公爵，由共黨領袖而成爲自由鬥士的吉拉斯，民主之窗看更人威理・布蘭特，維護自由精神的教育家柯楠特等。其他大部分在他們各自的領域裏，都曾是現代文明與自由心靈的塑造者。從這方面來看，當時《文星》是有意要向被外人譏爲「文化沙漠」的臺灣社會，引介一些新人物、新觀念、新思想，把自由、民主、法治、反教條反共的典範介紹給中國讀者。在《文星》八年多的歷史中，第五年開始有顯著的轉變，這一轉變在封面人物的選擇上也反映出來。文學、藝術、音樂方面的人

物，大部分出現在前四年（四十九期以前），此後，不但哲學思想，政治、法律方面也明顯加強。

在《文星》所刊登的文章，曾引起論戰的有〈新詩討論〉、〈新藝術討論〉、〈文白問題討論〉、〈中西文化討論〉、〈青年與老年問題的討論〉、〈性觀念討論〉、〈教育問題討論〉、〈高考問題討論〉、〈法律問題討論〉、〈醫學問題討論〉、〈歷史辨僞〉等㊿。在這些論戰裏，使《文星》轟動，並爲論戰帶來高潮的，是〈青年與老年問題〉及〈中西文化問題〉。它們的共同特色是充分發揮了叛離權威、打倒偶像的啟蒙精神。分別來看，前者是公然向「長老統治」的社會挑戰，由於頗能表達青年人的心聲，不但使青年人喝彩，也使輿論界矚目。後者由胡適的〈科學發展所需要的社會改革〉和李敖的〈播種者胡適〉揭開序幕[51]，李敖的一篇〈給談中西文化的人看看病〉成爲論戰的焦點[52]。胡先生的演講稿中有一句「我認爲我們東方這些老文明中沒有多少精神成分」，立卽引起徐復觀的痛斥，認爲胡博士是以下流的辭句來誣衊中國文化，

㊿ 參看㊾之文。

[51] 胡文見《文星》五十期（民國五十年十二月一日），李文見《文星》五十一期（民國五十一年一月一日）。

[52] 該文見《文星》五十二期（民國五十一年二月一日），針對該文的反應見《文化論戰丹火錄》，民國五十三年，文星書店。

以這樣的人物來擔任中央研究院院長，「是中國人的恥辱，是東方人的恥辱」53！一開始雙方都在發洩個人的情緒，缺乏討論問題的眞誠和氣度。老一輩的「典範」尚且如此，年輕人還有什麼不敢的？於是一場空前絕後的「罵戰」就上演了。李敖根本不是要和那些「談中西文化的人」討論問題，他要替他們「看病」，要「指控」這些「蒙古醫生」和「中國現代化的罪人」54。假如那些和李敖「對罵」的老輩人物能對自己稍有信心和定力，這場罵戰是起不來的。

八年的《文星》，對介紹新思潮、批判舊傳統、打倒權威爭取理性的自由等方面在那年代有相當的貢獻，即使最反對《文星》的人，也承認「它使青年的一輩，眞正的有機會享有在知識上表現能力的權利，也讓青年由鄉愿成習的頹墮學風中，站起來認識自己和自己所處的環境。」55其後因中西文化論戰，把《文星》帶到高潮，也因此而導致《文星》及其整個文化企業的關閉。其中滲入的政治因素，我們無意在此探討，倒是許多人心中總不免有個疑問：爲什麼在「五四」以後已有多次的「傳統」與「西化」之爭，仍會在臺灣而且是以極爲奇特的方式重演一次？這個問題並不簡單，最顯著的一個原因，是因政府的禁書政策，造成「五四」到三十八（一九四九）年間的所謂文化斷層，因此文化論戰的內容，頗引起在禁書政策下成長的一代的好奇。其次是當時

53 徐復觀：〈中國人的恥辱、東方人的恥辱〉，見《徐復觀雜文續集》，民國七十年，時報文化公司。
54 見李敖：〈給談中西文化的人看看病〉，出處同52。
55 無非：《文星！問題！人物！》，頁七三，民國五十五年，龍門出版社。

臺灣社會西化的風氣未變，保守的氣氛又濃[56]。當然，最重要的還是在思想的狀況，殷海光於四十九（一九六〇）年說的一段話，正是這一種思想狀況的一個說明：「臺灣近十幾年來在思想上呈現兩種現象：一是倒退；二是靜如止水。從倒退方面說，臺灣近十幾年來在思想上的倒退不止五十年。就目前在臺灣一部分人之間彼此吐納的思想或觀念形態看來，不用說趕不上『五四』時代，連清末也不如。……大部分人，特別是年輕一代，畢竟不願陪着老一輩的人倒退。……可是，同時，他們又不容易接觸別的思想。於是，他們陷入『思想眞空』之中。『自然忌眞空』，人腦也忌眞空。眞空是很危險的。當人腦陷於眞空而極待塡滿時，任何誘發幻想的思想都可乘虛而入。」[57]

《文星》關閉後，被稱爲「中國自由主義最後堡壘」的《大學雜誌》，接下推動自由民主運動的歷史性棒子。它的全盛期號稱知識份子的大聯合，響應大聯合的知識份子，由於背景和動機很複雜，所以爲製造聲勢而聯合的同時，已包藏着過多分裂的因素[58]。《大學雜誌》的聲勢乘釣

---

[56] 八年《文星》所宣揚的和所批評的，就是這兩種風氣同時並存的例證，四本《文星雜誌選集》的文章則爲其選樣。

[57] 同[47]。

[58] 《大學雜誌》分裂的因素，南方朔：〈中國自由主義的最後堡壘——大學雜誌階段的量底分析〉的長文中有詳細的分析，特別是該文的㈤㈦㈧三節，見《夏潮》二十五期（民國六十七年四月一日）、二十七期（民國六十七年六月一日）、二十八期（民國六十七年七月一日）。

魚臺運動（一九七〇）和退出聯合國（一九七一）造成的危機以及政治上權力重組的不安而崛起，亦隨着危機感的消退和權力重組的完成而瓦解。基於內外複雜因素的交織，使這個知識份子的集團一開始對現實的訴求就遠大於它的理想。當時智者與權者的混沌關係，不禁使人聯想起清末的維新運動，權力重組也曾是維新運動的內在動因之一，不過清末的權者運用智者的企圖卻失敗，七〇年代的臺灣卻成功。但臺灣權者重「洋」抑「土」的人才政策，也留下不小的後遺症。

《大學雜誌》創刊於五十七（一九六八）年元月，最初三年並沒有引起多大注意，也沒有明顯的特色，從文化思想和文藝兩類佔絕大比例的情形看[59]，內容傾向近似早期的《文星》。所謂知識份子大聯合始於《大學雜誌》第三年（一九七一），列名的社務委員國內外有六十二人，第四年更擴大到一〇二人[60]，其中大部分彼此不相識，也從未開過全體社務委員會。第三年元月標示「中華民國六十年、創刊三週年紀念特大號」，立即引起廣泛注意，這一期並曾再版。嗣後兩年為其鼎盛期，在此期間，促使海內外矚目並引起較大反應的言論，是〈臺灣社會力的分析〉、國

---

[59] 南方朔曾就《大學雜誌》最初三年的文章加以分類統計：(1)知識份子泛論三十二篇；(2)思想文化一五一篇；(3)科學二十二篇；(4)心理十五篇；(5)經濟二十篇；(6)文藝二〇五篇；(7)教育與青年八十四篇；(8)其他（含司法、特殊非易於歸類之問題）十七篇。同[58]《夏潮》二十六期，頁五九。

[60] 筆者曾列名為社務委員，參加方式由該社主要負責人之一寄邀請函，同意加入者填回條寄該社就算完成手續，沒有任何權利和義務。

是專號中的〈國是諍言〉與〈國是九論〉[61]。這些言論把《大學雜誌》時代的「青年問政運動」

或「知識份子的改革運動」帶向高潮。儘管《大學雜誌》也一直在從事思想啟蒙的工作，因問政

和改革的強烈現實傾向，使這方面的言論降爲次要。客觀環境的不安，使部分知識份子認爲可以掌握時機把自由民主的理想帶入實際的改革之中。

第三年元月的特大號裏，主要的論題有經濟、容忍、現代化與學術自由，另有一篇〈論大學的任務與政治革新〉是從學理上探討。在臺灣的經濟發展方面，它提出兩個重大問題：⑴政策上未能符合中山先生節制私人資本、發達國家資本的理想；⑵國際經濟上臺灣今後是繼續受制於美、日？還是團結世界上以平等待我的民族，以對抗工業先進國？這些問題在今日比七〇年代初更令人注目。最後它認爲要解決經濟上重大政策問題的首要條件「在於大眾能普遍地參與政策的決定」，這當然祇有自由民主的社會才有可能。在自由民主方面，它提到知識份子最關心的是：政府是否能提供一個可供自由思考的環境，人民的精神可否不受到無謂的干擾，以及基本人權能否被尊重而不輕易被剝奪。又強調學術自由，認爲「學術自由」與「國家安全」不是互相對立矛盾的，而是保護民主國家安全最有力的武器。同時，它針對臺灣現代化的三個障礙，主張：⑴以

[61] 〈臺灣社會力的分析〉一文發表於民國六十年七、八、九月《大學雜誌》，〈國是諍言〉發表於同年十月，〈國是九論〉發表於民國六十一年一月。

「進步」尋求長遠的「安定」；⑵包容異見；⑶以機會均等消除地域歧見。倉促改組後的《大學雜誌》，並未呈現出統一而突出的主調，所以仍能引動廣泛注意，部分是因眾多知識份子列名所製造的聲勢，此外則由於當時正值釣魚臺運動時期。

這一年（一九七一）六月，臺大「保釣會」同學千人曾至美、日大使館示威抗議，引起廣大關懷[62]，《大學雜誌》適時推出〈臺灣社會力的分析〉，連載於七、八、九月，他們所以發表如此充滿感情的長文，是因體認到「一個在『無菌室』裏培養長大的國民是經不起任何疾病和風暴的，而一個現代化的國家，當他面對危急處境的時候，如果沒有全民一致的參與和支援也是不可能克服國難的」[63]。要求參與，必須使大眾先關心自己的社會；要求支援，必須先把屬於我們自己的社會努力建設起來；這是該文訴求的理智性動機。文章分析的對象包括舊地主、農民、公務員、中小企業、財團、勞工及知識份子等。在署名的四位作者中[64]，沒有一位受過較嚴格的社會學訓練，只憑少數幾人的經驗和觀察加上收集到的資料，因此被南方朔譏之爲「政治散文」。同時南方朔也敏銳地指出：「除了統治階級，它對所有的階級都濫情的給予同情」[65]。這種意識的

---

[62] 參看矛漢：〈六一七學生示威紀實〉，見《大學雜誌》民國六十年七月份。

[63] 見〈臺灣社會力分析〉的前言。

[64] 四位作者是張紹文、許仁眞、包青天、張景涵。

[65] 《夏潮》二十七期，頁四五。

傾向，與列入並無實際作用的龐大社委名單以製造聲勢的心理是相通的。該文發表後引來不小的爭議[66]，似乎沒有人注意到分析知識青年部分所列「理想的實踐者」這一類型的內容，就正是作者羣（《大學雜誌》部分主幹）自我心靈的傾訴。他們說這一型青年常是僅能「做事」而拙於「做人」，更恥於酬酢鑽拍，因而即使獲得參與，也少有一展長才的機會，除非把自己改造成「年輕的老式官僚」。又說這批青年由於缺乏輝煌的家世和優越的裙帶，具有抱負而不善拉關係，因此註定了必須在野的命運。作者羣中有兩人[67]，終於成爲六十六（一九七七）年後黨外民主運動的健者。他們所以勇於參與，部分原因就是因爲在現實上受到挫折。這段文字可視爲作者們訴求的感情性動機。

緊接着臺灣社會力分析，《大學雜誌》於十月份擺出強大陣勢，提出〈國是諍言〉，署名作者達十五人[68]。身處危機的一羣知識份子，他們覺得有權利來爲自己的生存命運發言。他們要求致力建設一個人人裕足的富民經濟，尊重人權的法治政治，以及多元價值的開放社會。此文論及一些重要而敏感的話題，如對中央民意代表，就主張將二十年來所維持的老大而終身化的代表

[66] 見「臺灣社會力分析」座談會紀錄，民國六十一年十一月號《大學雜誌》。

[67] 是許仁眞（許信良）、張景涵（張俊宏）。

[68] 十五人爲張景涵、楊國樞、孫震、高準、丘宏達、陳少廷、陳鼓應、呂俊甫、張尙德、許仁眞、吳大中、張紹文、包靑天、金神保、蘇俊雄。

羣，作一項澈底的變動；在國防軍事的節流這一項目下，主張精兵主義；檢討了立法和監察機構的不健全；也指出司法問題的癥結，在於特權干涉及內部腐化；還有思想統一、情治單位的弊端、開放大陸研究等，幾至無所不談。文章的結語是：「我們所理想的社會乃是公平的、自由的、民主的、合理的、開放的、富有的、無恐懼的、無壟斷的，而且無暴力的社會。……一個政府假若無力領導人民實現這種理想，最低限度也不應該阻礙這種潮流的發展。」這篇文章假如在十三年後的今天刊出，其中討論的問題沒有一點過時！

就在《大學雜誌》大鳴大放時，我國退出聯合國，在滿街紅布一片哀傷的低氣壓下，它再接再厲於六十一（一九七二）年元月刊出由十九人聯名的〈國是九論〉(69)，大部分論題只是〈國是諍言〉的重複，筆調也不如前次兇悍。〈九論〉中比較突出的是〈論青年與政治〉的長文，強烈主張青年參與，認為要使青年與政府團結，「歸根結底的一句話，就是要讓青年與聞國是，從與聞國是中產生認同」。同期還配合發表〈開放學生運動〉一文，當時因釣魚臺運動，各大學校園頗不寧靜，這種主張自然引起當局嚴重關切。〈九論〉雖由十九人聯署，但每篇皆標明執筆人以示負責，由此不難揣測《大學雜誌》這時候已有外在壓力和內部爭議的跡象。

(69) 十九人為王文興、林鐘雄、張尚德、詹長青、包青天、金神保、張紹文、張景涵、高準、呂俊甫、吳大中、陳少廷、張潤書、林正弘、陳陽德、許仁眞、林抱石、陳鼓應、楊國樞。

《自由中國》因籌組新黨而結束，《文星》因中西文化論戰和炮轟國民黨中央黨部要員而關閉(70)，《大學雜誌》雖未停刊，但兩年的政治改革運動還是失敗了，爲什麼？黃默於〈一九七一至一九七三年臺灣知識份子政治改革運動〉文中提出四點：⑴未及時宣佈組織反對黨；⑵未尋求社會其他份子（農工市民）的支持；⑶當遭遇外在壓力時，知識份子未能採取協同一致的步驟；⑷政府與黨一系列的改革措施（特別是拔擢才俊），使知識份子政治改革運動趨向軟化而無力(71)。除第四點外，都表現作者對國內政情及《大學雜誌》集團組成份子了解的隔閡。《大學雜誌》因主張開放學生運動已造成致命傷，何況組織反對黨！

知識份子的改革運動雖失敗，《大學雜誌》對促成知識青年的覺醒，掀起青年們社會服務的熱情，以及對時政的批評所表現的道德勇氣，在臺灣自由民主的運動史上，已盡了承先啟後的責任，它不是「中國自由主義的最後堡壘」，它的集合使知識份子在理想與現實之間接受考驗，孕育了自由主義的新生力量。

---

(70) 《文星》九十八期以「本社」名義發表〈我們對「國法黨限」的嚴正表示——以謝然之先生的作風爲例〉一文。

(71) 黃默文轉引自南方朔：〈中國自由主義的最後堡壘〉一文，文字已予簡化。關於當時政府所進行的改革措施及《大學雜誌》集團從事的政治改革運動的部份經過，可參看張明義：〈苦澀的六〇年代政治改革〉一文，見《臺灣的憲政危機》，頁五一～五七，民國七十二年，八十年代出版社。

四、一九七七年以後的黨外民主運動

從《大學雜誌》的知識份子大聯合瓦解，到六十六（一九七七）年黨外民主運動的興起，《臺灣政論》月刊在這期間扮演着一個過渡性角色，它的主要組成份子是黃信介、康寧祥、張俊宏、姚嘉文，其中張俊宏曾是《大學雜誌》的核心人物之一，這四人在六十六年後的黨外民主運動中都居於領導地位，所以《臺灣政論》雖僅出五期卽遭停刊，沒有產生多大影響，但它在這兩個階段之間顯然有着連接作用，而且從它的組成份子中包括發跡於民間的政治運動家和知識份子，這種在野的「力」與「理」的結合，也預示臺灣的自由民主運動卽將面臨一個新的轉變。

《臺灣政論》創刊於六十四（一九七五）年八月，這一年島內經濟因石油危機遭受沉重打擊、先總統蔣公逝世、中南半島潰敗、非律賓、泰國與中共建交，一連串事件使臺灣面臨一個新的艱難的局面，因此該刊要從民間建立一個園地來反應廣大民眾的要求和希望[72]。創刊號涉及的範圍有政治、經濟、外交、第三世界、社會問題、鄉土、臺灣史、諷喩小品，已呈現出六十八（一九七九）年後部分黨外雜誌的風貌。在一篇題爲〈變局裏我們該怎樣辦〉的文章裏，提出「心防」遠比「國防」更重要的觀念，建議要鞏固心防，宜走現實主義的外交，內政方面則應從

[72] 《臺灣政論》發刊詞。

司法獨立、選舉的公正、國會的改造着手。另一篇足以引起讀者共鳴，也可能是更能代表該刊訴求方向的是〈如何促進臺灣的進步與和諧〉，此文認爲促進臺灣內部的和諧必須重視三項差距的彌補：(1)權力之間的差距：佔百分之八七點八，四十九歲以下的人口，雖佔人口結構的絕對多數，卻是權力及發言權的絕對少數。(2)經濟分配的差距：中低收入者在臺北市佔三分之一，臺灣省則佔三分之二。(3)非國民黨員及臺灣人工作機會的差距：非國民黨員在國民小學和政府機構很難做到主管，臺北市六十四個派出所主管只有三人是臺灣省籍。這三點也就是要求執政黨朝政治民主、經濟平等、消除政治偏見和省籍歧視的方向去努力。

《臺灣政論》因〈兩種心向〉一文而被罰停刊[73]，文章是旅澳政治學者邱垂亮和音樂家傅聽及一位從臺灣去美國取得學位的柳教授兩人的一夕談，傅聽對海峽兩岸的政情都有批評，柳教授則支持對中共的「回歸」、「認同」。一夕談傳達了因海峽兩岸的現實而成爲「國際遊魂」者的心聲。同期還有一篇令人注目的文章，是要求政府「早日解除戒嚴」的，這是在《自由中國》事件之後，很少人敢公開提出的問題。這個問題從六十七（一九七八）年選舉起，甚至在美國國會裏，又再度成爲熱門的話題[74]。

[73] 見該刊第五期，民國六十四年十二月號。

[74] 見〈美國國會「臺灣戒嚴法聽證會」實錄〉，《新生代》月刊三期，頁五～九，民國七十一年七月。

六十六（一九七七）年十一月十九日地方選舉投票的當夜，發生震驚國內外的「中壢事件」，開票結果，無黨派人士在四個縣市獲選縣市長，省議會七十七個席次中佔取二十一個，選舉的勝利爲無黨派人士帶來莫大的鼓舞。這次選舉不但有知識份子參選並獲勝，且有不少年輕大學生投入選戰主持或協助文宣工作，出動的社會青年和家庭主婦更不計其數，是中華民國選舉史上前所未有的現象。獲勝的原因，黨外人士認爲是因這次選舉引發了自民國三十六（一九四七）年以來長期累積的冷漠民氣[75]，政治學者則認爲部分選民這次不把選票投給國民黨候選人，並沒有反國民黨的意識，而是由於國民黨的兩項錯失所造成：⑴因幹部在提名時徇私，使許多資深和忠實的黨員不滿，有的且違紀競選；⑵國民黨組織過分激烈的選舉活動，引起民衆的反感[76]。

這次選舉的結果，刺激了更多知識份子參加六十七（一九七八）年底中央級民代的競選，爲了爭取極有限的名額，黨外候選人所掀動的選舉熱潮幾乎到了無法控制的地步，如果不是因中美斷交使選舉中途停止，無人能預測會演變到什麼地步。黨外以反對組織的形態組織「黨外巡迴助選團」南北助選，也在這次選舉中出現。選舉暫停的一年中，黨外運動家爲了延續選舉的熱度，開始從事打破戒嚴法的街頭活動，並藉出版《美麗島》月刊結成「美麗島政團」，在全省各地成

[75] 黃煌雄：〈黨外再出發〉，《八十年代》十六期（民國七十年十一月），頁一四。

[76] 家博著，林悉尼譯：〈政治反對與臺灣的政治前途〉，見《亞洲人》七期（民國七十年十二月），頁七二。

立服務處，於是「暴力邊緣」的論調也出現了，政團的份子像滾雪球般迅速膨脹，其中不乏羣眾運動理論家賀佛爾所說的畸零人。一個民主運動演變到這地步，無人能加以控制，也逐漸迷失了運動的目標，再加上少數打着「愛國」旗幟的極端份子，從旁加油搧火，相激相盪，終於發生「高雄事件」。「美麗島政團」的暴起暴落，正應上所謂「毀滅往往是在開始播下的種子」。

這兩年間的政治運動和政治事件，對長遠的自由民主運動造成的影響，目前很難做確實評估，但有一些現象，值得檢討。「高雄事件」後恢復因中美斷交停止的選舉，黨外人士認爲這可能是三十年來第一次朝野都沒有感到過度的挫折感或勝利感，所以是一次比較和諧、進步的選舉(77)。但去年（一九八三）的中央級選舉中，黨外又遭到挫敗。目前在黨外本身資源極端貧乏的情形下，已開始分裂，並引起內部的權力鬥爭(78)，導致分裂和鬥爭的原因，與其說是由於意識型態的分歧，不如說是基於現實利害的衝突，因爲不論你堅持那種意識型態，都多少需要一點理想性，當初這個運動所以能一度蓬勃發展，不可否認的，是因運動本身具有理想性的誘力，曾幾何時，這股誘力已在現實利害的衝突中逐漸喪失！

---

(77) 「八十年代民主政治發展座談會」，黃煌雄的發言，見《八十年代》九期（民國七十年三月），頁二九。

(78) 有關黨外分裂內情的報導與分析，見蘇明達：〈黨外分裂眞相〉，民國七十三年十月十八～二十日，《民衆日報》第二版。

一個社會運動的興起，社會的不安與不滿是不可缺少的條件[79]，六十六（一九七七）年以後臺灣地區興起的民主運動，就正因爲臺灣的政局提供了這些條件。但這些條件僅能有助於產生運動的有利時機，以臺灣地區國民生活的水平，以及對政治的保守習性，這個運動不可能僅靠強調不滿和製造不安而獲得發展。自由民主的運動在中國，是一件改變幾千年歷史途轍的大事，因此，絕不可能輕易成功，這是每一個參與運動的人都應該有的心理準備。黨外民主運動想在短期內奪取或分享社會資源，根本無此可能。今日民主運動，除了爭取必要的生存條件之外，最應該着力之處，是如何保持運動的理想性，尤其是在理論思想和政治道德的水平方面，力求勝過競爭的對手，先在精神上立於不敗之地，才有長遠發展的基礎。

六十六（一九七七）年以後的民主運動，因傾向於實踐和行動，所以言論方面的趨向與以往不同。以往知識份子在闡揚自由民主的理念之外，即使涉及現實，也多半是屬於高層次的問題。他們在反省過《自由中國》、《文星》、《大學雜誌》不同階段的思想言論，再與現實情況對照，覺得「筆桿子本身的力量是有限的」。認爲「筆桿子只有在反映現狀，引起民眾共鳴的時候，才有力量，只有眞正變成人民的代言人的時候，才有影響力，只有在掌握社會大多數人的意願，掌握時代潮流的時候，才會變成不可抵擋的力量」[80]。從這些話可以看出黨外理論家自居的

[79] 參看卡瑪倫著、孟祥森譯：《近代社會運動》，頁一〇，民國六十七年，牧童出版社。

[80] 〈筆桿子的力量——代編者的話〉，見《政治的力量與理》，民國七十二年，八十年代出版社。

境界，他們以爲能反映一時的現狀，能引起一時民眾的共鳴，就有資格做人民的代言人。不要說在這個層次上很難掌握多數人的意願和時代潮流，卽使能做到，也不是「筆桿子」的最高境界。筆桿子的最高境界是超越一時現狀，甚至是超越時代的[81]，人類歷史上眞正持久的影響力，除信仰之外，多半來自具有這種頭腦的思想家。「五四」以來的自由民主運動所以始終不能順利推展，現實原因固然很多（前文已有討論），思想貧困、理論缺乏建樹，實也爲基本原因之一。近代爭取自由民主的歷程中，能做到掌握權力又不玷汚權力的大政治家寥寥可數，權者大都不喜歡有強大的制衡力束縛他。從事自由民主運動的人，在責難權者之外，更應努力提昇自我的境界，培養社會大眾的民主素養，一旦整個社會的生活方式和文化精神轉變了，政治不可能單獨僵固着。世上從沒有一位獨裁者能完全與民爲敵的，相反的，多半是在羣眾的擁戴下，獨裁者才有施展的餘地。

以上的批評，純是基於長遠的觀點。蓋民主運動固不能不努力克服險阻從事現實性的奮鬥，但奮鬥的動力卻須更依賴智慧的開發和理想性的堅持。如從現實的觀點來看，最近六、七年來的自由民主運動，由於有超出以往奉獻犧牲精神的表現，已獲得幾項突破性的進展：

---

[81] 參看余英時：〈意識型態與中國思想史〉民國七十一年七月二十八日中國時報主辦「近代中國的變遷與發展」研討會論文。

㈠政治恐懼的祛除

臺灣社會在「二二八」事件以後，六十六（一九七七）年以前，長期籠罩在政治恐懼的陰影之下，不但社會大眾對國事漠不關心，即連知識青年也多半冷漠。因此，《自由中國》、《文星》、《大學雜誌》等刊物的言論，除了影響大學校園之外，根本未能引起廣大社會的關懷。一九七七年以後的情況有很大改變，闡揚自由民主、批評時政得失、揭發社會問題的刊物，不再是單線地發展，而是形成雜誌言論的「戰國時代」，因競爭激烈並求滿足社會多方面的需要，由月刊而半月刊而周刊，採取密接出版方式，從社會上已爭取到相當固定的讀者羣，內容方面早已打破三十年來所有的言論禁忌。這些言論透過連年的選舉熱潮，深入民間。尤其在「高雄事件」軍法審判期間，經由公開辯論和報紙的大幅報導，使黨外人士的觀念，普及到社會每一角落。一連串的演變，最顯著的影響，是吹散了社會大眾心理上那層政治恐懼的陰影，使所有政治性的敏感話題，都可以公開談論，爲往後的民主運動做好了相當程度的心理建設。

㈡憲法危機的探討

在《自由中國》時代，爲了維護憲法的尊嚴，經常以憲法爲有力據點，向政府呼籲保障憲法賦予人民的各項基本權利；《大學雜誌》時代因中央民代日漸凋謝、國會老化，曾提出全面改選改革國會的呼聲；都已觸及憲政危機的問題。近年來「緊急權與抵抗權」的討論，對憲法危機更有進一步的探索，論者認爲，三十多年來朝野之間的緊張狀態，基本上是一種緊急權與抵抗權的對立及衝突，也就是說，憲政體制遭受扭曲，是引起朝野政治衝突的根源。結果不但使他國對我們產生「體制不安定」的印象，也減損了國家的形象。因此建議，民主憲政的體制必須儘速正常化，建立制度化的抵抗權，人民的反對與不滿才能納入常規[82]。這些討論可以使大家了解過去三十多年，自由民主運動未能獲得重大進展的部分癥結所在。

㈢雛型政黨的試驗

政黨政治與反對黨問題，在五〇年代《自由中國》就曾熱烈討論，後來終因付諸行動而失敗，約二十年臺灣沒有人再公開討論這個問題。一九七九年中央民代選舉時，黨外人士首次組成巡迴助選團，參選者並有共同政見。以後常有集會，有時也對國是發表共同聲明。近年更有公策會、編聯會、公政會等組織出現。到現在，公開主張組織新黨的言論雖仍為政府所禁，但黨外事實上已在嘗試雛型政黨的試驗，此在戒嚴法下，已是難能可貴的成就。如不操之過急，多從聯誼性的組織中學習寬容、鍛鍊技巧、培養民主習慣，將可為未來的政治發展累積珍貴的經驗。我國雖號稱實施民主憲政三十多年，這方面的經驗畢竟還很有限。

[82] 參看憲政學者、康寧祥：〈緊急權與抵抗權對話〉，見《臺灣的憲政危機》，頁一三五～一四四，民國七十二年，八十年代出版社。

五、檢討與期望

過去三十多年來以雜誌爲主要工具的自由民主運動，經過以上簡略的回顧與檢討之後，大抵可以使我們了解，在走向自由的歷程中，在不同階段裏努力的重點、遭遇的困難和面臨的問題。尤其在《自由中國》、《文星》、《大學雜誌》的幾個階段，它們的結局，都令人沮喪，但往後的事實證明，渴望臺灣早日走向自由民主的人，並未因此喪失繼續奮鬥的勇氣，反而是加速了步伐，將往日點滴成果，滙聚成再出發的基礎。時至今日，不管你用什麼眼光看待這個運動，他已成爲社會大眾矚目的焦點之一。所以，運動的目的雖仍未完成，但充滿希望。

根據以往的經驗，下面將對這個運動遭遇的困難和面臨的問題做進一步檢討。同時，爲了使這個運動能順利推展，我們站在知識份子的立場，也提出一些可行的建議。

第一，三十多年來在自由民主問題上批評國民黨和政府的言論，絕大部分都是以中華民國的憲法爲抗爭的據點，經過了三分之一世紀，言論自由、出版自由、司法獨立、地方自治以及反對黨問題，沒有一件眞正獲得解決，雖然並非毫無進展。從這方面去看，很自然地會把大部分的責任歸咎於執政黨。中國傳統一向主張「嚴以律己，寬以待人」的恕道，在實際的行爲上往往又多相反。當知識份子責難執政黨不民主時，有沒有反省過，自己在對人處世上究竟表現了多少民主的修養？抗爭的勇氣是必要的，但知識份子不能止於此，他必須把他的價值信念予以示範，對民主的生活方式的建立才能產生實際的效果。如祇是一味地斥責對方，除了激發憎惡敵對的情緒之外，對對方很難有深入的了解[83]，如果對對方不能有深入的了解，在識見和氣度上就難以超越，在相同境界上的抗爭，是不會有好結果的。

國民黨已有九十年的歷史，民國初年，國民黨以在野的地位，曾想以英美政黨政治的運作制衡袁世凱，不但袁世凱無法接受，即革命黨人本身對此亦毫無認識[84]。蓋中國的民主政體肇始於辛亥革命，所以它的形成不是演進而是突變，革命前中國人絲毫不曾得着民主政治的經驗[85]，在如此民智的基礎上，如何可能推行民主？以後，「十月革命」後學俄，北伐後又學德，這兩國的體制都不是民主的。戰後雖遵照孫總理遺教，制訂憲法還政於民，並沒有實踐的機會。遷臺以後，旣要反共又要法統，於是形成「憲政戡亂雙軌運行」的矛盾現象。時日一久，本來是爲戡亂需要而制訂的一些臨時條款，其對外的意義日減，對內的作用日增，於是產生「憲政體制遭受扭曲，是引起朝野政治衝突的根源」的責難。這種責難固然有事實的根據，但對執政黨所以演變至今日的種種仍缺乏理解。根據政治學者的了解，目前國民黨的基本性格仍屬於「外在的政黨」形

---

[83] 關於這方面的批評，可看蔣良任：〈給黨外的贈言〉，《八十年代》二期（民國六十八年七月），頁五六～五八。

[84] 參見吳相湘：《宋教仁——中國民主憲政的先驅》，頁一九五～二一一，民國五十三年，文星書店。

[85] 參看[40]之書，頁一八〇。

態，這種政黨的組織與領導階層是在國會與政府之外，黨籍的議員和政府官員須服從組織的決定[86]。這種形態是由革命的歷史經驗累積而成，要變祇能漸變，如外在的壓力太快太大，反而容易促使它發揮原來的特性，更加難變，臺灣近年的教訓，如認眞吸取，可免重蹈覆轍。

今後我們希望執政黨努力把扭曲憲政的形象改正過來，儘量朝對內（臺灣）民主對外（中共）革命的方向去做。如不能用民主的方式化解內部的矛盾，朝野共識缺乏基礎，團結和諧必然難期。自由化、民主化的臺灣，是勝共最重要的條件之一，具備這個條件，縱然這一代不能完成歷史的使命，接下去終必有人完成，否則談統一、談自決，對全體人民的福祉並沒有多大意義。

第二，由於執政黨長期以來的革命性格，對任何異端和反對勢力的存在，都有潛在或明顯的敵意。經過多年在野人士不屈不撓的抗爭，漸漸對不同的聲音已比較習慣，但對反對勢力的存在，仍不能容忍。這種心態使執政黨無法了解目前的黨外，對黨外「從支配者邁向競爭者」[87]的期待，更不可能有理性的反應。

另一方面，黨外心理的情結很深，也不了解執政黨。好幾年前就有人指出：「黨外有一種『泛國民黨』的趨向，把每一件事情，都當作是國民黨的陰謀，正如以前的國民黨把每一件事都

[86] 見[76]座談會中胡佛的發言，《八十年代》九期，頁一二。
[87] 同[76]。

看作是共產黨的陰謀一樣。」因此，「對國民黨的優點，非常吝於承認，只儘量從優點中尋找缺點。」[88]這樣祇能教育社會大眾以偏見，不能教人辨別是非。居於在野角色時，表現已如此，一旦有機會當政，怎麼教人相信你會比執政黨做得更好？

近年來，國民黨與黨外雖有溝通，但無共識，幾乎在任何場合都無法做理性的對話。如果我們承認理性的對話是民主的一種表現，而且對民主的教育有示範作用，那麼雙方對現在的情況，都要負點責任。理性的對話是要求以理服人，除了有理性思考的習慣之外，必須承認理有多方，所以學習理性的對話，須從學習容忍異見做起。中國沒有民主的傳統，民國以來也從沒有想把正規教育朝民主方向推展，今日臺灣民智雖已普遍提高，但民主習慣的養成還差得很遠。選舉時雖有熱潮，站在臺下的民眾多半還是看熱鬧的心情，對民主、制衡、人權、自由這一套不僅缺乏認識，也不見得眞能衷心接受。對社會大眾而言，正如本文一開始所引托克維爾的話：「自由之利益須待自由確立已久後，方能被領悟、被重視。」所以在自由之路上奮鬥的人，不但要有耐心，而且要有成功不必在我的胸襟。

根據以往的經驗，使我們深深感覺到，今後的自由民主運動，再沒有比推廣民主教育更重要的大事。推廣民主教育，在朝者固然要負較大責任，在野者，尤其是在野的知識份子和教師，更

---

[88] 同[83]。

不可不盡力。走向自由民主的路上，如果永遠只是少數人，不可能建設一個自由民主的國家。自由民主，人人有責，具體的做法：「與其譴責他人，不如健全自己；與其攻擊不民主的十個人，不如自己做一件合乎民主的事。」㉘

原載一九八五年《臺灣地區社會變遷與文化發展》

㉘ 見㊵之書，頁一八二。

以傳統主義衛道，以自由主義論政

——徐復觀先生的志業

> 天地間惟理與勢為最尊，雖然，理又尊之尊也。廟堂之上言理，則天子不得以勢相奪，即相奪焉，而理則常伸于天下萬世。故勢者，帝王之權也；理者，聖人之權也。帝王無聖人之理，則其權有時而屈。然則理也者，又勢之所恃以為存亡也者。以莫大之權，無僭竊之禁，此儒者之所不辭，而敢于任斯道之南面也❶。
>
> ——呂坤

一、引言

一九八二年四月一日，徐復觀先生在臺灣結束了他波瀾的一生，雖然表面上他的身後，顯得

❶ 呂坤：《呻吟語》卷之一，〈談道〉，頁四三～四四，民國六十三年，臺北河洛圖書出版社。

出奇的寂寞，但在海內外的知識份子之間，卻引起相當大的震撼。在多達九十六篇大都出於至性眞情的悼文中❷，有的稱他爲「自由民主鬥士」（梅廣）、「無私無畏的政論家」（胡菊人・陸鏗），有的稱他「無畏護義是眞儒」（胡秋原）、「良心和勇氣的典範」（蕭欣義），也有人說他能「堅持知識份子的尊嚴」（逯耀東），「是我們這一時代背負傳統文化十字架的人」（君逸）。

在意識形態上，徐先生通常會被納入傳統主義這一範疇，從「自由民主鬥士」這一角色來看，他的思想是不爲這一範疇所範限的。事實上，他是以傳統主義衞道，以自由主義論政。在衞道的立場上，他對自由主義者反傳統的言論痛斥不遺餘力；在論政立場上，他又往往與自由主義結爲聯合陣線。因此，他與自由主義之間，是一種既矛盾又聯合的關係。

由於他的思想同時結合了這兩種成分，所以有人稱他爲「人文自由主義者」（杜維明）或「創新的傳統主義者」（蕭欣義）。基於這一種特性，使他的衞道與頑固的保守主義者和消極的保守主義者均大異其趣❸。他所護衞的道，與其說是儒家的一套道德理想，不如說是「士志於

---

❷ 見曹永洋等編：《徐復觀教授紀念文集》，民國七十三年，時報文化出版事業公司。

❸ 蕭欣義：「頑固的保守主義者幻想傳統都是好的，他們宣稱傳統沒有黑暗面，沒有專制政治，沒有吃人的禮教，他們指斥這一切都是別有用心者塑造出來誣衊中國文化，以迎合帝國主義及國際漢奸的醜劇。消極的保守主義者，雖然承認傳統中有病態汙穢的地方，但認爲不能輕談改革，因爲一旦改革，社會就失去秩序，而混亂失序的代價，遠超過改革所獲得的益處。」見《徐復觀文錄選粹》編序，頁八，民國六十九年，臺灣學生書局。

道」的以道自任的精神。在徐先生看來，儒家貞生命乃寄於身體力行之中，假如沒有「良心和勇氣」的承當，沒有身體力行的實踐，一切道德理想都將落空。孔子提出「士志於道」的倫理命題❹，是中國史上最早賦予知識份子以理想主義的精神，環繞這一命題的相關陳述中，孔子針對當時新興的知識階層，要求它的每一分子——士——都能超越他自己個體和羣體的利害得失，而發展出對整個社會的深厚關懷❺，因此作爲一個士，不論窮達，他的價值取向都必須以「道」爲最後的依據。這樣的人物，在任何環境中，都自然能表現出「無私無畏」的道德勇氣，並「堅持知識份子的尊嚴」。

在孔子的心目中，國君仍是可以有爲的，因此，他期望能提高君的品德，在這個前提下，他甚至不反對以君爲師。另一方面他也鼓勵「志於道」的「士」能以德致位——有理想有品德的知識份子去參與現實政治。到孟子的時代，國君們連尊王的形式都已不能維持，有的是「望之不似人君」的庸碌之輩，有的雖具雄才大略，但又醉心功利，專求富強。前者是孟子不屑一顧的，後者又與儒家的價值取向，有基本的衝突❻。在這個背景下，於是轉而主張以德抗位，並正式揭出

---

❹ 孔子說：「士志於道，而恥惡衣惡食者，未足與議也。」見《論語·里仁篇》。

❺ 參考余英時：《中國知識階層史論·古代篇》，頁三九，民國六十九年，臺北聯經出版事業公司。

❻ 以上參考韋政通：《先秦七大哲學家》，頁三九、四一，民國六十三年，臺北牧童出版社。

「道尊於勢」的觀念❼，本文扉頁上所引明代理學家呂坤講「理尊於勢」的那段話，便是繼承了孟子的精神。呂氏之言，不僅點破了兩千年來中國「道」與「勢」之間的緊張之源❽，因此也不難索解主宰歷代「背負傳統文化十字架」的「眞儒」命運的是什麼。

必須先了解上述儒家理想主義的傳統，才能握有解開復觀先生後半生所開創的儒道論政志業的生命之鑰。遠在一九五三年，當時他的志業尚在起步，就寫下〈理與勢〉一文，他說：「理只有是非而無大小，勢則不僅有順逆而且有大小。吾人若僅憑勢以自固，則遇勢之小於吾人者，吾人固可肆其志，而覺人之莫可奈我何；但一旦遇勢之較吾人爲大，且對吾人爲逆者，將立見神消氣沮，張皇失措，此無他，不與理相應的心，便是中無所主，隨風飄蕩的心，眞正的信念不會樹立起來的。……能與理無所慚，即能於勢無所畏。」「中華民族的信念，是理而不是勢，這是幾千年的歷史經驗所培育、所證明的。」❾這些言論正好是孟子「道尊於勢」一觀念的現代詮釋。根據這些言論，我們有充分的理由說，當他五十一歲時，不僅就已經由自覺意識接上儒家理想主義的傳統，而且道尊於勢這一偉大的信念，也早已深植於他的生命之中。這個信念在歷史上曾使

---

❼ 孟子說：「古之賢王好善而忘勢，古之賢士何獨不然？樂其道而忘人之勢，故王公不致敬盡禮，則不得亟見之，見且由不得亟，而況得而臣之乎？」見《孟子・盡心篇上》。

❽ 見❺之書，頁四一。

❾ 徐復觀：《學術與政治之間》甲集，頁一一五，民國四十五年，臺中中央書局。

許多儒者爲之生、爲之死，徐復觀先生後半生的志業，既發揚了這個傳統的光輝，也爲這一信念提供了極爲鮮活而又生動的見證。

二、生平與性格

一九〇三年元月，復觀先生出生於湖北省浠水縣一個貧苦的農家，二十三歲之前，大部分時光都生活在這個荒寒、破落的農村。晚年，他回憶：「我的生命，不知怎樣地，永遠是和我那破落的壪子連在一起」[10]，自稱「是大地的兒子」[11]，這不但使他對辛勤於大地上的農民始終懷有厚意深情，也形成他精神動力的活泉，他告訴楊逵：「至於我，也和唐小說中的程咬金一樣，每被人打倒在地上時，一聞到土氣，便又活轉過來了，所以不會被人打死的。」[12]

金耀基說：「徐復觀先生是當代中國的一枝巨筆，這枝巨筆曾風動一代人心。」[13]文字的才華，一部分固出於天賦，另一方面他就讀武昌第一師範與武昌國學館文科時（一九二〇——一九二六），曾有桐城文的訓練。後來他那獨特的宏肆雄辯、元氣淋漓的文章風格，與他深厚的學養

---

⑩ 見③之書，頁二九一。

⑪ 見⑨之書，頁六四。

⑫ 見②之書，頁一六八。

⑬ 見②之書，頁一一三。

以及狂狷的性格是密不可分的。這方面的才華於國學館時就已顯露，他的詩文在館中有過兩次榜首的紀錄。有一天在館裏教《周易》的劉鳳章先生把他找去：「我知道你很窮，但不要灰心，像你這一枝筆有一天露了出來，一定會名動公卿，還怕沒有飯吃嗎？」⑭有時候雖表示對自己寫的數百篇時論雜文並不重視，實際上他對留下的所有文字都有信心，也極珍惜⑮。

一九三〇年，年二十八，得湖北清鄉會辦等人資助赴日本留學，初本擬於明治大學攻讀經濟，旋因資助中斷，改入陸軍士校步兵科，這一學歷使他於九一八事變回國後，在軍、政、黨各界浮沉二十年。在國民黨裏，曾參與高階層機要工作⑯。抗戰期間（一九四二）奉軍令部之令到共產黨的大本營延安任聯絡參謀，因而常有機會在窯洞裏與毛澤東暢論國事⑰。這一背景，使他多年來檢討海峽兩岸時政的文章，往往因能依據他當年親身的經歷和觀察，而深入其病痛。

五十歲以後，徐先生所以能成爲「學術界的一位傳奇人物」⑱，必須追溯到一九四三年在四

⑭ 見❸之書，頁三〇二。

⑮ 參考徐王世高：〈百日致亡夫徐復觀先生〉，見❷之書，頁五。

⑯ 這段經歷見〈垃圾箱外〉一文，《徐復觀文集——憶往事》，頁二二～四六，民國六十九年，臺北時報文化出版公司。

⑰ 這段往事，見❷之書，頁四九～五〇。

⑱ 見❷之書，頁二三五。

川北碚金剛碑勉仁書院見熊十力先生，後並拜其爲師這段因緣。熊先生是一位不講客套的嚴師，第一次見面就教他讀王船山的《讀通鑑論》，再見時問有什麼心得，徐先生說了許多不同意的地方，這位老先生未聽完便怒聲斥罵：「你這個東西，怎麼讀得進書！任何書的內容，都是有好的地方，也有壞的地方，你爲什麼不先看出他的好的地方，卻專門去挑壞的，這樣讀書，就是讀了百部千部，你會受到書的什麼益處？」[19]徐先生認爲這對他「是起死回生的一罵」，從此，受到熊老先生不斷的錘鍊，才逐漸使他從個人的浮淺中掙扎出來，並感到精神上總要追求點什麼。

由於這段不尋常的因緣，使他於抗戰勝利後，在那波雲詭譎、人心不安的亂局中，竟然默默地開始實現以學術文化報國的意願。一九四七年得蔣中正先生之助與商務印書館合辦純學術性刊物《學原》；大陸淪陷前夕又在香港創刊《民主評論》，現在臺、港之間的新儒家，就是從這個雜誌起家的。直到一九五五年因沈剛伯的推薦進入新成立的東海大學爲止，這八年間，是他逐步掙脫現實政治，闖入學術文化圈的歷程。在這歷程中，「道」的意識越來越明朗，「勢」則由意識中慢慢沉澱，終被逐出於自我的價值世界之外。

進入東大當教授，實現了他一生職業上最大的志願[20]，但因沒有受過現代正規教育，總不免

[19] 見[3]之書，頁三一五。

[20] 參考[3]之書，頁三〇七。

掩不住他內心那份遺憾之情㉑。「半路出家」是他常掛在嘴邊的話，當他治學有成後，這話或許只表示他的謙虛，在進入學術文化圈的初期，這種話就不能不視爲一種自卑感的流露。心理學家阿德勒（Alfred Adler）說：「我們每個人都有不同程度的自卑感，因爲我們都發現我們自己所處的地位是我們希望加以改進的。」㉒復觀先生在這個階段所面臨的，還不只是要改進他所處的地位，而是要從事重大的生命冒險，重新跨入一個與前半生完全不同的生活領域。因此，他的自卑感也比一般人來得格外強烈，證據之一是他時常與人論戰，他似乎要靠打筆仗才足以解除自己內心的緊張。

時常與人論戰這方面的行動，對復觀先生的性格以及生活上究竟具有什麼意義，當然有好多種可能的解釋，例如你可以說是因爲他性情剛烈、富正義感與同情心，有豐沛的感情，而脾氣很壞，主觀甚重㉓；可以說是爲了維護知識份子的尊嚴，發自「不能自已的良知」；也可以說是出於衞道的熱情和以道自任的氣魄。這些了解都可以找到充分的證據來支持，在這裏我們所以要把論戰這方面的行動與自卑感連結在一起，主要是爲了瞭解他從事生命冒險，終於走上成功之路，

㉑ 參考❷之書，頁一二九。

㉒ A・阿德勒著，黃光國譯：《自卑與超越》，頁四〇，民國六十年，臺北志文出版社。

㉓ 見❷之書，頁二三五。

提供另一條線索。「自卑感本身並不是變態的，它是人類地位之所以增進的原因。」㉔無疑的，不斷論戰對徐先生而言，不只是自卑感的表現，同時也是他克服自卑、追求優越、發揮個體功能的方式之一。他一直不停地努力，企圖使自已在最感自卑的領域，變得卓越非凡，他的目的大抵達到了。

假如把論戰的涵義擴大，徐先生還不止於常和時賢較量，在中國思想史上，凡是他下過功夫的部分，一旦形諸文字，莫不異見紛紜，爭議四起。在現實上，他是「惡聲至，必反之」；在歷史上，他對歷代的學術權威，是從不輕易信任的。梅廣認爲「在目前，只有徐先生的人格可以蓋棺論定，他的書是無法蓋棺論定的。他的文章著作有相當一部分相信以後還會繼續引起爭論」㉕。引起爭論的原因，至少有一部分是由於異見頗多。這種情形，或許正如余英時所說，也是一種偉大的異端精神的表現吧㉖！異見紛紜，不服膺權威，固然可視爲一個人創新活力的表徵，但又何嘗不是阿德勒所謂「過度補償」(Over-compensation)的心理作用？徐先生到晚年，對他前半生的政治生涯，簡直到了深惡痛絕的地步。如此異乎尋常的心態，除了自罪自責的潛意識之外，恐怕也只有從這種心理作用才能加以了解。

㉔ 同㉒，頁四四。

㉕ 同㉓。

㉖ 見❷之書，頁一一六。

徐先生在東大十四年，東大是一教會學校，他在那裏卻以弘揚儒家及中國文化爲職志，因此長期以來，他與學校當局「都在發揮不得已中的耐性」㉗。到了一九六九年，終因揭發「文化漢奸」梁容若一案，衝破東大當局能忍耐的極限，而被迫退休，這是他晚年（六十七歲）生活遭到的一大挫折。當時他已在臺灣生活二十年，並曾在這塊土地上創造了生命的奇蹟，舊雨新知也多在此，使他很留戀臺灣。後因謀其他教職未成，不得不去香港新亞研究所，新亞待遇非薄，在一星期之中，五天從事學術著作，用兩天寫時論，以貼補家用。在香港十二載，垂暮之年，卻以驚人的活力，頑強的工作熱忱，完成三大卷：《兩漢思想史》，使他三十年的學術生命到達了最高峰。

一九八二年，年八十，逝世於臺北，遺囑是：「余自四十五歲以後，乃漸悟孔孟思想爲中華文化命脈所寄，今以未能赴曲阜親謁孔陵爲大恨也。……」㉘此外，在〈舊夢・明天〉一文中，曾希望在他死後的墓石上，刻下「這裏埋的，是曾經嘗試過政治，卻萬分痛恨政治的一個農村的兒子——徐復觀」三十個字㉙，把這兩次遺言合起來看，恰好表達了支配他後半生的一個基本信念：道尊於勢。

㉗ 見❸之書，頁三三三。

㉘ 見❷之書，頁五六六。

㉙ 見❸之書，頁二九二。

三、衛道論政的志業（上）

以上兩節曾一再強調道尊於勢這一傳承自儒家精神傳統的信念，對徐先生開創人生新歷程的重要性，以下要再進一步看這一信念在他衛道、論政的志業中的表現。

前文說過，徐先生是以傳統主義衛道，以自由主義論政。根據「五四」以來一般的了解，這兩種意識形態一直是互相對立的，由於這種對立，不僅造成思想上的混亂，也導致現代中國思想的貧困。林毓生曾提出「邁出五四以光大五四」的觀點㉚，「邁出五四」是要從「五四」激烈反傳統思想中超越出來，「光大五四」是要發揚並充實「五四」自由主義的傳統。就臺灣近二十多年思想的演變來看，這個觀點似乎還代表一種新的覺悟，就徐先生個人而言，三十年來在他衛道、論政的志業中，可以說一直是朝這個目標在努力。

基於衛道的熱情，他對「五四」以來誤把不合理的現實統治與文化中的傳統混在一起，而要加以一併打倒的徹底反傳統運動，抨擊可謂不遺餘力。在這個立場上，他不惜與西化的自由主義者對立。但他並不因此就抹殺「五四」反傳統的意義，至少在歷史層次上，他對這個運動有相當同情和了解，他說：「五四時代的反傳統，實在是『事有必至，理有固然』。當時反傳統反得太

㉚ 見林著：《思想與人物》自序，頁六，民國七十二年，臺北聯經出版公司。

過，事實上也不易避免。所以今日我們只可加以反省，而不必去深責。只要讓其自然發展下去，這一股激流，便會完成它應有的任務，而平靜下來。這卽是新傳統的形成。」㉛任何一個思考現代中國文化思想問題的人，事實上都必須在歷史層次上肯定五四反傳統的意義，然後在思想層次上才能超越其激情，並爲形成新傳統而效力。

形成新傳統本是當前中國知識份子的共同課題，如套入五四以後思想的脈絡裏，其意義與我們一般常說的傳統與現代化的問題相當。傳統當然不只是儒家，但與新傳統裏的民主、自由、人權等問題發生關聯的，必以儒家爲主。到目前爲止，儒家思想與民主、自由的關係，大抵可分爲四種不同的看法㉜：⑴認爲二者互相衝突、不能相容，因此，要中國實行民主，必須打倒儒家。這是五四時代西化派的見解，現在仍持有這種見解的人恐怕已很少。⑵同樣認爲二者不能相容，但對民主、自由的價値所採取的態度與西化派恰相反，他們相信西方的民主政治，不合我國國情，推行民主，會導致長期的動亂，並以民國以後的政治演變，作爲他們說詞的依據。因此主張必須借重儒家或法家的照妖鏡來彰顯自由人權氾濫的邪惡面貌。這大抵是頑固的保守主義者和現實政治中的極右派看法。⑶強調儒家思想與民主、科學相符，認爲中國人的舊政治，千萬不要拿

㉛ 見③之書，頁一一五。

㉜ 以下四種不同的看法，主要是參考徐復觀：《儒家政治思想與民主自由人權》蕭欣義的編序，頁三，民國六十八年，臺北八十年代出版社。

「專制」兩字來講，因而我們應當安住於歷史傳統政制之中，不必妄想什麼民主。這個看法可以錢穆先生爲代表。(4)肯定儒家思想中有與民主、自由的精神相符之處，只因在長期專制政治壓制下，使儒家在歷史的發展中不斷滲入了反民主反自由的成分。

以上四種看法，其中(1)(2)(3)三種見解都是徐先生所堅決反對的，唯有(4)才與他的想法最爲接近。所謂儒家思想中與民主、自由精神相合者，是指「天下爲公」、「民貴君輕」的政治理想，是指「當仁不讓於師」、「匹夫不可奪志」等剛毅獨立的精神，以及主張以天子的是非爲是非之外，建立起民間的是非標準，然後以此標準去批判現實的政權等，這些思想包括了「士志於道」的「道」的內涵和有道之士應有的表現與抱負。而這些看法與近代自由主義者所追求的目標正是一致的。

爲了答覆五四的反傳統思想，僅僅指出儒家思想與民主、自由的精神有相合之處，是不夠的，還應該有更積極的主張，這主張是：「儒家精神、人文精神，應該是民主自由眞正的依據」㉝。這本是當代新儒家（傳統主義）的共同見解，但徐先生坦白承認：「這一方面是來自個人在文化上的觀點，一方面是，文化上一種疏導融通的說法」㉞，其目的是使兩方都能互相充實。所

㉝ 見❾之書，頁一三〇。

㉞ 同前註。

謂互相充實：就民主政治方面而言，儒家的精神，可使它在人性上有本源的自覺；就儒家精神、人文精神而言，民主可使它落實在政治上而切實有所成就。以上是針對反傳統者互相衝突、二不相容的看法而提出的「一種疏導融通的說法」，可代表傳統主義者一個典型的觀點。因復觀先生又是自由主義者，所以在這個問題上，有比傳統主義者更開放的觀點：雙方在理論上雖有互相充實的可能，但「不能因此而說儒家精神、人文精神，即可概括民主政治；亦不可說沒有儒家精神、人文精神或理想主義等的個人自覺而卽不配談民主政治」㉟。這不僅肯定了自由民主有其自足的價值，也使那些在現實上從事民主運動者所表現的價值不致遭到忽視。

答覆反傳統的思考，雖使他脫出五四的羈絆，但就光大五四或是形成新傳統的時代課題來說，畢竟還只是一個新的起步。光大五四最重大的課題之一，是促進民主在中國的實現，作為一個知識份子的角色，不論是衞道或論政，這始終是徐復觀先生關切的焦點。

促進民主實現的工作是多層次、多方面的，徐先生的工作重點主要是在釐清觀念上的糾結，掃除思想方面的障礙，並就中國傳統和現代的歷史論證民主是中國唯一的出路。工作進行的方式，是以道（理）尊於勢的觀念為基準，一方面憑藉儒家的「道」，批判歷史傳統中的「勢」（專制政治），一方面是根據現代的「道」（民主自由），批判現代中國的「勢」（包括海峽兩

㉟ 見❾之書，頁一三一。

岸的政治），他的感憤之心，他的不畏權勢，他的深邃的洞察力，就在這雙重而又目標一致的批判中，獲得充分的展現。

儒家的政治理想是「天下爲公」，所謂「藏天下於天下」。經由秦、漢政治的大一統，實際在歷史上出現的卻是「藏天下於筐篋」㊱的私有天下的專制，於是在長期「道」與「勢」的緊張關係中，不僅在治道方面產生二重主體性的矛盾，也嚴重影響了中國知識份子的歷史性格及其歷史的命運。

所謂二重主體性的矛盾㊲，即根據儒家民本主義的傳統，政治上是以人民爲主體，而在現實的專制政治裏，則是以人君爲主體的。人君顯示其主體性的工具是其個人的好惡與才智，好惡本是人所共有，才智也爲人所同貴，但因人君乃政治「權原」所在，一旦好惡與才智挾其政治的最高權力表現出來，勢必衝垮了天下人的好惡而成爲大惡。所以中國歷史上「獨制於天下而無所制」㊳的專制君王，很少不與人民處於對立的地位，對立程度表現的大小，遂形成歷史上的治亂興衰。

這個矛盾困擾了儒家兩千多年，最早孔、孟是企圖從改造君心提昇君德來解除此一矛盾，到

㊱ 黃宗羲：《明夷待訪錄·原法篇》。

㊲ 關於二重主體性矛盾的解說，見㉜之書，頁二一八、二四一。又見❾之書，頁九三、一一一。

㊳ 此乃李斯上秦二世胡亥書中語，見《史記·李斯傳》，新校本，頁二五五四。

實際上已面對專制君王的董仲舒，即已深知這種企圖是不切實際的，於是又提出一套「天人相與」的災異理論，希望利用宗教的心理，以天的權威來限制君的意志。這個辦法在漢代雖然不是全無作用，但實質的效果很少㊴。直到清初的黃梨洲，在痛斥歷代專制荼毒天下萬民之餘，終於提出「有治法而後有治人」㊵的反人治的想法，且不深究其「治法」是什麼涵義，至少在觀念上對克制專制的弊害已有對路的思考。不過，他的思考也僅止於此。

復觀先生透過以道事君的陸贄與唐德宗之間的故事㊶，對傳統君臣間的悲劇，以及因二重主體性的矛盾造成整個中國政治史中的悲劇，有深中要害的分析和批判，他是眞正挖掘到中國治道的病源，這除了處理史料的慧眼之外，正因爲他有實際政治的經驗，才加強了對歷史更深刻的認識。那末，要如何才能醫治這傳統政治的病源呢？徐先生認爲必須把權力的根源，從人君手上轉移到人民，以「民意」代替「君心」，也就是必須依照近代的民主政治，從制度上、從法制上才能解除此一矛盾。所以今天我們爲民主政治所做的努力，「正是把中國『聖人有時而窮』的一條

㊴ 參考蕭公權：〈中國君主政體的實質〉，見《憲政與民主》，頁七〇～七一，民國七十一年，臺北聯經出版公司。

㊵ 同㊱。

㊶ 徐復觀：〈中國的治道——讀陸宣公傳集書後〉，見《學術與政治之間》甲集，又見《儒家政治思想與民主自由人權》。

路將其接通，這是中國文化自身所必須的發展」㊷。

以上是「道」與「勢」的緊張關係在傳統實際政治中的表現，用呂坤的話來說，這是「聖人之權」與「帝王之權」互相矛盾的表現。這種緊張關係對歷史上知識份子的性格與命運的影響又如何？孟子雖已提出道尊於勢的觀念，又說「無恆產而有恆心者，唯士爲能」㊸，其實能堅守這種觀念的「士」，不過是孟子因貴族沒落而形成的士大夫階層所塑造的理想典範，事實上能做到的很少。依照徐先生的了解，從戰國時代所出現的「遊士」、「養士」，就已說明了中國知識份子的特性，「遊」說明懷道不遇，在社會上也沒有根，「養」說明他只有當食客才是生存之道。這些以出仕爲人生目標的知識份子，「一開始便是政治的寄生蟲，便是統治集團的乞丐」。由此不難看出「歷史條件中的政治條件，對於中國知識份子性格的形成，有決定性的作用」㊹。

就中國歷史看，漢代的酷吏酷法即已盛行，但由於儒家精神的滲入以及「直言極諫」的鼓勵，仍多少能「伸張士人的氣概」，所以「大體說，這是中國知識份子和政治關係最爲合理的時代」㊺。魏、晉的九品中正，雖有助長門閥之弊，然「中正的品鑒，依然是以士人的行誼爲標

㊷ 見㉜之書，頁二四一、二四二。

㊸ 《孟子·梁惠王上》。

㊹ 見⑨之書，頁一四〇。

㊺ 見⑨之書，頁一四一～一四二。

準」。既有此標準存在，所以「使皇帝不敢私人才予奪之權，而士人不敢放佚恣肆於社會之上，知識份子依然是站在皇帝與老百姓的中間，發生一種貫串平衡的作用」㊻。

專制政體要充分發揮其功效，需要有一套用人的制度，能不斷抬高「帝王之權」，削弱「聖人之權」，到隋、唐的科舉制度才眞正達到這個目的。科舉考試着重在文字測驗，「文字與一個人的行義名節無關，這便使士大夫和中國文化的基本精神脫節」；同時「文字的好壞，要揣摩朝廷的好惡，與社會清議無關，……完全與現實社會脫節，更使其浮遊無根」。更有甚者，「科舉考試，都是『投牒自進』，破壞士大夫的廉恥，使士大夫日趨於卑賤，日安於卑賤；把士人與政治的關係，簡化爲一單純的利祿之門，把讀書的事情，簡化爲一單純的利祿的工具」㊼，這種制度，使道尊於勢的觀念徹底逆轉，形成知識份子本身命運的一大變局。

科舉至明、清二代，因參加考試的人數激增，於是換卷、易號、卷子外洩等科場弊端百出，使朝廷取士的制度變成「不在於求才，專心於防弊」。朱熹早就說過：「今日上之人分明以盜賊遇士，士亦分明以盜賊自處。」滿清入關，八股之外，更發明讀上諭、讀聖訓等奴化的方法㊽，

㊻ 見❾之書，頁一四二～一四三。

㊼ 見❾之書，頁一四四。

㊽ 讀上諭聖訓的奴化方法，徐先生不知是始於明太祖朱元璋，他的三篇語錄叫做《明大誥》，規定全國每戶都要有一冊，凡藏有此書者，犯法可減刑。

使士大夫在「盜賊」的氣氛之外，復強化了「奴才」的性格[49]。

以中國知識份子在歷史上一代不如一代的下趨之勢，與呂坤「天地間惟理與勢爲最尊，雖然，理又尊之尊也」之言相印證，眞是莫大的諷刺。看到「在上述盜賊與奴才的氣氛中，中國知識份子的命運只有不自覺的被動的殉葬」的歷史場景，徐復觀先生也只有慨嘆：「這畢竟是中國文化的制限，中國文化的悲劇！」「僅靠中國文化的力量，並不能轉換中國的歷史條件」，也「不能解開中國歷史的死結」[50]。到了近代，中國由孤立而進入東西正式交通，才出現了新的轉機，尤其是西方文化中的民主與科學，將可「提供了我們以新的生活條件與方法，使我們可以解決二千年久懸不決的問題」[51]。民主勢必倒轉了政府與人民的形勢，要使這一形勢順利的發展，「首先要使士人從政治上得到解放，以完成士人性格上的徹底轉變。這並不是說要知識份子脫離政治，而是說知識份子應立足於社會之上，立足於自己的知識之上、人格之上，以左右政治，而再不由政治權力來左右知識份子的人格和知識」[52]。

---

[49] 見[9]之書，頁一四七。

[50] 見[9]之書，頁一四七、一四八。

[51] 見[9]之書，頁一四九。

[52] 見[9]之書，頁一五〇。

四、衛道論政的志業（下）

不論是從傳統的治道，或是由知識份子的命運，要解開治道中二重主體性矛盾，以及把知識份子從「倖幸化之傳統洪流中」[53]解放出來，都必須使中國走民主政治的路，切實把民主憲政充分實現。不幸民國以來的政治，「總括的說一句，是民主政治的挫折」[54]。這段悲痛的歷史，遂形成徐先生論政的重要背景。他論政的方式，是以現代的「道」（民主自由），批判現代中國的「勢」（海峽兩岸的政治）。

晚年因久住香港，由於資訊方便和言論尺度無所顧忌，使他寫下大量雜文。又因地緣上的關係，和受到文化大革命及其遺毒的震盪，雜文中批判中共政局的佔有相當大的比例。他說：「我寫這類的文章，不是為了發揮自己的政治思想，而只是面對九億人民的災難，尤其是面對七億農民的災難，如何才能使他們稍稍舒一口氣。」[55]當北京許多良心血性之士，在「五四運動」的口號下，發出強烈的對民主自由的要求時，他祝禱他們能得到某一程度的結果。徐先生從不相信中國共產黨如專政體制不變，能成為西方式的自由民主國家，也希望海外的知識份子不必抱有幻

[53] 見[32]之書，頁一六六。
[54] 轉引自[2]之書，頁二四二。
[55] 見[32]之書，頁三四五。

想。但對中共的改革派，在專政體制下，仍能爲人民減輕痛苦的一些措施，不只表示同情，也寄予希望。這類言論傳到久爲反共八股箝制的臺灣，頗爲當局所不滿，他的答覆是：「負責的作者，便在以國族的是非利害，批評政權的是非利害。若當政權的某種行動，與國族的是非利害相合時，站在國族是非利害的立場，對此種行動加以支持、讚揚，並不等於政權的全部支持、讚揚。」[56]

徐先生晚年對海峽兩岸的民主動向，都同樣關心，但因社會的客觀條件以及個人的生活經驗等因素，三十多年來使他對國民黨的改革和臺灣的民主運動，一直寄以高度的期待；尤其是對國民黨的改革，每有評論，其愛深責切之情，處處溢於言表。一九四九年以後，雖已脫離了現實政治，他對曾奉獻過前半生的黨，始終在言論上、精神上支持它。五十年代初，當百慕達會議前夕，遠東正飄着新慕尼黑的疑懼之際，他寫〈理與勢——自由中國的信念〉一文，希望籠罩在政治低氣壓下的臺灣，能堅定自己的信念，他說：「大陸淪陷，我們的反共抗俄，本已居於劣勢。但我們的民族終不會滅亡，文化終不會斷絕，人性終不會泯滅，此乃理之昭如日月，確鑿不移的。自由中國縱使只有一人，此一人猶揭日月而挾江河，以爲此理在天地間作證，豈因勢之偶有曲折而會影響我們的信念？」[57] 他根據中國幾千年的歷史經驗，說明就某一橫斷面看，理雖有時爲勢所

---

[56] 見[32]之書，頁三四八。

[57] 見[9]之書，頁一一三～一一四。

掩，如就長程來看，「則理必浸透於勢之中，與勢以最後的決定」[58]。因此他勸告當道者能「據理以造勢」[59]，理是什麼？「理無不公」，公理的精神必須落實在民主政治中才能顯現，也只有民主才能挽救國民黨。

大陸淪陷後，徐先生對國民黨在大陸的失敗，有很深入的檢討，其中特別提到因國民黨不了解自由主義，是造成思想戰線上失敗的主要原因[60]。一九四九年三月，他應召到溪口，在所寫《中興方略》中，也提到這一點，並對今後如何才能使三民主義與民主自由者結合在一起，提供了他的看法[61]。檢討中曾以聞一多爲例，他轉述了聞氏的談話，「說明以後愈走愈偏的聞一多，原來並不是那樣的偏激」，因他對青年從軍的問題，支持國民黨的立場[62]。自由派的知識份子，後來有的與政府疏遠，有的走向反政府，經過檢討，徐先生認爲「固然知識份子的本身，也有很多弱點，但派系自私的政治作風，使大家『實逼處此』」[63]。

---

[58] 見[9]之書，頁一一三。

[59] 見[9]之書，頁一一五。

[60] 見[32]之書，頁二八三。

[61] 見[16]之書，頁四四。

[62] 徐復觀：〈是誰擊潰了中國社會反共的力量〉，見《學術與政治之間》乙集，頁一〇。

[63] 同[62]，頁一一。

一九五六年臺灣發生一場圍剿自由主義的風波，起先是因教育部長張其昀的教育政策方案，遭到自由派的批評，繼因《自由中國》爲慶祝蔣中正總統七十壽誕的祝壽專號，遂使圍剿風波擴大。祝壽專號刊有徐先生轟傳一時的〈我所了解的蔣總統的一面〉，因此在這場風波裏他前後寫了〈爲什麼要反對自由主義〉和〈悲憤的抗議〉兩篇文章，頗能表現「自由民主鬥士」和「無私無畏的政論家」的風格。在前一篇裏，他義正辭嚴地爲自由主義辯護[64]：

㈠近代歐洲文明進步的基本動力，就是自由主義。因爲自由主義本身，只是一種生活底精神狀態，只有保持這種生活底精神狀態，才能敞開人類向前向上之門，對人類的前途，賦予無限的可能性。

㈡誠然，三民主義並不等於自由主義。但是，形成三民主義的精神基底的，誰說不是中山先生的自由主義的精神？誰能把三民主義解釋成反自由主義的思想？三民主義者對自由主義的反對，好像一個結了婚的女人反對婚姻自由，或者罵人不和她嫁同一個丈夫一樣的可笑。

㈢現在政府存在的根據是我們的憲法，誰違反了憲法，便是誰在削弱政府的基礎，誰在損害政府眞正的威信。試問我們的憲法，是民主的還是反民主的？民主與自由是可分的還是不可分

---

[64] 以下爲自由主義辯護的四點，乃〈爲什麼要反對自由主義〉一文的摘要，見[32]之書，頁二八三～二九〇三。

的？自由主義落實在政治制度上，卽成爲憲法中的人民的諸權利，當人民行使自己在憲法上所規定的權利時，卻假借「毒素思想」的名詞以反對之，這實際是在反對人權，是在反對憲法，是在反對政府在艱難中所憑藉的合理合法的基礎，而其所欲達到的只是個人的私意私利。並且現在被反對的自由主義，是和共黨劃分得最清楚，因而是反共最力的。自由主義者所要求的不是自己的權，不是自己的利，而是要求政府的根基能更爲鞏固，政府的作法能更爲合理、有效，反共的陣容和責任能更爲擴大、堅強，因此，有時不能不提出若干批評，如此而已。

㈣或者有人說，我上面所講的是「理」而不是「勢」，在非常時期，不能僅講理而不顧到勢。不錯，我們面對現實問題，應當理勢兼顧。但是，爲了自由反對共產黨，這才是今日反共的大勢。現在政府也感到有增加團結的必要了，假定連自由主義也在反對之列，政府還想向誰團結！對於關心政府的成敗得失，因而不能不盡點蒭蕘之義的人，都當作仇敵，公開罵這種人是反動份子，政府還在什麼地方去找朋友？

後面那篇文章是針對一九五七年二月七日臺北《中央日報》誣衊自由主義爲中共同路人的社論，提出八點疑問，文末他說：「現在反共的最迫切要求，便是要團結海內外一切反共的力量。現在你們對於愛好自由主義的人士都當作敵人，則反共建國的大業，由你我這一撮人可以包辦得下去嗎？你們說這是你們的反共，我爲此而悲，我爲此而憤，我爲此而對代表國民黨黨意的《中央日報》提出抗議。」[65]

這都已是三十年前的言論了，三十年來臺灣各方面都起了鉅大的變化，但道（理）與勢之間形成的緊張關係，並沒有多大改變。復觀先生讀陸贄的奏議，感到他的文章都是從殉道精神中流出來，「感到陸氏的脈搏，依然在向我們作有力的跳動」[66]。我們今日復誦徐氏三十年前的讜論，也有相同的感覺。他一生衞道論政的志業，與陸氏可謂異代同調，不讓其獨步千古。

一九八六・十・十《中國論壇》

---

[65] 見[32]之書，頁三〇〇～三〇一。

[66] 見[32]之書，頁二一七。

臺灣三十年來的思想界

何謂思想界？思想界雖與輿論界、學術界有些重疊，但主要是指那些關懷社會又具備分析批判能力的知識分子或思想家。所以要形成思想界，最低限度要具備四個條件：

1. 討論並批判一般「知識大眾」所關注的問題。
2. 討論問題時有一定的思想立場。
3. 追求一個以上和國家民族息息相關的目標。
4. 有一些知識份子在爲目標作鍥而不捨的努力。

思想界對社會有何功能呢？

1. 思想界往往是反應社會文化各種問題最敏感的地方，所以，在思想界裏，代表意見領袖的人經常可以形成意見的氣候，進而對社會產生影響力。

2.思想界是促進社會改革和社會進步的動力之一，所以，觀察一個地方的思想界是否能正常的發展，就可反應出該地的政治開放程度。

我後面所要談的思想界，主要是以近三十年來的臺灣爲範圍，以一些較具影響力的思想性雜誌作參考來談的。我大抵將這一時期臺灣的思想界分爲三個階段，然後，藉三階段不同的背景討論兩個問題：一是我們的思想爲何如此貧乏？二是要如何才能克服思想的貧乏？

臺灣思想界第一個階段

我要講的臺灣思想界的第一個階段，大抵是指四十年代後期到五十年代初期，包括《自由中國》雜誌後三年和《文星》雜誌後四年。當時臺灣的物質條件相當匱乏，現在年輕人恐怕很難想像，在那年代從事思想工作者，其生活是何等清苦，書籍和其他資訊都非常缺乏，我開始從事思想工作時，有的書和古人一樣是借來手抄的，因爲沒有影印機。記得民國四十七年我開始教書時，當時高中教員的薪水是三百多塊錢，我一次買一部版本很糟的四史就花掉半個多月的薪水。在這種物質匱乏的條件下，要發展思想是十分困難的。

其次，民國四十八年時，有三位美國學者在臺灣作調查研究，後來他們發表了一篇報告，稱臺灣爲「文化沙漠」。爲何稱「文化沙漠」呢？報告中指出：

1.光復後有些專業訓練不足的人進入大學教書。

2.大陸逃難來臺的教授們失去了著書立說的興趣，把教職視爲臨時工作，想謀求其他可能的發展。

3.當時臺灣的教育沒有長期的打算。

4.社會政治禁忌太多，以致思想範圍受到嚴重的限制。

5.學術風氣和研究經費兩者闕如。

6.臺灣與國外資訊隔絕，與大陸之間又有文化斷層。

第六點特別值得一提，當時國外資訊傳到國內的情形極爲少見，很少教授有錢訂閱外國書刊。國外資訊缺乏，國內又因二二八事件，臺灣本身的歷史文化也成爲禁忌，所以臺灣本土的傳統資訊也中斷了。大陸上五四運動以後的書籍也變成了禁書。種種因素使臺灣產生多重文化上的斷層。所以「文化沙漠」之喻在當時確有其眞實性。在這種背景下想要發展思想運動是相當艱難的。

五十年代思想啟蒙運動受五四運動影響

就在這種背景下，產生了以《自由中國》和《文星》雜誌爲主流的思想啟蒙運動。當時《自由中國》是政論雜誌，追求的是民主和自由；《文星》是文化思想雜誌，有相當強烈的西化色彩，對傳統有激烈的批評，而且以年輕人居多。《自由中國》的精神領袖是胡適之先生，負責人是雷震先生，掌舵文字思想的是殷海光先生。《文星》的精神領袖是殷海光先生，負責人是蕭孟能先生，文字思想掌舵者是李敖先生。他們的共同點是都有意見領袖的地位，都會形成意見氣候。這時期的思想運動非常類似五四運動時代的啟蒙運動，原因何在？

1.大陸五四時代，對現實政治採取批判態度者，主要可分爲兩種意識型態：一是社會主義，一是自由主義。政府遷臺後社會主義已失去生存空間，只剩下自由主義。旣承襲自由主義的批判傳統，思想運動的形態自然也爲其所限，所以，當時思想運動的特色是，浪漫激越的情緒遠超過理性的運用。

2.來臺後官方一直將自由主義當作思想的逆流，把五四運動和自由主義不斷地淡化、醜化。所以，少數受五四運動影響的知識份子，爲了抵抗也不斷發出宣揚五四的聲音。尤其每年到了五四，就會有一些紀念五四運動的文章出現。

3.五十年代初期臺灣社會仍然非常保守封閉，爲了打破這種阻礙進步的現象，五四和自由主義自然成爲重要資源。

由於上述三個原因，才使得臺灣在當時產生了類似五四的啟蒙運動。在此值得一提的是，那個年代無論在《自由中國》或《文星》兩個雜誌從事思想工作的人，可說是沒有任何保障的，他們站在第一線，非常容易遭受困擾和打擊。不像近十年來黨外運動蓬勃興起後，知識份子的麻煩也相對減少了。後來，這兩份雜誌都因爲政治因素而結束，結束後有的人坐牢，政府的國際形象因而受到嚴重損害。更嚴重的是，《自由中國》半月刊關閉後，「自由中國」這個招牌不能用了，當年在大陸一批自由主義知識份子爲了對抗「共產中國」，所以打出「自由中國」的招牌作爲號召，但隨着《自由中國》雜誌的封閉後，慢慢這個招牌也不能使用了。

臺灣思想界第二個階段

思想界的第二個階段是七十年代初釣魚臺運動以後，我覺得釣魚臺運動對臺灣思想的發展有極重大的意義。整體而言，釣魚臺以後的種種發展，可以說是在本土意識覺醒的基礎上所產生的一個新的啟蒙運動，最初是以民族主義爲其動力，此可以《中華雜誌》爲代表。但是事實上民族主義在臺灣一直無法落實，主要原因是臺灣結與中國結的問題，甚至還有日本結、美國結。在許多情結之下，使得臺灣在世界的座標裏迷失了。釣魚臺運動以後，有些堅持民族主義的知識份子也開始研究臺灣史，七十年代中期的鄉土作家，基本上也是民族主義者。

以下我透過幾個雜誌來談新啟蒙運動的內涵：

1.《大學雜誌》：當時這份雜誌在三種背景下產生——①釣魚臺事件；②我國退出聯合國；③蔣經國總統接班，權力轉移。三種複雜背景激盪下，終將《大學雜誌》推向高潮，當時，《大學雜誌》的意見領袖們發起青年問政和政治改革兩項運動。在釣魚臺事件後二年中，他們多次發表國事諍言，內容涵蓋國防、外交、內政、教育、社會等。民國六十、六十一年，他們就曾主張開放學生運動、中央民意代表全面改選，以及在歷史上可能成爲重要文獻的〈臺灣社會力的分析〉，當時這篇報告造成相當大的轟動。報告署名有四人：張紹文、許仁眞（信良）、包青天、張俊宏，執筆者爲張俊宏，這是戰後出生的知識份子集體關懷臺灣本土的第一聲——代表本土意識覺醒的胎動。不過，《大學雜誌》轟動兩年就結束了。

2.《臺灣政論》：民國六十四年出現這份純由臺灣本土知識份子主辦的第一份有水準的雜誌，主要人物爲黃信介、康寧祥、張俊宏、姚嘉文、黃華等人。《臺灣政論》代表民間民主運動家與民間知識份子的結合，有人稱之爲「理」與「力」的結合。在此之前，臺灣的民主運動是比較草莽性的。《臺灣政論》的言論包括討論鄉土問題、臺灣史問題、省籍歧視問題，以及要求解除戒嚴等。

3.《夏潮雜誌》：這份雜誌在本土意識覺醒上呈現特殊的意義。對勞工、農民，對我們生存的環境都表現出高度的關懷，年輕人所表現的批判精神，較之以往，有過之而無不及。當時辦這樣的雜誌比現在要困難得多。

從以上幾種雜誌，可以看出當時在臺灣本土意識覺醒後產生的新啟蒙運動的種種情況。至於這啟蒙運動的主要意義在那裏呢？我認爲：

1.認同本土，對本土政治、社會、文化產生高度的關懷。

2.使年輕的知識份子從世界座標的迷失中重新找回自己。

3.在思想上扭轉了西化的偏向，強調文化思想一定要在本土生根。

新啟蒙運動對臺灣產生鉅大影響

此外，新啟蒙運動對整個臺灣產生了極大而且是多方面的影響，包括：

1.文學方面，產生了鄉土文學。鄉土文學在意識型態上是與西化、黨化力量相對立的，因此當時曾有人運用官方力量來打擊鄉土文學，視之爲工農兵文學。

2.藝術方面，有林懷民的舞蹈，他的舞蹈從西化與傳統的對立中找到新方向，不僅城市的知識份子可以欣賞，他也到鄉間去表演，使一般基層民眾也能分享。

3.政治方面，促進了黨外民主運動的蓬勃發展，這是由本土自動自發的一種力量。一般知識份子凝聚的力量如果是無根的，很容易被撲滅，但是黨外這股自動自發、本土意識強烈的運動，很不容易被撲滅。

4.經濟方面，七十年代臺灣的經濟快速成長，本土意識覺醒後，有知識份子根據依賴理論，開始反省臺灣的經濟問題。

5.社會方面，許多年輕知識份子不斷下鄉，到偏僻地區辦地區報紙或上山爲貧苦的同胞提供服務。那時，每逢暑假都有大批大學生走向民間，他們爲什麼有這樣的熱情呢？最主要的是，他們對這塊土地有了感情、願意爲鄉土奉獻。七十年代晚期也出現了消費者運動，以及後來的環保運動等，都是關心臺灣社會的表現。

6.學術文化方面，注意到保護與整修古蹟的工作，重視臺灣的本土文物。學術界在此時也起了變化，社會科學的學者開始提倡「社會科學中國化」，他們希望不再依賴西方的理論和方法，嘗試以自己本土的特殊經驗，在方法上、理論上有所創新與突破。

7.在思想界本身，從清末即影響中國達六、七十年之久的「西化」運動，到七十年代之新啟蒙運動興起後便正式落幕了。最初的改變是「西化」變成「現代化」，後來又有人倡言「創造的轉化」。「創造的轉化」主要是將傳統與現代作一種創造性的整合，來糾正西化的偏向。

8.青年方面則出現兩個新名詞，即「政治新生代」和「文化新生代」，他們都受過高等教育。政治新生代熱衷參與社會運動、參與民主運動。「文化新生代」則是對文化思想方面採取批判態度的一羣。以前的知識份子與下層社會是相當隔閡的，但是七十年代以後，這些知識份子開始關心勞工、礦工，而且寫了不少文章爲他們爭取權利。

綜合以上多方面的影響，使得臺灣逐漸形成了一個新的社會。八十年代以來，臺灣新社會的變化正不斷地在加速中。

臺灣思想界第三個階段

第三個階段，亦即八十年代（最近六、七年）的新動向。知識份子與民主運動者的結合，使得臺灣民主運動在本土意識推動下迅速地成長，基本上有三點突破性的發展：

1.政治恐懼感愈來愈少，這是一九七七年以後，黨外運動所帶來的明顯突破。以前一般民眾都認爲政治是十分恐怖的事，父母會交待孩子，不要參與政治，甚至不要談政治，因爲政治會惹來太多危險與麻煩。但是，八十年代以後，這種政治恐懼感就明顯減少了。

2.政治上開始檢討憲政危機，並且叫出了「回歸憲法」的口號。這個口號引起官方相當不滿，他們認爲本來就在憲法的道路上，何來「回歸憲法」？可是，事實上我們偏離憲法已很久了。

3.雛型政黨的試驗到民進黨的成立，是政治上的一大突破。黨外運動從美麗島、編聯會到公政會，這些組織可以說是雛型政黨的試驗，民進黨就是在這種基礎上發展出來的。

此外，思想文化上的發展，在八十年代也有許多值得一提，例如：

1.思想上的許多禁忌慢慢被打破了。以前大家壓抑得太久，很多問題不能談，很多資料被封鎖。一旦禁忌減少後，大家開始拼命地談，甚至以各種角度、方式在談，尤其這半年來的變化。例如二二八事件，以前是絕對不可談的，現在也被打破了。然後是臺灣結中國結的問題、返鄉問題，三通政策也都被公開討論。所以，進入八十年代，思想上的禁忌也逐漸被打破了。

2.知識份子的批判力開始提高，現在出現一個新名詞——「民間學者」，這是個好現象，因爲中國歷史上的思想運動大多開始於民間，然而一旦被官方利用後便開始僵化。臺灣經濟的成長如果能有助於民間知識社會的形成，是相當值得重視的好現象。臺灣如能有民間社會、民間學術、民間思想界，那麼我們思想的活力才有機會充分地發揮出來。

3.臺灣史的研究已漸蔚然成風。以前也有臺灣史的研究，但是偏向於文學，現在則注重文化與思想上，這是好現象。

4.思想性雜誌愈來愈多，有的仍有西化色彩、有的偏重本土意識、有的不標榜任何意識型態。雜誌界雖競爭厲害，但是這種蓬勃發展的現象，相當有助於提昇臺灣文化思想的水平。

5.所有這些發展的背後都有思想、觀念在推動，近年來的校園倫理、校園民主問題，以及今年頗引人注目的教授治校主張，都有思想脈絡可行。我們應知道，政治運動蓬勃發展情形下，校園不可能孤立，一定會產生變化。因爲學校原是社會的一部分。

另外，學術界有一種變化也值得一提。六十年代主張西化的知識份子，七十年代提倡現代化，可是八十年代時，也不得不重視「此時此地」的問題。例如一九八二年《中國時報》舉辦了「中國近代社會文化研討會」，這個會是從中國近代討論現代化；一九八四年起，《中國論壇》又舉辦了一連串研討會，討論「臺灣地區社會變遷與文化發展」、「知識份子與臺灣發展」、「女性知識份子與臺灣發展」。今年八月，我們又要召開「臺灣結與中國結」的研討會。推動這些研討會的知識份子，在六十年代大都主張西化，七十年代主張現代化，可是現在他們的意識卻轉移到非常重視本土。

臺灣本土意識的覺醒十分重要，沒有什麼可忌諱的，可是，不要把它泛政治化。

思想界貧乏的因素

在談過臺灣思想界的三個階段後，我們嘗試來回答一開始提過的兩個問題：

一、臺灣三十年來的思想界爲何如此貧乏？

我個人認爲原因是：

1.臺灣思想界是從「文化沙漠」上起步的，這是背景上的貧乏。直到今天，許多大陸上的、與政治無關的知識性書刊仍然沒有解禁。

2.思想禁忌直到近年來才逐漸解除。長期的思想禁忌，使得許多思想工作者備受挫折，愈有思想與批判力的人，他可能遭遇的挫折也愈多。如果一個人工作老是遭遇困難，他自然會逃避。三十多年來，思想界的朋友，有的對臺灣失望而出國，有的在美國混不下去而到大陸，有的坐牢，有的消沉……，能始終堅守崗位繼續工作的並不多。

3.升學主義使教育僵化、思想僵化。直到今日，我們的教育仍然不很重視培養獨立思考的能力，嚴重影響學術思想的進步，現在的論文數量雖很多，但是品質很差，顯然缺乏良好的訓練。

4.泛政治主義意識過於泛濫。這是中國幾千年來的老傳統，現在黨外也有這種毛病，他們認爲政治就代表一切，太重視羣眾力量而忽視知識力量。如果這樣下去，民主運動會因缺乏觀念、思想的深度而顯得空洞，這也是一種危機。

5.中國一向缺乏爲知識而知識，爲眞理而眞理的傳統，所以中國歷史上思考力與分析力的發展一直是相當有限。換句話說，我們缺乏抽象思考的能力、缺乏系統化能力、缺乏把經驗材料變成理論的能力。這種現象早在西元前幾百年希臘時代，我們的思想能力就比別人落後，比較一下柏拉圖的《對話錄》與《論語》、《孟子》的對話，就可以清楚地看出，我們的思考方式非常簡單，而柏拉圖的《對話錄》卻能針對問題一層層地剖析辯論。我想，主要是因爲中國對「知」的重視程度，往往比不上對「行」的重視，這個老傳統一直影響到今天，使我們學習西方式的理論思考相當困難。

6.臺灣學術基礎太薄弱，在學術思想界肯持續工作的人不多，對理想堅持的人更少，當然很難奠定雄厚學術基礎，有雄厚的學術基礎，思想才能豐富。

承襲中國傳統、吸收他國傳統

二、如何克服思想界的貧乏呢？

除了將以上產生貧乏的因素加以克服之外，要使思想界能有創造性的發展，尙有幾點值得注意：

1.承襲中國傳統中好的傳統，例如中國每個時代都有與現實政治對抗、思想具批判性的知識份子，這便是值得繼承的傳統。可是現在年輕的一代似乎離傳統愈來愈遠，也有人主張不要傳統，但我想這是不可能的，因爲文化是有連續性的，中國傳統中有很多壞的地方，五四運動時也已大力批判過；但是好傳統值得承襲下來。在臺灣這個空間裏，如何去吸收中國歷史中的好傳統，是值得正視的課題。

2. 除了中國傳統外，如何吸收東西方其他傳統資源也應該重視。就亞洲而言，印度是一個重要文化，印度哲學在西方世界的地位超過中國哲學，可是，在臺灣能夠找到一位印度思想專家嗎？這種情形也顯示，臺灣思想界實在很貧乏。另外，我們對日本的文化思想也相當陌生，現在日本大衆文化大量湧入臺灣，可是我們對日本的傳統文化思想卻認識不多。事實上，日本傳統文化思想有許多值得學習的地方，他們之所以有今日的成就絕不是偶然的，明治維新後，他們的思想界一直保持蓬勃的發展。例如他們一直擁有各方面的思想專家，有大量的西方翻譯作品，所以他們研究西方時可以不需要透過第二種語言，這方面他們做得相當澈底。相對地，我們的努力不夠，不但落後於西方，也落後日本。如果我們要豐富自己的文化，除了吸收中國傳統外，一定也要吸收各國的文化，包括東方日本、印度的。另外，也應積極認識第三世界的文化，因爲第三世界的命運與我們息息相關。

要充實及提昇臺灣的思想界，必須積極投入上述的工作，但最重要的先決條件，是思想界要擁有一個沒有禁忌的環境。所以我們非常盼望臺灣的民主運動能夠成功。

一個眞正民主自由的國家，沒有所謂「思想問題」，思想只有不合邏輯、論據不足、推論錯誤等問題，除此之外思想沒有問題。那些常說「你思想有問題」的人，才是眞正思想有問題的人，只要沒有行動去破壞社會，任何思想信仰都應是自由的。臺灣一定要有思想自由的環境，思想界才會全面活潑起來，不然，任何努力都將是片面的。

近年來關心政治發展的人很多，政治當然很重要，但是，更應該有更多的人來關心臺灣的思想與文化，因爲，如果我們的思想文化水平不能與經濟發展同步提昇的話，將來的臺灣，很可能會變成充滿物慾、人吃人的社會。

一九八七、七、八月《臺灣文藝》

附言：本文乃一九八六年四月八日，由臺灣筆會舉辦的「當代批判演講」，由簡玉秀小姐紀錄整理，特此致謝。

臺灣三十年來思想性雜誌的回顧與前瞻

——《民主評論》與《文星雜誌》

今天我在這裏要談的是《民主評論》與《文星雜誌》這兩份思想性的刊物。由於時間的關係，我只能夠非常簡單的、綱目式的介紹，提一下這兩份雜誌的背景、發展階段和特色，也略爲談談它們的影響。

《民主評論》是民國三十八年六月在香港出刊，當時由於中國大陸赤化，臺灣也是岌岌可危，許多反極權反共黨的知識份子聚集到香港。其中有一些知其不可爲而爲的知識份子，想到國家弄成這個樣子，如果中國將來還要有前途的話，恐怕是要從文化的根本上來反省，因此他們當時有一個想法，就是希望在國府崩潰以後，在文化上能播下新的種子，使國家有機會得以復興。這就是當年創辦《民主評論》的一個重要背景。

《民主評論》的發展大抵可以分爲三個階段：第一個階段就是最初的兩年，當時由於許多知識份子剛逃難到香港，還沒有自己的立足點，所以《民主評論》的作者羣裏面包含各色各樣的人物，有弘揚中國傳統文化的，有自由主義者，有民族主義者，也有曾是社會主義的信徒，他們在意識型態上很分歧，因此這份雜誌的內容也多采多姿。由於知識份子在痛定思痛之餘，言論坦誠而眞切，所以這一階段的《民主評論》很受歡迎。這一階段標榜的思想，是爭取國家的獨立、經濟的平等、政治的民主以及學術思想的自由。由於當時在大陸的共黨政權是依附蘇聯的，所以「爭取國家的獨立」在當時有它特殊的意義。我們看《民主評論》當年所提出的這四個目標，其實到今天還是有意義的，仍然是我們努力的重要目標。

從民國四十年到民國四十七年，可以說是《民主評論》的第二個階段。由於臺灣漸漸穩定下來，很多知識份子從香港移居臺灣，自由主義者也有了他們自己發表文章的論壇，就是民國三十八年十一月創刊的《自由中國》，因此，《民主評論》就逐漸走向它獨特的方向，也就是走向復興中國文化，尤其是弘揚儒家精神的這個方向。在這個階段裏面，《民主評論》的政論文章慢慢減少，而以文化思想性文章掛帥，《民主評論》遂發展成爲現在我們一般稱爲「新儒家」的發言臺。在這個階段寫文章最多的，有唐君毅先生、牟宗三先生、錢穆先生，及這份雜誌的創辦人徐復觀先生（創辦經費由先總統蔣先生支援）。唐君毅先生發表的文章主要着重在闡揚人文精神，所以他早年的《人文精神的重建》、《中國人文精神的發展》等書，大都在《民主評論》發表過。牟宗三先生的文章重點則在儒家道德的理想主義，後來收集成《道德的理想主義》、《政道與治道》等。在民國四十七年以前，徐復觀先生的思想還在摸索當中，仍在「政治與學術之間」徘徊，還沒有完全走向學術的這個方向。錢穆先生在那個時候的文章當然也很多，但比起上述三位先生並不重要，不過因爲錢先生在抗戰時期就已有盛名，所以《民主評論》在初辦時因有錢穆先生的支持，也爭取到了不少讀者。

第二個階段發展到民國四十七年有一個高潮，就是「新儒家」的幾個重要代表人物，包括當時旅居美國的張君勱先生，以及徐復觀先生、牟宗三先生、唐君毅先生，四人聯名發表了一篇〈爲中國文化敬告世界人士宣言〉，這篇宣言已經是今天我們了解「新儒家」的一篇重要的文獻，但在當時並沒有引起熱烈的反應。

民國四十七年以後，《民主評論》進入了它的第三個階段。在這個時期因爲其中重要的人物把重點放在自己的工作上，例如唐君毅先生與牟宗三先生在努力發展自己的思想系統，徐復觀先生也擺脫了「政治與學術之間」的困惑，而走向中國思想史的研究，因此相對地他們對於這份雜誌的關注就逐漸減少。所以，雖然《民主評論》一直到民國五十五年九月才停刊，事實上在四十七年以後，《民主評論》已經盡了它對時代的任務，它的銷路與影響都在逐漸消退之中。

如果要對《民主評論》的影響作一個簡單的評估，我想它的第一階段代表着知識份子的大反省，當時一些反省的文章今天讀來還是非常的感人而有力，例如胡秋原先生用筆名發表的〈中國的悲劇〉，就是一篇具有時代意義的好文章。此外唐君毅先生反省到中國大陸上共產主義的勝利與中國傳統文化的關係，這個角度非常重要；中共所以得到這樣大的勝利，絕不是偶然的，也不僅是由當時一些政經措施的錯誤可以完全解釋得了的，這與中國傳統文化的一些特性應有相當的關係。

第二個階段可以說是在中國大陸以外發展出一個復興中國文化的基地，在與香港的新亞書院相配合之下，我想這在歷史上是有長遠意義的。不過《民主評論》一些重要人物的思想眞正在臺灣發生影響是七十年代保釣運動以後的事，儒家社會性本很強，可是「新儒家」僅能在學院裏面產生一些影響，它對社會的影響卻還不大看得出來。

下面簡單的談一下《文星雜誌》。後期的《文星雜誌》在意識型態上與中期以後的《民主評論》可以說是恰好相對立的，《民主評論》代表傳統派，《文星雜誌》則代表西化派。不過它們發刊的背景是相當類似的，《文星》在創辦時也在強調要對中國大陸的失敗從事反省。它所以會創辦起來，主要也是由於一些知識份子對文化理想的一份執着。《文星雜誌》在民國四十六年十一月創辦時，臺灣的經濟還非常落後，閱讀人口很少，所以《文星》的發刊辭叫「不按牌理出牌」；如果按照牌理出牌，他們的雜誌是辦不成的。

《文星雜誌》的發展可以分爲兩個階段：前四年和後四年。《文星》在最初兩年標榜的是「生活的、文學的、藝術的」，到第三年則開始標榜「思想的、生活的、藝術的」，事實上前四年中沒有太大的變化，文學、藝術佔很大比例。《文星雜誌》在前四年是一本很虧本的雜誌，因為它有書店支持，故能勉強維持，可是我們在今天看來，大概很少雜誌的品味與品質能辦到《文星》前四年的水準，後來許多成名的作家、學者都曾經在《文星》發表過文章。

《文星雜誌》到了後四年，成為一份非常轟動的刊物，這是因為從民國五十年十一月開始，出現了李敖的文章，第一篇就是引起爭議的〈老年人與棒子〉，這篇文章頗能代表年輕一代的心聲，於是由「青年與老人問題」導致對高等教育及學術機構的猛烈批評。

在民國五十年十一月又發生了另一個事件，就是胡適之先生在臺北發表演講，題目是〈科學發展所需要的社會改革〉，講詞發表於十二月的《文星》，胡先生的講詞裏提到「東方這些老文明中沒有多少精神成分」這樣的話。這句話引起徐復觀先生極大的憤怒，覺得有胡適之這樣的人物做中央研究院院長，是中國人莫大的恥辱。從《文星雜誌》刊載了這兩篇文章之後，引起了熱烈的爭論，胡適之先生的文章更引起了所謂的「中西文化論戰」。這個論戰在基本的意識上還是大陸時代傳統與西化問題的延續，沒有什麼特別的突破。為什麼在五四運動以後一直在爭論的傳統與西化問題，在臺灣還會重演一次呢？在一些解釋的原因之外，我自己有兩點看法。第一個原因我覺得與「文化的斷層」有關，因為在一九四九年以前大陸上出版的許多書籍，那時候在臺灣都不容易看到，也不能公開發售，形成了一個文化的斷層。這個斷層使在臺灣長大的年輕人對大陸五四以後的情況產生隔閡，對在大陸上爭論已久的思想問題並不清楚。另外一個原因是，本來年輕人批判傳統與權威，算不了什麼，可是當時一些年紀大一輩的人沉不住氣，對自己也太缺乏信心，於是對這些年輕人進行壓制，可是這些年輕人不賣帳，於是兩代之間大打筆仗，從筆仗打到法院，後來竟演變成政治事件，結果導致文星企業的關閉，並引發了許多的後遺症！

最後我要談一談《文星雜誌》的影響。從歷史的眼光來看，《文星》有一點影響是可以肯定的，就是它引進新的思潮，介紹了許多新的思想。此外，批評中國的傳統，以及標榜自由、民主、法制，反對教條與權威，這些大抵上還是延續了大陸五四運動時代的一種浪漫的啟蒙精神。在《文星》的影響之下，的確喚起了當時許多年輕人熱烈的回應，因爲《文星》眞正說出了他們心中的話。大概到現在爲止，還沒有一本思想性雜誌的銷路像《文星》那樣好過，「文星」出版的書曾經有大批的人排隊去買，這在出版史上也是空前的。

另一方面，《文星雜誌》的中西文化論戰，使五四運動的反傳統心態，以及它的缺點與限制暴露無遺，這些限制和缺點在臺灣很快獲得糾正，我們可以從幾個名詞看到它的發展。如「西化」或「全盤西化」這些名詞在七十年代以後已很少流傳，也很少有人把「西化」與「傳統」看成對立，而以「現代化」代替了「西化」，然後「現代化」差不多流行了十年，因爲在美國從六○年代起現代化理論已經受到很嚴格的批判，所以從「現代化」又進一步演變到近五、六年來流行的「創造的轉化」，也有人主張「批判的繼承，創造的發展」，從這幾個名詞可以看到二十多年來臺灣思想的風氣或方向不斷在演變。所謂「創造的轉化」等等當然不只是口號，還有很多艱鉅的工作要做，從這些口號至少表示我們努力的新方向，而這些發展，也可以說是由《文星》的論戰間接促成的。

一九八六　六月《哲學與文化》

附言：此文乃《哲學與文化》月刊舉辦的座談會中的發言，會中其他的部分還包括《中華雜誌》、《現代學苑》、《哲學與文化》等。

我們正處在歷史的轉捩點上

——《國家未來十年發展的探討》研討會獻辭

對中華民國而言，三十八年由大陸撤退來臺是一場歷史性的悲劇；迄今又已三十六載，在這段期間，臺灣地區在國民黨執政下，以及全體國民的勤勉奮發所取得的成果，相對於三十八年前中國大陸的情況，套用一句目前很流行的話來說，可謂已「反敗爲勝」。

可是歷史的進展，從來就不是直線式的，每一步進展，都會帶來新問題。尤其是近年來，國內的政治、經濟、社會、文化，以及國際上的處境，甚至連面對中共的統戰花招，都出現了新的難題。令人憂心的是，當層出不窮的難題逼人而來時，政府當局已不能像過去面臨問題，便劍及履及提出有效對策，因此低氣壓瀰漫，原先反敗爲勝的優勢，似乎已逐漸削弱。造成今日如此局面，除了政治、經濟、外交等方面的原因，在此我們想特別提出的一點是，近年來政府面對重重難題，所以無法做有力回應的根本原因之一，可能與思想的資源不足有關，任何國家遭遇重大難題，要想脫出困境，都必須在觀念上先求有所突破，觀念的突破有賴於思想的創新。今日我們的問題，無論是政治、經濟，以及國家的統一，幾千年的傳統經驗，所能憑恃的並不多，所以特別需要觀念的突破與思想的創新，這方面政府的人才雖然衆多，但思想與觀念方面的資源，任何國家仍多有賴於不在其位的學者與知識分子來提供。在目前的局勢下，我們認爲正是知識分子和學者爲國事殫精竭慮、發揮潛力、貢獻智慧的重要時刻。

聯合報文化基金會與本刊同人，基於以上的認識，將於本月二十七日起一連三天舉行「國家未來十年發展的探討」研討會，邀請海內外三十多位學有專長的知名學者與知識分子，在政治、經濟、社會、文化等範圍內，依據當前情勢及可變因素，探討未來十年內可能的變化與發展，以供政府當局調整決策時做參考。

爲甚麼我們要把未來十年定爲這次研討會的主題？因爲根據目前種種跡象顯示，臺灣於未來這段期間，各方面都將遭到重大挑戰：政治方面有民間政治參與運動，權力、憲政結構如何適應當前時空以及中共統戰的如何有效反擊等問題；經濟方面有工業升級與經濟結構的改善，國際保護主義擡頭對出口工業的威脅，以及經濟秩序重整等問題；社會方面有因犯罪率激增、犯罪形態暴力化，如何維護國民生命財產的安全，以及因工業化都市化使勞工與中產階層人口日增，而產生社會結構轉變等問題；文化方面有因物質主義、功利主義盛行，使道德普遍敗壞、生活品味趨於低俗，以及上層意識形態與下層建構嚴重分裂等問題。以上這些問題如何因應，種種病態如何克服，不祇關係到臺灣地區一千九百萬人未來的生存與福祉，也勢必影響中國將來的前途。沒有成功進步的臺灣，中國全面的現代化實很難想像，爲此，我們對每一位應邀參加研討會的學者莫不寄以殷切的期望。

《中國論壇》今年已滿十歲，十年來我們一貫以維護自由人權、導引社會變遷、加強知識服務爲職志，爲了加深對國家處境的了解，並曾就歷史的脈絡，不斷反省過去，檢討現狀，展望未來。我們盡可能對此時此地所發生的任何重大事件做深入探討，也不放過任何一個有利時機向政府建言。本刊五週年時，曾與《聯合報》合辦「從中國的歷史文化看臺灣的現在與未來」座談會，那正是中美斷交後內外危機重重的時候。去年九週年，曾製作「面對未來的轉變」特輯，並就此題舉辦數場公開演講會。去年底我們舉辦三天的密集式研討會探討「臺灣地區社會變遷與文化發展」，現在接著再就前瞻的視野，舉辦「國家未來十年發展」研討會，由過去的發展到現狀的遞嬗，再把握未來的動向。我們深信這次聚集海內外知識分子菁英，在三天會議期間，經由腦力激盪、智慧交流，必可產出突破和創造性的貢獻，爲歷史留下重要記錄，因爲我們正處在歷史的轉捩點上。

一九八五・十二・二十五《中國論壇》

導引國家走上正確的方向

——寫在徵文揭曉之後

十九世紀後期，少數有識之士如王韜、嚴復等，就曾感受到中國已面臨秦、漢以來未有之世變，截止一九四九年，在各種外力影響下，戰亂頻仍，變動不可謂不大，但今日看來，那數十年間的變化，畢竟是被動的成分居多，數億生靈除民生日困之外，連國家發展的前途、文化未來的大方向，始終未能建立起共識，因此變而愈亂，終於在民族精神的大分裂下，造成大陸全面的赤色浩刼。

比較起來，光復四十年來的臺灣，憑恃國人自己的努力，已爲社會自身培養出豐沛的動力，使文化、思想較能自然成長，民生日富之外，且爲建設一個現代化的中國，正從事着多方面的試驗，希望能爲國家的未來，奠定堅實的基礎，發展出國家統一的有效模式。

基於以上的認識，我們認爲在臺灣光復四十年後的今天，對臺灣過去的成就和缺點，做全面性的評估，並對臺灣的發展，在中國未來的前途上所具有的意義，做一展望，不但是一個好的時機，事實上也非常有其必要。去年底《中國論壇》在聯合報文化基金會支助下，召開的「臺灣地區社會變遷與文化發展」研討會，重點是放在對過去的評估上；今年初與《聯合報》合辦「臺灣光復四十年看中國前途」的徵文，是爲海內外知識份子，對此一關係到國家民族未來的大問題，提供一發表高見的機會。

四個月徵文期間，我們收到來自海內外各地的作品，共達一百五十多篇，雖有幾篇佳作，坦白地講，離我們所預期的確有一段距離。這個結果可能受下面三個因素的影響：第一，近年來國內各種立場的政論雜誌如雨後春筍，知識份子如有意見，不愁沒有發表的機會。大家關心的問題，很少不被討論，要想超越這些內容，對問題提出新穎的看法並不容易。第二，徵文期間恰好臺灣正遭受政經兩大風暴的襲擊，而產生所謂信心危機，知識份子情緒低落，自影響撰稿意願。第三，討論中國前途，很難不涉及統一大業的問題，而在這個問題上又易觸犯禁忌，使知識份子不能暢所欲言。

不過，從來自世界各地（包括大陸旅美的知識份子）的徵文中，也傳達了一些有意義的訊息，知識份子們除了一致肯定臺灣經濟方面的成就之外，沒有例外的都認爲自由民主是我們必須實現的目標，將來中國的統一，也必須建立在自由民主的制度上，這至少表示我們的知識份子，對國家發展的大方向上已有了共識，回想一九四九年前大陸上思想混亂的情形，這點共識實代表我們觀念上的一大成就。這個共識使我們相信，中國大陸各方面的建設，有一天祇要能達到臺灣目前的水平，大家一定會唾棄共產主義。

但是，就臺灣目前的處境而言，對自由民主有共識還是不夠的，應儘速把維護憲政的決心，轉爲充分實施憲政的動力，以國人已享有的教育與知識的水平，以及社會蘊蓄的力量，這方面我們已有條件再向前跨一大步，臺灣確實有良好的機會發展出國家統一的有效模式。人口面積臺灣所佔比例很小，對中國未來的前途卻意義極大，我們應該有此信心。

就知識份子而言，關懷政治是必要的，但政治不是影響中國前途唯一的因素，自由民主的目標也不可能在文化、思想、價值觀念完成基本變革之前單獨實現，它們之間是互依並進的，知識份子如不能從自身的民主修養上下工夫，如不能創造充沛有力的文化、思想，以奠定民主政治的精神基礎，我們自由民主的理想將很難達成。

九月二十五日將公佈徵文得獎人名單，對入選者我們由衷表示祝賀，對支持我們這項活動者，也表示十二萬分的謝意。我們正處在中國歷史關鍵性的時刻，希望海內外知識份子，能爲國家的未來繼續思考，導引國家走上正確的方向，是大家的責任。

一九八五・九・二十五《中國論壇》

歷史的鏡子

——「知識份子與臺灣發展」研討會獻辭

九月十三日起一連三天，本刊與聯合報文化基金會，將共同主辦「知識份子與臺灣發展」的研討會。這次會議至少有兩個目的：其一是對三十多年來在臺灣這一歷史舞臺上活躍的各形態各類型的知識份子，在我們有限人力的條件下，做一次選擇性的檢討；其二，應邀參加的三十位學者，本身都是知識份子，因此在這次密集的研討中，可以對自身的角色、功能、侷限，做一次集體性的反省。

歷史是一面鏡子。在鏡子之前，我們究竟是自覺渺小，還是傑出，主要取決於知識份子本身的抉擇和努力。假如能因少數知識份子的檢討、反省，而能促使這一代知識份子的自我批判，加強對社會的責任感，並對國家做出更多的貢獻，將是我們最大的願望。

在過去的三十七年中，臺灣的知識份子大抵已經歷了三代。跟隨政府來臺的第一代知識份子，不但堅決反共，對遭到空前挫敗的國民政府依舊認同。他們雖延續了「五四」後意識形態上的分歧，但對不同內涵的文化理想，都有一份執著，正因爲如此，才能在那天崩地裂充滿悲觀氣氛的時刻，爲我們重新建立起信心；在那徬徨無依的時刻，從歷史文化的長流中，重新賦予我們生存的意義與價値。在現實上，他們企盼政府能在憲政的基礎上，從事大規模的改革，希望臺灣能成爲名符其實的自由中國。爲了實現這個目標，他們不僅表現高度且具震撼性的道德熱情，有的甚至使自己的生活付出慘重的代價，至今仍令人感念不已。或許是因他們大半生都在大陸度過，或許是因他們一生奮鬥的目標未能達成，第一代知識份子的子女很少繼承父業，在這塊土地上繼續奮鬥的。

第二代的知識份子雖多半受過上一代的影響，但其性格與走向已有顯著的不同。如果說第一代是偏向於思想型、運動型的知識份子，那末第二代多半是屬於專家型、學者型的知識份子。基於專業性的訓練，使他們對意識形態的爭論缺乏興趣，他們努力的主要目標，是希望把臺灣建設成一個現代化的社會，因此，憑藉他們的專業知識，對導引社會變遷，並以知識服務社會，都做出相當貢獻。政治方面仍堅持自由民主，但較偏重實務層面，良心和勇氣的表現，也不如上一代那樣突出。保釣運動與回歸鄉土的意識，給第二代知識份子帶來新的挑戰，他們的回應是主張社會科學的中國化。在長期對西方知識缺乏批判力的中國學術界，方法與理論的轉換或創新，自非一朝一夕所能成功，學者型的知識份子，要在這個目標上樹立新典範，不論是心理上與知識方面都有待進一步突破的困境。

第一代知識份子仍健在的，已七八十歲以上，第二代以五至六十比例最高，最近十年崛起的，應算是第三代了。前兩代知識份子在社會上呈現的面貌比較明顯，第三代的類型已趨向多元化，學者型之外，思想型、運動型的知識份子再度活躍，其批判性與抗議性的精神，亦較學者型爲強。更重要的是，他們有的直接生根於學院外的民間，假如他們夠深沉、夠堅強，假以時日，有可能在思想學術上形成一種獨特而富挑激性的力量。這一力量是否能繼長增高，成爲曼罕所說的「自由流動資源」，要看臺灣的自由民主是否有成功的發展。此外，從回歸鄉土的意識中，已蛻變出一種新型的知識份子，對社會表現強烈的人道關懷，他們的意識形態，既非傳統、西化，也擺脫了傳統主義、自由主義的範疇。他們批判社會，不再著重政治性的訴求，直接訴諸人類原始的感情與良知。這一型的知識份子，因由第三世界汲取思想與精神的資糧，所以對資本主義的體制、價值觀質疑。當社會普遍彌漫著無力感時，各類型知識份子的蠭出並作，正代表一股新生的活力，值得大家重視、珍惜。第三代各類型中，究竟誰會發展成知識份子的主流，將是一場歷史性的競賽。

一九八六・九・十《中國論壇》

意識形態與知識份子

在過去一年中，不論是政治、社會、經濟，都曾發生多次震撼人心的事件，使得臺灣地區，表面上看來，亂得令人感到不安，而實際上卻也是社會活力充沛的表現。在層出不窮的事件中，頗令人注目的，是在野政黨的紛紛崛起，這些政黨來自民間，代表不同階層的不同羣體，與民國初年小黨林立，多半由知識份子或政客、或士紳所組成者，其基本性格大不相同。這些在野政黨未來的發展及其命運，不是這裏要討論的主題，我們關心的是，一個政黨必定代表某種意識形態，沒有意識形態的政黨是不可想像的，因此在可預見的將來，我們這個社會很有可能成爲意識形態的競技場。

近兩百多年來，在世界性的思想競技場上，主要的意識形態有：自由主義、社會主義、民族主義、保守主義、共產主義、法西斯主義等。這幾種意識形態，在未來有那些可能落實生根於我們的社會，並成爲政治發展、社會更新、經濟成長的領導性原則？由於社會體質、國民教育水平以及民主的共識，我們可以斷言，今日臺灣已與法西斯和共產這兩種意識形態絕緣。

保守主義在人類歷史上，是一種既悠久又穩定的力量，它有其限制，也具有難以磨滅的功能。其限制如海耶克所指出的，是恐懼變動、缺乏想像力和政治上的原則；其功能最重要的，是代表文化的傳承，維持社會的安定。任何地方有激進份子就有保守主義，二者之間有著互依互存的關係，也因此，保守主義存在各種意識形態之中。由於它懼怕變動，所以一旦保守主義居於優勢，必然會使進步的程序緩慢。保守主義眞正的危害，是當它運用政治的力量來阻止革新、保護特權、打擊異己，要有效的防止這方面的危害，根據以往的經驗，有賴於健全的民主與法治，尤其重要的一點，是必須有明晰而堅定的法律條文保障異議者。單憑敵視或仇恨有危害的保守者，不能解決問題，努力推動民主與法治，才是值得全力以赴的目標，這方面我們已獲得初步的成效。

民族主義基本上是一種危機意識的反應，尤其當國家的主權或領土遭到侵犯時，這種情緒會很激烈，「五四」和釣魚臺運動便是顯例。不過，在近四十年來的臺灣，民族主義卻遭遇到極爲奇特的處境。無可諱言，臺灣的經濟是在美、日支配經濟的結構下繁榮起來的，因此美、日文化在此間居於一面倒的優勢，這種情況使第三世界反殖民主義的思潮，在這個社會幾乎缺乏生存的土壤，這種情況也使政府在釣魚臺運動期間，立於民族主義的反對面。近年來雖有少數知識份子在呼應第三世界的反殖民主義，但得到的回響卻極其微弱。最近民間分裂意識高漲，分裂意識是反民族主義的，因爲民族主義與國家統一不可分割。目前新舊馬克思主義的日漸流傳，對反殖民主義將形成一股有力的支援。民族主義的論戰業已登場，未來的演變雖不可知，論戰的雙方很有可能在反殖民主義這一點上做奇妙的結合。這一意識形態的新情勢，對圖近利的工商企業界，至少在短期內不會引起多大波瀾，但對知識份子，尤其是知識青年，卻可能產生不可忽視的影響力。

民族主義的命運已如上述，臺灣在相當長的一段時間裏，社會主義在思想上是一種禁忌，因此，對現實政權種種缺失的批判與抗議，在民間的民主運動未興起之前，自由主義一直扮演着吃重的角色。今天我們社會各階層，能在民主這一點上獲得起碼的共識，過去幾十年中自由主義者的犧牲與奉獻，實功不可沒。在民主的社會共識基礎上，下一步奮鬥的目標，當然是在健全各級議會上，只有充分反映民意的議會，才能使民主政治正常地運作。現階段分離意識的訴求，在自由主義者看來，是上述目標的迷失。回到議會政治的目標上來，自由主義對憲政的檢討與批判，已提供了相當堅實的理論基礎。與民族主義、社會主義相比，自由主義的確是一種較爲溫和的意識形態，因爲自由主義對人類的理性有信心，相信不寬容是歷史上許多罪惡與悲劇的根源，相信對不同觀點的調適與妥協，爲民主政治以及社會進步所必須。所以只有在健全的議會政治裏，這種溫和而理性的意識形態才能施展，近代民主發展史上，有充分的證據顯示，只有在這條道路上奮鬥，政治轉型所付出的社會成本最低。

沒有一種意識形態像社會主義，所引起的愛與憎的情緒會那麼強烈的，就可愛一面而言，它正如孫中山先生所說：「社會主義者，人道主義也。人道主義主張博愛、平等、自由，社會主義之眞髓，亦不外此三者，實爲人類之福音。」因此它對由人道、正義出發的理想主義者，永遠具有吸引力。就可惡一面而言，它在權力意志的支配下，高揚階級仇恨、侵略性，要求絕對服從，把一切破壞活動賦予道德的正當性，並不亞於法西斯或納粹主義。「社會主義是由於自由主義的失敗而興起」，自由主義解決了政治上的自由問題，卻無法解決經濟上的平等問題。要使經濟進步的利益，眞正做到使全民分享，仍是一遙遠的理想，但能正視並深刻理解到經濟剝削的問題，確是社會主義一大貢獻。近代史上許多勞工運動，皆由社會主義擔任觀念引導的角色，使勞工運動獲得極大的助力。以臺灣地區勞工人口之眾，以及過去四十年中的劣勢處境，在今後民主化、自由化運動的推波助瀾下，這一意識形態極有可能與勞工運動互依並進，成爲意識型態競技場上一股新生的力量。

以上幾種意識形態，未來在臺灣地區的演變及其命運，雖難以預卜，但知識份子如何引導，卻關係重大。過去四十年中由於反意識形態的教育，不但未能培養對意識形態的免疫力，對意識形態衝突的承受力也很薄弱，這一點我們應該清楚。要使我們的社會和平地、漸進地完成轉型期，在政治上就必須珍惜社會的民主共識，儘速使議會政治健全化，使各種意識形態能經由合法的程序從事競爭，要做到這一步，又必須徹底放棄人治的、權力獨佔的統制心態。這一步若行不通，而任由各種意識形態互相鬥爭，有可能爲社會帶來長期的不安甚至動亂，使大家逐漸失去所已擁有的。

「歷史乃生命之師」，近代歐洲社會、政治史的發展，使馬克思認爲實現社會主義必須經由革命，已證明是錯誤的。馬克思相信社會主義與資本主義鬥爭，社會主義終將獲勝，事實上，誰也不能取代對方，而是日漸趨向於調和，如史學家威爾·杜蘭所說：「社會主義因畏懼資本主義，所以不得不放寬自由；資本主義因畏懼社會主義，所以不得不增加平等。」二十世紀經過太多苦難所獲得的最可貴的經驗之一是：只有在民主制度中，才能使社會主義的部分理想得以實現，中國未來的走向，意識形態的歸趨，應該也不外於此。我們究竟能不能走上這條康莊的大道，那就要看知識份子如何引導了。

一九八八·一·十《中國論壇》

知識份子與大衆文化

近年來大眾文化已漸成為知識份子的話題，有的是從大眾消費品味的觀點來討論，有的是因擔憂文化成品的日漸商業化而涉及，有的則是由大眾文化裏的一些特殊面相，如「暢銷書排行榜」及不斷增加的「圖片族」人口，來反省大眾文化的意義與影響。

探討大眾文化，不論是對現象的分析，或是出於評價的態度，都表示今日的知識份子已擺脫了貴族心態，思考的觸角已深入社會的脈動，對大眾生活的內涵有深切的關懷，所以我們肯定這是極有意義的工作。

大眾文化既然是屬於「大眾」，所以它應與任何次文化不同。雖然一種次文化一旦被社會羣體所普遍接受，也有可能轉變為大眾文化。此外，大眾文化雖在某種程度上與俗民(folk)有關，但它與俗民文化也大不相同，俗民文化是土生土長的，且經常保留於生活比較落後的地區，表現傳統的習俗。而今日的大眾文化卻是都市的產物，也可以說是工業化及科技造成的大眾社會的產物，因此其中的文化元素包涵着不少外來移植的成分。又由於大眾文化主要是爲消費大眾製造出來的產品，基本上它必須迎合大眾的需要，而表現出休閒及娛樂的特性，其中反映的價值觀，有的顯然是反傳統的（如宣揚性與暴力）。

以上簡單的對比，並非要對大眾文化從概念上加以釐清，這對一種新生的文化現象，並不是頂重要的。我們的目的是在鄭重指出：卽使根據最粗淺的觀察，大眾文化時代的來臨，必將使文化發展進入一個新的階段。在以往幾千年的傳統裏，文化的創造者多半是大傳統裏少數有機會長期受教育的菁英分子，也只有這勞心的上位階層才能享受比較豐富的文化生活。絕大部分民眾屬於勞力的下位階層，他們的文化生活不但貧乏，文化對他們而言，主要代表生活的規範和社會控制的意義。大眾文化使原先生活於地區性的俗民文化中的民眾解放出來，大眾文化在臺灣得以成長，除教育普及之外，就是一般社會大眾的生活遠比過去富裕，具備這些條件之後，只要你想要，大部分的文化成果，大家都能享受到，這種現象，的確代表文化已進入新的階段。

但是，問題來了，隨着文化的普遍需求，我們拿什麼去滿足社會大眾？還有，我們究竟要將大眾文化導向何處？今日的大眾，其教育程度與傳統社會的俗民雖已不可同日而語，但在文化過程中仍是接受者及仿製者，文化的創造與製造的工作，主要仍要依賴知識份子，尤其要靠知識份子中的菁英能委身其中。

根據思想傳播學者 Elmo Roper 的傳播理論，從思想的創造者到社會大衆的傳播過程是：偉大的思想家→偉大的門徒→偉大的傳佈者→次要的播佈者等。偉大思想家在任何時代都極爲罕見，但他們是新觀念及創見的提供者。近代意義的知識份子，絕大部份都不具原創力，他們是偉大的門徒，能最先認識到新觀念及創見的價值，憑他們的口才和生花妙筆，使高深的思想通俗化，或賦予新的詮釋，以達到傳播的效果。知識份子如果在教室、講臺、專業性的刊物之外發表言論，就已開始扮演偉大傳佈者的角色，要發揮這一輪的傳播效果，主要靠報章、雜誌。等到一種思想或觀念能轉化爲電臺、電視的節目，或是透過舞臺劇、電影的形式表達出來，則已進入次要傳播者的階段。從以上傳播的過程來看，新思想新觀念要傳到第三、第四輪，才進入大衆文化的層次，所以要滿足大衆的文化需求，是連鎖性的接力賽式的工作，知識分子豈能置身事外？

關於究竟要把大衆文化導向何處的問題，首先應該知道，大衆文化必須在一個社會自由度相當高的社會才能成長，復由於大衆文化的休閒性及娛樂性，因此它是排斥任何強制性的意識形態的。在這裏，我們認爲研究大衆文化的學者 Herbert J. Gans 提出「文化的民主」的主張，很有參考價值。根據這個主張，他認爲不同品味的文化都具有平等的價值，而反對只有文化專家才了解何種文化有益於大眾和社會的傳統偏見。

大眾文化的未來很難預測，但有一點可以確知：只有當我們的社會每一個人都能擁有他想要的文化時，大眾文化的目標才算達成。

一九八六・四・十《中國論壇》

「費邊」精神

去年七月，香港《九十年代》報導：「最近，臺灣的自由派學者如楊國樞、李鴻禧、胡佛等在國民黨和黨外的溝通過程中，扮演了『中間（介）人』的角色。可是『中間（介）』人難爲，因而他們產生了籌組一個類似於當年英國『費邊社』團體的想法。」這則報導，很接近事實，但這個想法好幾年前就已醞釀，當初的提議人是德高望重的陶百川先生。去年十二月二十六日，我們幾個朋友與李遠哲在臺大有過一次非正式的座談，在談話中國樞兄曾提出這個想法徵詢李先生的意見，當時他表示這個想法很好，也很贊成臺灣的知識份子有一個這樣的團體。

「費邊社」的命名，有「時機未到，要耐心等待，時機一到，必須奮力出擊」的涵義。我不懷疑目前有成立如此社團的時機，問題在中國知識份子是否具有費邊社員那種精神。

一八八四年費邊社成立的時代背景，是工業革命以後，已爲英國帶來許多問題，當時又正值英國出現經濟危機，人民的心理普遍不安，而政府的改革措施又步調緩慢。所以費邊社的一個重要課題，是希望憑藉社會主義，在原有的政治民主的基礎上，來解決面臨的種種問題。其具體的目標是在「使土地與工業資本自個人所有與階級所有制中，解放出來」，也就是在政治的民主奠定之後，更進一步追求經濟的民主。因此，如何調和民主主義與社會主義，就成爲費邊社初期思想上一個重要問題。

也正因費邊社會主義崛起於正宗民主的英國，所以在近代史上被稱爲非馬克思派的社會主義運動，費邊社員對辯證法唯物論和歷史唯物論那套哲學，根本不感興趣，他們傾向於對現實問題的探究和評論，注重方案的可實踐性。在手段上馬派主張階級鬥爭與暴力革命，費邊社則認爲必須堅守民主的原則與方法，主張用和平漸進的方式來改造社會，理性、進步、開放、折衷，是社員們的共同信念。

基於這些信念，遂使費邊社成爲社會主義運動史上最富有寬容精神的團體，它的成員之間，無論是思想或見解，都有相當差距，卽使對社會主義本身的了解，也不例外。因此，這個社團沒有權威式的領袖和教條，也不強迫多數人接受少數人的意見，解決歧見的方式，是經由討論或辯論以求溝通，但不要求定於一是，此正如該社初期重要成員蕭伯納所說：「費邊同仁內部向極平等與親密，而不願任何人向其餘的人說教，如勞動階級對其領袖的服從。」蕭氏甚至認爲因該社初期即自養成自由表達意見、自由譏笑的習慣，才使他們免與情緒激烈的狂熱之徒合流。

爲了保持這種自由、理性的特色，一個充分支持勞工利益的社團，卻不主張吸收一般勞工階級爲其成員，初期費邊社員的必要條件是獨立思考，至於財富、職業、身份則不計較。我們相信，正是由於社員們能不斷注入自由民主的精神，才使這個追求社會主義理想的團體，在過去百年中雖歷經盛衰起伏，而終未潰散且影響深遠。

費邊社在近代史上所以能聲名遠播，爲知識份子社團樹立一範例，當與草創期幾位重要成員的知識、才華、性格有很大的關係。一八八九出版，後來銷售達二〇〇萬冊的《費邊論文集》的七位作者（蕭伯納、衞布、華拉斯、歐利佛、布蘭德、佩仁德夫人、克拉克），被學者稱爲費邊社會主義的智囊團，其中蕭氏乃著名戲劇家，一九二五年曾獲諾貝爾文學獎，但獲獎後他說，他的社會主義信仰，比他的文學事業更值得驕傲。衞布和他夫人畢翠絲波特，畢生致力於社會問題的研究，且具行政長才，曾創立倫敦政經學院，所撰〈勞工與新社會秩序〉一文，爲英國工黨採爲政綱。費邊社成立時，兩人都還是不到三十歲的青年，在社中竟然能合作無間，歷史家說：蕭伯納使費邊社的討論，成爲一種知識上的喜悅，創造了該社的性質與氣氛；衞布則使該社的宣傳建立在事實的基礎上。

中國的知識份子要想成立一類似的團體，首要之務，必須學習費邊社當年寬容異見、合作無間的精神。

一九八七・二・十《中國論壇》

附言：本文參考張明貴：《費邊社會主義思想》。

知識份子的愛心與勇敢

——《衝破禁忌》序

一九八七，在臺灣言論自由和思想自由的歷史上，是一個值得紀念的年份，因爲在這一年，四十年來幾個主要的言論與思想的禁忌——二二八事件、統獨問題、新舊馬克思思想——都被衝破。

造成這些禁忌，從歷史上看，二二八顯然是一個關鍵。當年國民政府在事先既沒有預防不幸事件的發生，在事後又不能信任自己的同胞，檢討自己的缺失，再加上恐共的心理，於是產生禁忌的連鎖反應，擴大了言論思想的禁區。四十年後的今天，民眾的生活水平雖大幅提昇，社會上雖一片表面的繁榮，但文化內涵的貧乏，思想內容的貧困，與暴發戶的生活景象強烈對比之下，更顯著地暴露出來。形成這種現象的原因，當然相當複雜，但長久以來，思想與言論的嚴厲禁忌，絕對是一個重要導因。

在現實上，追究二二八事件的責任，時機已過，讓我們把這一幕慘痛的歷史，交給歷史的法庭。曲解歷史，掩飾眞相，在歷史上的政治團體、政治人物是常有的事，但在歷史法庭之前，很少歷史事件的內幕能長久而不眞相大白的。眞相大白，並不是一般所意謂的要讓事實全部呈現，演變過的事實，永遠無法再現，所有的文字記載、口述報導都是不完整的，史學的可貴，在針對複雜甚至矛盾的史料，仍舊能做出合理的解釋。到目前為止，有關二二八的各種解釋中，距離「合理」的程度還遠。為了早日彌補這歷史的缺憾，並癒合所有受難家屬、親友的心靈傷痕，政府應該有勇氣面對自己的歷史，公佈所有檔案，讓有興趣、有訓練的史學家，去自由研究，一九八七年「二二八和平日」的促進工作，以及對事件的公開討論，已為彌補及癒合的工作，提供了新的契機。

「統」、「獨」的對立竟然會在今日臺灣出現，追本溯源，這當然是二二八的後遺症之一。據我們有限的了解所及，主張「獨」的言論中從未建立具有說服力的理論，至於事實上今後會如何演變，是誰也無法斷言的。這些言論多半是對當道仇怨的反射，四十年完全斷絕關係的大陸政策，自然有助於分離意識的滋長，今日如果以為可以用法律做工具來壓制這種意識，其效果可能適得其反。

做一個統一大中國的國民，雖不敢說這是每一個中國人的願望，至少在潛意識中都會有這種嚮往。問題是我們要在什麼基礎上統一？在怎樣的社會秩序、政治結構下統一？今日海峽兩岸都應該至少先實行民主，再談統一。爲統一而統一，像中國歷史上那樣朝代遞換、暴亂相尋的所謂統一，對所有的人民都只是無盡的災難。無論你怎樣看，臺灣在過去的四十多年中，生活的富庶與教育的普及，已做出中國前所未有的成就，因此，我們對統一當然有發言權。同時，由於臺灣的成就，對未來統一的模式，應有進一步創造性的構想，除了民主制度之外，應研究信仰、文化、語文不同的地區，享有一定程度自治權的可行性，找尋一條能使中國眞正長治久安的道路，這才是當前必須認眞思考的重大課題。

新舊馬克思主義在臺灣成爲思想禁忌，也是二二八後遺症之一，因爲卽使在二十年代的「清共」時代，也沒有如此嚴重，爲了反共，更沒有理由禁止對它的公開研究和公開討論。馬克思的「烏托邦」理想，在以往一百多年中，不知激動了多少眞誠的心靈，鼓舞了多少改變現狀的鬥志；他的階級對抗理論，也不知爲二十世紀的世界帶來多少動亂，就這方面而言，它是二十世紀流傳最廣的「文明病」。問題是縱然沒有馬克思，人類的社會仍會不斷有動亂，因此要遏止文明病的傳染，根本之圖，是在生活富裕之外，必須健全法治，實行眞正的民主。至於青年這方面的思想傾向，只有思想封閉的社會才需要擔心，在開放社會裏不成問題。現在應有的做法，是在大學相關科系中，廣開這方面的課程，把新舊馬克思提昇到學術層次來研究、討論，這樣可減少它的負面作用，增進青年的免疫力，對培養系統化思考及問題意識的能力也有幫助。

國語與方言之間，根本不應該產生問題，而今天竟然成爲問題，這是二二八的後遺症，可謂最爲明顯，這個問題純粹是無知、橫蠻和人爲的因素所造成。一個小學生在學校講方言，竟會遭到責罰，天下那有這樣荒唐的事。自從民間的反對運動興起之後，又反其道而行，棄國語而不用，不講方言好像就不忠於鄉土、不忠於臺灣。國語的推行在臺灣相當成功，省籍問題也早已淡化，今天語言卻成爲政爭的工具，政府對方言的歧視，要負責任。個人會犯錯，政府更會犯錯，錯了就應改正，一個知道改正錯誤的政府，才能獲得民眾的信任。

一九八七年在思想上是衝破禁忌的一年，禁忌衝破了雖令人感覺舒暢，但對知識份子而言，更應該鄭重想想，在逐漸開放的社會裏，要做些什麼？今日文化貧乏、思想貧困，我們有理由歸咎於言論思想的閉鎖政策，十年二十年後如仍然如此，其責任就完全在知識份子自己。最近中國大陸資訊的湧入，對我們的學術界和知識界應是一警訊，我們如果做不出更好的成績，便是辜負了四十年來民眾與政府爲我們開創的有利環境。

當我爲這本文集選擇文章時，只簡單地定下三個準則，卽現實性、思想性、批判性。「思想」並不能獨立成爲一個知識領域，談政治、談社會、談教育，也有許多符合我們要求的好文章，因與其他幾本重複，只好捨去。最使我感到難以釋懷的，是因字數的限制，使一些較長的好文章不能收進來，非常遺憾。

我必須趁這個機會，對書中每一位作者，表達我內心的感佩，由於你們的智慧、愛心和勇氣，才使臺灣的思想界在過去一年中留下重要而輝煌的一頁。作爲一個編者，他的責任在呈現眞實，文章的見解不必爲編者所一一認同，這一點自不待言。

一九八八年元月三十日於內湖碧湖之濱

寄天堂

——《殷海光書信集》代序

海光先生：

你離開這個世界，一幌已經十八年。偶爾會想起你，但沒有什麼特殊的感覺。我們這一代，從小就在離亂中成長，生離死別，家破人亡，人間的悲慘看的太多，也親身經歷過不少。

十八年來，你心目中的這個「無魂之島」，的確有過許多變化，你最關心的自由與民主，假如你還活着，我想不必再像以前那樣隨時感到恐懼。至於民主政治嘛，近十年中的民主運動可謂風起雲湧，雖經過多次的大小挫敗，但屢仆屢起，愈挫愈奮，如果你在，一定有過許多不眠之夜。從表象上看，臺灣的民主充滿希望，你當年曾經鼓吹過的在野黨（你是不贊成用「反對黨」這個名稱的）去年也已成立，不過民主憲政的基本僵局迄未打開，近來街頭衝突又不斷發生，使整個島上瀰漫着不祥的氣氛，倘若你在，你一定又會用激動的語氣，憤慨地說：為何我們在過去一百多年中，經歷了無數浩刼，仍然沒有學會西方人的政治藝術和民主智慧?!

由於你生前在這塊土地上遭遇太多的橫逆與失望，因此使你覺得「在臺灣一住將近二十年，越住越陌生」，甚至要和這「污濁的環境隔離起來」。你大概不會想到，在思想啟蒙方面你卻爲這塊土地留下歷史性的貢獻，不論省籍如何，至今仍有許多青年懷念你、仰慕你。你在臺大教書十八年，你提倡邏輯，主張認知的獨立，我看凡是眞正受過你影響的學生，這方面並沒有使你失望。

這四十年來，在臺灣的大學教師中，大概還沒有一位能像你那樣影響那麼多的學生，大家可以批評你在學術上並沒有達到高峯，凡有識者沒有人不承認你是一位好的教師。你聽到我這些話，一定急着問：他們現在都怎麼樣啦？十八年來變化太大了，有的仍然在向不滿的現狀戰鬥，有的早已沉默、消沉，有的流落海外，有的去了北京，當然也有少數仍堅守着學術崗位。在學術上你已經有弟子超過了你，這也是你生前所盼望的，但在人格的光輝上，至今無人能及。

你說過：「在這樣一個迷茫、紛亂、而又失落的時代，心靈的相通眞是稀有而又十分可貴的事。」你停留在這個世界的最後幾年，面臨了與斯賓諾莎被教會除名相似的處境，多年的老友不敢探望你，有的甚至當面都不肯相認，我與你，就在那至少對知識份子而言，是相當黑暗的年代，不但心靈相通，且建立起難忘的友誼，你的友情和鼓勵，使我渡過思想的「轉型期」。

在當時，你迫於生計，開始進行《中國近代思想史》的計畫，我們多次討論過你用英文寫的計畫書，這個題目涉及的範圍過分龐大，資料也十分驚人，從事這個工作，別的條件且不說，他必須有無窮的體力與毅力，以你當時帶病延年之軀，怎麼可能做得到呢！當年連我自己做夢也沒有想到，十八年後，我竟然也寫起這個題目來，不過我在名稱上不叫「近代」，而改爲「十九世紀」，中外許多學者把中國近代史斷自鴉片戰爭開始，就思想史來說，並不合適，可惜其中有不少難題，再無法和你商量。自你去後，能談得來的朋友還是有的，但眞正能達到心靈相通的，少之又少，「人生有一知己，可以無憾」，年歲越大，對這句話的體會也越眞切。

最後，我必須告訴你足以使你安慰的消息，夫人君璐女士今年四月在陳宏正的資助下，重又回到這塊傷心之地，她的健康與開朗，出乎我的意想之外，你的學生和老友們重又聚聚一堂歡迎她。大家傾訴了發自內心對你的懷念。君璐回美以後給我來信：「回到臺北雖只十天，但看到殷先生的老友們，比我以前在臺北一年之內還多，眞難得與這麼多精采的朋友相聚，敍舊言歡，實在從心頭感到溫暖及安慰。」

你的《書信集》即將出臺灣版，這也是你高興知道的消息。出版人向我索序，我從不替別人寫序，我自己的二十多本書也不要別人寫序，爲了不破例，所以以信代序。夫人的信中說：「殷先生的靈魂已在天堂」，我就用「寄天堂」爲題吧。

一九八七・七・六

開創中國女性的新世紀

「女性知識份子與臺灣發展」研討會，已於二月二十二日閉幕，有人說這樣的會議，不要說在中國歷史上從未有過，卽使在十幾二十年前的臺灣，也是不可能的。這祇能說明此次研討會乃開這類會議的風氣之先。但我們認爲更重要的是，應邀出席的女性知識份子，大半在國內外獲得最高學位，具有嚴格的專業訓練，她們在大學從事教職，在研究機構做研究，在社會上開創文化事業，和男性一樣，她們運用理性思考，富有批判精神，專業之外，也關懷社會，她們不喊女性主義的口號，卻腳踏實地、奮發有爲，不論對家庭、對社會，她們與男性盡同等的義務，因此，也和男性享同等的權利。在這個意義上，她們縱然不是女權運動的中堅，卻有超越女權運動的表現。如果女權運動的目的，是在促使婦女解放，那末她們已達到心智的自由。所以這一次女性知識份子濟濟一堂，所呈現的學術氣氛與心智交流的喜悅，在象徵的意義上，如說它已開創了中國女性的新世紀，恐亦不為過。

如要為上述女性的表現做歷史的定位，也許有必要對過去的女權運動做一點簡略的回顧。

近代中國的女權運動，是在西方文化影響下才產生的，所以它的興起，遠比西方要晚。西方的女權運動，幾乎與英國的自由主義同步發展，被史家尊稱之為自由主義哲學之父的洛克，他的主要作品，都發表在十七世紀末，就在同一時期，英國已有少數女性作家，開始揭發女性在家庭、在社會種種不平等的待遇，和不合理的處境，她們也認識到，要提高女性的社會地位，第一步必須從女子教育着手，使女子享有平等的教育機會，學習與男性相同的知識與技藝。十八世紀是英國自由主義蓬勃發展的時期，洛克主張的「人人平等獨立，任何人不該損害他人的生命、健康、自由與財物」，已成為相當普遍的信念，就在這個背景下，再加上美國獨立及法國大革命的刺激，到十八世紀末，英國瑪麗·烏爾絲頓克拉芙（Mary Wollstonecraft）女士遂寫了女性主義史上第一部經典之作：《為女權辯護》。及至十九世紀，西方女權運動在基督新教和社會主義的推波助瀾之下，使她們關懷的問題已不限於女性，她們抨擊奴隸制度，主張禁酒，發動傳統道德的革新運動，也要改變傳統的經濟結構。最近臺北由婦女聯盟發起的，為妓女悲慘命運而向社會控訴的一連串行動，早在十九世紀初年，英美婦女就已在進行。

在近代中國史上，鼓吹女權始於清末，主要是受西方十八世紀啟蒙運動的影響，而鼓吹最力的，就正是中國早期啟蒙思想家梁啟超。梁氏於一八九七年發表的〈變法通議〉中，已提到興女學，希望經由女子教育，達到伸張女權的目的。文中攻擊傳統「婦人無才便是德」的觀念乃「禍天下之道」。在傳統社會，女子最重要的角色，除生育之外，便是盡母教之責，試問女子若不識字、不讀書，如何能善盡母責？所以梁先生說：「治天下之大本二：曰正人心，廣人才；而二者之本，必自蒙養始；蒙養之本，必自母教始；母教之本，必自婦學始；故婦學實天下存亡強弱之大原也。」在同一年，梁氏又有〈倡設女學堂啟〉一文，除痛陳中國不重視女教之種種弊害外，已揭出「男女平權」的嶄新觀念，認爲這是復興國家、增長民智的始基。深受梁氏影響的陳擷芬女士，在上海創辦中國第一分女報，她的報紙除強調婦女應自覺自救，還熱心鼓吹革命。

在中國，爭女權的著作中，能與西方《爲女權辯護》一書的歷史地位相媲美的，當推署名「愛自由者金一」所著的《女界鐘》，一九〇三年出版於上海，顧名思義，他是想藉這本書喚起女同胞的覺醒，早日擺脫奴隸的地位。金一指出中國女子有四大害：纏足、裝飾、迷信、拘束，申論迷信時有謂「日贊孔子、基督，不如自爲孔、基之爲愈也；日念普門大士、湄洲聖母，不如自爲大士、聖母之爲愈也」，可見他對女性期許之高。他主張女子應享有入學、交友、營業、財產、出入、婚姻自由等權利，八十年以後的今日臺灣，這六種權利，女性幾已全部獲得。

到了民國初年，女權問題終於由少數知識分子的鼓吹而成爲新文化運動的重要節目，由陳獨秀主編的《新青年》，曾出版提倡婦女解放的易卜生主義的專號，對女子貞操問題也有過熱烈的討論，陳氏更爲女權運動提出爭取婦女參政權的新目標。當年討論的問題，今日多半已成過去，當年期待的目標，今日也已初步達成，女權運動在臺灣能有今日的成就，最重要的因素，是由於二十多年的經濟成長，以致教育普及，使女性享有完全均等的教育機會，但也不能忽略在這期間，少數傑出女性知識份子，能呼應着世界女性主義的新潮流，適時地開發新觀念，以及在實際工作中付出的犧牲與奉獻，其中主要的代表，前有呂秀蓮女士提倡「新女性主義」，後有李元貞教授創辦的《婦女新知》，近年又有姜蘭虹教授主持的婦女工作室，前者為新女性主義撒下種子，後者在做向下紮根的工作，關懷中下層社會的婦女問題。就整個社會而言，她們工作的回響並不大，但她們一直堅持理想，在默默耕耘。

呂秀蓮的《新女性主義》一書，無疑的，是為中國女權運動的理論，樹立了一塊新的里程碑。據她說，所謂新女性主義是：

一種思想——它順應時代潮流，也基於社會需要。

一種信仰——它主張兩性社會的繁榮與和諧，應以男女的實質平等為基礎。

一種力量——它要消除傳統對女子的偏見，重建現代合理的價値觀念，以再造女子獨立自主的人格，並促成男女眞平等社會的實現。

為了實現這些目標，新女性主義提倡者注意的重點，已不止於婦女行動方面的自由，而是更進一步要求女性如何使心智方面也能有高度的展現。如果說這種要求是當年新女性主義提倡者撒下的種子，那麼這次研討會中許多應邀而來的年輕女教授在學術上所表現的成就，已可視為收穫。

我們實無意誇大《新女性主義》的功績，不過它當年說過的：「今後女子都一如男子，同是獨立自主的個體，她的社會地位之取得，乃因她是某某人而非某某人的妻子！結婚，不再是女子唯一的出路。」「由於人盡其才，女子也有成爲成功者的可能。」「只要假以時日，我們必能在蛻變的過程中，體驗獨立自主的歡愉，終致於昂首邁向獨立自主的境域。」才僅僅十幾年的工夫，當年的期待和願望，在今日濟濟一堂的女性知識份子身上，已變爲事實，所以，在象徵的意義上，她們已開創了中國女性的新世紀，誰說不宜？

一九八七・三・十《中國論壇》

歷史的夢魘

目前大陸的中共政權，正面臨着嚴重的思想困局：一方面爲了改善人民的生活，在經濟上正加緊學習西方的資本主義，一方面在意識形態和信仰上仍堅持着社會主義。要如何才能打破困局、脫出困境，在現實上好像完全是中共的問題，但從十億中國人的福祉，以及未來民主統一的遠景看，實是全體中國人都應該關心的課題。

根據近代資本主義經濟發展的規律，目前中共的經濟政策要想獲得更大的成效，官方的統制意識形態必須逐漸放鬆，否則以現有的官僚體系，它的經濟政策繼續推展下去，必然會遭遇到重大的阻礙。假如爲了經濟的成長，讓意識形態的統制不斷鬆弛下去，則勢必引起中共政權的基本變化，這是我們樂於看到的現象，但卻是中共統治階層很難想像，至少在眼前還無法面對的情況。這是造成中共思想困局的癥結所在。

在以實踐檢驗眞理的原則下，我們認爲中共繼續放鬆意識形態統制的可能性是存在的，爲了加速其鬆弛的歷程，大陸內部——尤其是在海外的中國知識份子，必須儘速對中共意識形態的理論、歷史，從事客觀的反省和有力的批判，透過反省和批判，使封閉了三十多年的中國大陸朝野，對現階段社會主義在世界各國的命運、大勢，能有如實的了解。如果我們反省和批判的言論，能形成一股新的潮流，就有可能在中共內部造成促使其意識形態轉化的力量。本刊這一期邀請海內外少數知識份子對社會主義在中國的歷史做初步的探討，其主要用心在此。

社會主義於十九世紀末自日本傳入中國時，沒有人會想到當初被一些知識份子視爲天國福音般的新思潮，在民國初期新舊交替的時代漩流中，竟然蛻變爲無數的暴力革命、奪權鬥爭，終導致整個中國大陸赤化，億萬生靈塗炭的悲運，今日回想這段驚心動魄而又無奈的歷程，眞是一場歷史的夢魘！

社會主義能在中國掀動時代的巨浪，改變歷史的行程，其原因是多層次多向度的，概略地了解，可由理想與現實兩面來觀察。理想方面，社會主義標榜的平等、正義的理念，及其人道、人本的精神，本來就是人類共同理想中的主要內涵，也是人類在掙扎走向合理方向的基本動力，何況其時適值中國在帝國主義頻繁侵略下，遭遇「歷史的不公平」之際，自然使一些前進的知識份子和革命家，感到它能給他們以希望。更重要的是：代表社會主義正宗的馬克思理論中所表現的世界主義、天下一家的精神，「各盡所能，各取所需」的社會理想，以及他對哲學使命的看法：

「過去哲學家只是用不同的方式來解釋世界，但是，哲學最重要的任務是去改變世界」，都能與中國正統文化中所追求的大同世界、社會均平的理想，以及儒家內聖外王的哲學觀點合拍，這種精神與理想上的易於湊泊，使社會主義進入中土幾乎沒有遭到多少抗阻，相反的，在清末民初之際，曾有第一流的知識份子和革命家，對之衷心仰慕。

馬克思說：「只有在新的危機之下才有可能產生新的革命。」這可以幫助我們了解在當時中國現實上社會主義較能受歡迎的契機。民國成立以後，內憂外患不絕，中國廣大的農村裏，其衰落其貧窮，已到無以復加的地步，吉拉斯說：「越來越衰落的國家和越來越貧困的人民，他們自然寧可相信一種可以爲他們帶來希望的理論，不必去對這種理論作科學的研究和比較。」叫着無產階級革命口號的中國共產主義者，最初就是在廣大農村裏生根茁壯，並以鄉村包圍都市的策略，贏得他們奪權鬥爭的勝利。其間最具關鍵性的變化，是民國八年我國在巴黎和會失敗，全國人民憎恨帝國主義的情緒達於沸點的時刻，剛革命成功的蘇聯新政府，發表致中國國民及南北政府宣言：放棄在華特權、取消庚子賠款、歸還中東鐵路。這一「雪中送炭」的宣言，立即引起對國際正義感到絕望的中國人民和知識份子的熱烈回應。不久中國共產黨宣告成立，接着中山先生領導的國民黨推行聯俄容共政策，這一連串非始料所及的變化，終於造成其後一二十年由浪漫主義與浮士德精神結合的社會主義在中國的熱潮。

在長期缺乏客觀研究成果累積的情況下，今天要想對這一段歷史有詳細而深刻的了解，仍有許多困難，現實的環境，資料的不足，缺乏公正的研究態度，都還是次要的。因這方面只要我們能認清這項工作，對中國未來的發展關係重大，並決心糾正往日的缺失，便可改觀。最大的難題，是因社會主義乃外來思想，要了解它在中國的變化，必須經由史大林、列寧，一直到馬克思思想本身，這就要涉及社會主義運動從西歐到蘇聯到中國的蛻變歷程，了解中國社會主義不從這個歷程着手，很難釐清它的本質。

在馬克思去世後的一百年中，他雖比近代任何一位思想家受到更多的批評與研究，但仍使一些專家感到要揭露他的眞正面貌是件極困難的事。據一生研究馬克思的麥克雷蘭的評論，馬氏的許多理論確實含糊不清，除了是因他的理論充滿矛盾之外，還有他的思想系統並未完成，再加上他死後曾留下大批未經整理的手稿，一九三〇年後這些手稿相繼出版，世人對馬克思思想的評價較之往昔已有顯著不同。

但是，馬克思的思想已經誤導了蘇聯和中國的革命。正因他理論本身的含糊，反而有利於列寧、史大林、毛澤東對辯證法、唯物論、階級鬥爭的一套做自由發揮和自由運用。他們與馬氏之間最重要的關連，是把他的思想變成羣眾運動的思想武裝。馬克思生前論及何時會發生革命問題時，他對那些不顧經濟社會環境的條件如何，一心想煽動革命的「革命幻想家」有相當嚴厲的批評，但革命還是在蘇聯、中國發生了，且取得政權，造成史無前例的恐怖統治。馬克思思想本是針對西歐資本主義社會的種種病態而發，原始的目的在尋求如何終止資本主義的暴虐和剝削，如今蘇聯和中國大陸的統治者卻成為兩個最大的暴虐和剝削的集團。馬克思當年對那些應用引申他理論的所謂「馬克思主義者」，就曾說過：「至於我自己，絕不是一名馬克思主義者。」假如馬克思能親身目睹今日蘇聯和中國大陸的情形，我們實不難想像他將會說些什麼！

馬克思思想作為解釋過去的工具，是有啟發性，尤其對人的意識與社會結構之間的深密關係，確具洞識。他最大的問題是以為憑藉一套哲學理論就足以改變世界，這不僅對哲學有莫大誤解，對理論與現實也有嚴重的混淆。理論對現實的作用只具有啟導性與可能性，並不具備必然性，馬克思對哲學使命的獨斷看法，除了訴諸暴力的方式，實無由達成。因此他對「革命幻想家」雖有批評，近代史上這種人物卻因他而起。馬克思那種天國式的社會主義理想，本不具實現性，因被那些革命幻想家利用來奪取政權，一旦得逞，所謂社會主義只不過是鞏固「新階段」的利益、消滅異己的工具，最後剩下來的只是一些依靠暴力的教條而已。現在中共政權就正處於如此境況。

由於中共曾靠社會主義這塊招牌在大陸獲得勝利，所以在可見的將來他不會主動放棄他的意識形態和教條，要使這個目標成為事實，必須靠外力促成。所謂外力除前文所說要形成一股批判社會主義的新思潮之外，最最重要的是能把臺灣建設成一個眞正自由民主的中國，單靠經濟生活的改善無濟於事，只有充分實行自由民主，才能使我們在精神、意識、觀念、方法上完全與中共不同，才能在意識型態的號召上居於優勢，並在國際上建立聲勢，這樣自然對中共形成強大壓力。這多年來，中共玩的統戰花招層出不窮，在這些花招裏，從未提及自由民主，由此可知他們最怕的是什麼，我們最應該努力的是什麼。

吉拉斯形容馬克思主義的沒落為「意識形態的黃昏」，我們也指出，社會主義在中國，真是一場歷史的夢魘。黃昏也好，夢魘也好，我們如不能切切實實的覺悟，認認真真的努力，創造歷史的新頁，它對中國的影響力不會自然消失。我們究竟是要創造歷史，還是成為歷史的罪人，現在恐怕已面臨最後的抉擇。

一九八五·五·十《中國論壇》

北大觀感

今年五月，我在北京大學校園逗留了十一天，湯一介教授送我兩本爲慶祝北大九十周年而出版的新書：《精神的魅力》、《北大校長與中國文化》，前者復活了北大旣輝煌又悲慘的歷史，後者凸顯了北大傳統中自由獨立的精神。

北大因「五四」而成爲民主堡壘，成爲新思潮的發源地，樹立了自由學風的光輝傳統，與師生們談起這個傳統，依舊津津樂道。老一輩的教師，回想文革期間所遭到的折磨與屈辱，雖心有餘悸，談起現實生活的困窘，雖不免抱怨，但對校園裏業已恢復的學術風氣，和教室裏的自由討論，已感到差強人意。

一位年過六十的教師，過去十年曾數度到國外講學，他有機會長留異國，但他還是回來了，一方面是因他已在這個環境裏生活了四十多年，另一方面他覺得在自己的國土上培育人才畢竟較有意義。年輕一代的想法就大不相同，目前他們學習外語的風氣很盛，總希望有一天能到國外去。學生告訴我，日本正向大陸徵選兩萬名勞工，父親鼓勵他去應徵，他拒絕了，問原因，他說考進北大很不容易，但他一位在中學教了十幾年物理的哥哥，卻應徵上了。我在上海華東師範大學，也有教師提起，近年因受了「開放搞活」的衝擊，研究生中途輟學的日漸增多。北大情況雖較好，如教師的待遇一直不能改善，大陸的教育勢必出現嚴重的危機。

我接觸過的學生，大都知道臺灣的經濟搞得好，其他方面的情形，就非常隔膜。聽完我的演講，夜晚有兩位政治系高班的學生來敲門，我向他們敍說臺灣的民主運動，一個說中國要搞民主，必須採由下而上的方式，爲此他正着手研究民國史上的地方自治，要我幫他找材料。我問他在現有制度下對大陸民主的前途是否有信心，他卻沉默不語。另一位曾參加去年的學生運動，結果回家被父親責罵。三、四十年來反反覆覆的運動，爲大陸帶來無盡的災難，老一輩大都不希望自己的孩子參與什麼運動，再度引起社會的動亂。由此看來，文革十年留下的陰影，將是未來大陸推展民主運動的一大阻力。

今年「五四」前夕，北大的文革遺物毛澤東塑像被搬走了，沒有人能告訴我是「爲什麼」？從學生一般的反應，使我感到對魅力領袖的崇拜，在這一代的知識青年中，依舊根深柢固；毛紀念堂前，每天都排着長龍的情景，更使我感到困惑。搬走毛像這件事，經由外電，已傳遍世界，在上海，卻根本沒有人知道，因大陸的傳播媒體沒有報導。今年「五四」北大爲慶祝九十周年校慶，全校師生舉辦的學術和文娛體育活動達九十項之多，這一天上海電視臺「歷史上的今天」這個節目，竟然不提「五四」！

蔡元培以來的北大校長，有不少是學界泰斗、傑出的知識份子，就我所知，今日最使北大師生懷念的校長，是「智者和勇者」馬寅初先生，一九五七年他把長期研究如何控制大陸人口的《新人口論》，正式提交人大會討論，卻遭到主張「人多好辦事」的毛澤東所反對，結果引起一場圍剿，馬氏反駁他們：「我雖年近八十，明知寡不敵眾，自當單身匹馬，出來應戰，直至戰死為止，決不向專以力壓服不以理說服的那種批判者們投降。」

也曾是北大教師的魯迅，他認為北大足以自豪的，是因：(1)北大是常為新的、改進的運動的先鋒；(2)北大是常與黑暗勢力抗戰的。但願北大師生能繼續發揚這種精神。

一九八八・九・十《中國論壇》

兩種社會，一個中國

——爲走向和平競爭和平統一提一點看法

近年來有許多知識份子都主張，今後海峽兩岸，應消除敵意，走向和平競爭，在目前似乎仍是一個可望不可及的理想。妨礙這個走向的因素，不祇是歷史的恩仇和四十年的隔閡，恩仇會因老一代的去世而自然消失，隔閡會因不斷交流而增加彼此的了解。比較嚴重的障礙，在我看來，恐怕是在兩岸的政府，都強調自己所實行的制度是好的，這種觀念如不能調整，縱然民間有再多的交流，對雙方的影響，都只能止於表層，基本的方向仍是各走各的路。這樣走下去，不要說和平競爭不可能，最後的統一，也很難由和平的方式來解決。

要走向和平競爭，至少在較高的層次上，雙方能建構起一個共許的目標。這個目標的建立，其消極的條件，是彼此都能承認自己所實行的制度並不完美，同時承認對方的制度並非一無是處；積極的條件，是找出這兩種不同制度所服膺的基本理念，而這兩種理念又都是值得我們今後全力以赴去追求的。關於前一個條件，我想並不需要去舉任何實例，每一個人祇要放棄空想，多少有一點實事求是的態度，便可承認。至於後一個條件，我認為臺灣這方面應該是「自由」，大陸那方面應該是「平等」，我說「應該」是因臺灣與大陸在制度設計上雖分別服膺這兩個不同的理念，事實上並未徹底執行，甚至常有違逆的現象。雖然如此，兩個社會所追求的主要目標和大方向，確是分屬於這兩個基本理念。

由自由理念所主導的社會，要求實現的，是人權、法治、民主、開放等一套內容。臺灣在過去四十年中，因現代法治始終未能樹立，因此被公之於世的人權記錄一直不佳，也是導致今日羣眾向公權力挑戰、社會秩序大壞的根本原因之一。民主方面，長期以來，只做到局部性的選舉，既達不到政治權力的重新分配，也無法影響政策的制訂與執行，反而在一次次的選舉過程中，嚴重暴露了認同的危機。儘管這些方面有許多缺點和問題，四十年來的臺灣，仍然創下了許多歷史的新記錄：人民生活水準普遍提高、經濟逐漸現代化、社會相當開放、教育普及，由於中產階級的形成，使傳統的政治文化，也有了徹底的轉變。總之，臺灣已走出「儒教之國」的傳統，開創了一個新的社會模式。假如能落實憲政，及早擺脫人治的體制，走上民主的大道，那麼生存在臺灣的這一代的中國人，將永遠被後世感念，也必將對大陸產生極為深遠的影響。

由平等理念所主導的社會，主要的重點是在改造經濟的結構，消滅幾千年來這方面的不平等，使經濟利益在分配上達到「平均主義」的目的。大陸在過去四十年中，除推行衆所週知的土改之外，還採取了農業、手工業、資本主義工商業等社會主義改造一連串的措施。文革後中共當局已公開承認，過去的社會主義建設是失敗的。失敗的原因，主要在高度集權，使權力結構始終難以穩定，必須不斷利用政治運動，進行權力鬥爭，以消除黨內外的反對勢力。其次是如剛去世的梁漱溟先生所指出的，毛澤東晚年「頭腦精神錯亂，顛倒瘋狂」，「在思想言論上過分強調階級鬥爭，更且以其不可抗阻的權威而厲行之，以致造成不少災難和罪惡」。因此中共的失敗，是因其體制不健全和人謀不臧。儘管如此，今日中共在大陸廣大的農村裏，解決了舊傳統貧富不均的現象，使多數農民都能吃飽，農民之外的各行各業，在公有制下，基本生活也都有相當保障，這是中國歷史上從來沒有做到的。如果孔子所說「不患寡而患不均」，代表儒家的低度理想，今天大陸大抵已達成。

假如以上所說不誤，進一步我要說的是：由自由理念和平等理念所建立的制度，都不能一併解決自由與平等的問題。自由制度的好處，我們都知道，但必須忍受經濟上的不平等，它祇能做到政治權利的平等，以及機會的均等。強調平等的制度，必須忍受專制集權的統治，並喪失人生許多基本的權利，但它重視自由制度中尚無法解決的經濟上的公正問題。

祇要雙方都承認自己的制度並不完美，我們這一代就有可能爲未來中國建構出包含這兩種基本理念，一套更合理的社會根本結構。一旦有了雙方共許的目標，不但使海峽兩邊和平競爭、和平統一成爲可能，也可使分裂四十年的民族大悲劇所付出的高昂代價，爲下一代的幸福，創造出新的條件。

一九八八・七・四《自立早報》

滄海叢刊已刊行書目(八)

書名	作者	類別
文學欣賞的靈魂	劉述先	西洋文學
西洋兒童文學史	葉詠琍	西洋文學
現代藝術哲學	孫旗譯	藝術
音樂人生	黃友棣	音樂
音樂與我	趙琴	音樂
音樂伴我遊	趙琴	音樂
爐邊閒話	李抱忱	音樂
琴臺碎語	黃友棣	音樂
音樂隨筆	趙琴	音樂
樂林蓽露	黃友棣	音樂
樂谷鳴泉	黃友棣	音樂
樂韻飄香	黃友棣	音樂
樂圃長春	黃友棣	音樂
色彩基礎	何耀宗	美術
水彩技巧與創作	劉其偉	美術
繪畫隨筆	陳景容	美術
素描的技法	陳景容	美術
人體工學與安全	劉其偉	美術
立體造形基本設計	張長傑	美術
工藝材料	李鈞棫	美術
石膏工藝	李鈞棫	美術
裝飾工藝	張長傑	美術
都市計劃概論	王紀鯤	建築
建築設計方法	陳政雄	建築
建築基本畫	陳榮美 楊麗黛	建築
建築鋼屋架結構設計	王萬雄	建築
中國的建築藝術	張紹載	建築
室內環境設計	李琬琬	建築
現代工藝概論	張長傑	雕刻
藤竹工	張長傑	雕刻
戲劇藝術之發展及其原理	趙如琳譯	戲劇
戲劇編寫法	方寸	戲劇
時代的經驗	汪琪 彭家發	新聞
大衆傳播的挑戰	石永貴	新聞
書法與心理	高尚仁	心理

滄海叢刊已刊行書目(七)

書名	作者	類別
印度文學歷代名著選(上)(下)	糜文開編譯	文學
寒山子研究	陳慧劍	文學
魯迅這個人	劉心皇	文學
孟學的現代意義	王支洪	文學
比較詩學	葉維廉	比較文學
結構主義與中國文學	周英雄	比較文學
主題學研究論文集	陳鵬翔主編	比較文學
中國小說比較研究	侯健	比較文學
現象學與文學批評	鄭樹森編	比較文學
記號詩學	古添洪	比較文學
中美文學因緣	鄭樹森編	比較文學
文學因緣	鄭樹森	比較文學
比較文學理論與實踐	張漢良	比較文學
韓非子析論	謝雲飛	中國文學
陶淵明評論	李辰冬	中國文學
中國文學論叢	錢穆	中國文學
文學新論	李辰冬	中國文學
離騷九歌九章淺釋	繆天華	中國文學
苕華詞與人間詞話述評	王宗樂	中國文學
杜甫作品繫年	李辰冬	中國文學
元曲六大家	應裕康 王忠林	中國文學
詩經研讀指導	裴普賢	中國文學
迦陵談詩二集	葉嘉瑩	中國文學
莊子及其文學	黃錦鋐	中國文學
歐陽修詩本義研究	裴普賢	中國文學
清眞詞研究	王支洪	中國文學
宋儒風範	董金裕	中國文學
紅樓夢的文學價值	羅盤	中國文學
四說論叢	羅盤	中國文學
中國文學鑑賞舉隅	黃慶萱 許家鸞	中國文學
牛李黨爭與唐代文學	傅錫壬	中國文學
增訂江皋集	吳俊升	中國文學
浮士德研究	李辰冬譯	西洋文學
蘇忍尼辛選集	劉安雲譯	西洋文學

滄海叢刊已刊行書目(六)

書名	作者	類別
卡薩爾斯之琴	葉石濤	文學
青囊夜燈	許振江	文學
我永遠年輕	唐文標	文學
分析文學	陳啓佑	文學
思想起	陌上塵	文學
心酸記	李喬	文學
離訣	林蒼鬱	文學
孤獨園	林蒼鬱	文學
托塔少年	林文欽編	文學
北美情逅	卜貴美	文學
女兵自傳	謝冰瑩	文學
抗戰日記	謝冰瑩	文學
我在日本	謝冰瑩	文學
給青年朋友的信(上)(下)	謝冰瑩	文學
冰瑩書柬	謝冰瑩	文學
孤寂中的廻響	洛夫	文學
火天使	趙衞民	文學
無塵的鏡子	張默	文學
大漢心聲	張起鈞	文學
回首叫雲飛起	羊令野	文學
康莊有待	向陽	文學
情愛與文學	周伯乃	文學
湍流偶拾	繆天華	文學
文學之旅	蕭傳文	文學
鼓瑟集	幼柏	文學
種子落地	葉海煙	文學
文學邊緣	周玉山	文學
大陸文藝新探	周玉山	文學
累廬聲氣集	姜超嶽	文學
實用文纂	姜超嶽	文學
林下生涯	姜超嶽	文學
材與不材之間	王邦雄	文學
人生小語(一)(二)	何秀煌	文學
兒童文學	葉詠琍	文學

滄海叢刋已刋行書目（五）

書名	作者	類別
中西文學關係研究	王潤華	文學
文開隨筆	糜文開	文學
知識之劍	陳鼎環	文學
野草詞	韋瀚章	文學
李韶歌詞集	李韶	文學
石頭的研究	戴天	文學
留不住的航渡	葉維廉	文學
三十年詩	葉維廉	文學
現代散文欣賞	鄭明娳	文學
現代文學評論	亞菁	文學
三十年代作家論	姜穆	文學
當代臺灣作家論	何欣	文學
藍天白雲集	梁容若	文學
見賢集	鄭彥棻	文學
思齊集	鄭彥棻	文學
寫作是藝術	張秀亞	文學
孟武自選文集	薩孟武	文學
小說創作論	羅盤	文學
細讀現代小說	張素貞	文學
往日旋律	幼柏	文學
城市筆記	巴斯	文學
歐羅巴的蘆笛	葉維廉	文學
一個中國的海	葉維廉	文學
山外有山	李英豪	文學
現實的探索	陳銘磻編	文學
金排附	鍾延豪	文學
放鷹	吳錦發	文學
黃巢殺人八百萬	宋澤萊	文學
燈下燈	蕭蕭	文學
陽關千唱	陳煌	文學
種籽	向陽	文學
泥土的香味	彭瑞金	文學
無緣廟	陳艷秋	文學
鄉事	林清玄	文學
余忠雄的春天	鍾鐵民	文學
吳煦斌小說集	吳煦斌	文學

滄海叢刊已刊行書目㈣

書名	作者	類別
歷史圈外	朱桂	歷史
中國人的故事	夏雨人	歷史
老臺灣	陳冠學	歷史
古史地理論叢	錢穆	歷史
秦漢史	錢穆	歷史
秦漢史論稿	刑義田	歷史
我這半生	毛振翔	歷史
三生有幸	吳相湘	傳記
弘一大師傳	陳慧劍	傳記
蘇曼殊大師新傳	劉心皇	傳記
當代佛門人物	陳慧劍	傳記
孤兒心影錄	張國柱	傳記
精忠岳飛傳	李安	傳記
八十憶雙親 師友雜憶 合刋	錢穆	傳記
困勉強狷八十年	陶百川	傳記
中國歷史精神	錢穆	史學
國史新論	錢穆	史學
與西方史家論中國史學	杜維運	史學
清代史學與史家	杜維運	史學
中國文字學	潘重規	語言
中國聲韻學	潘重規 陳紹棠	語言
文學與音律	謝雲飛	語言
還鄉夢的幻滅	賴景瑚	文學
葫蘆・再見	鄭明娳	文學
大地之歌	大地詩社	文學
青春	葉蟬貞	文學
比較文學的墾拓在臺灣	古添洪 陳慧樺 主編	文學
從比較神話到文學	古添洪 陳慧樺	文學
解構批評論集	廖炳惠	文學
牧場的情思	張媛媛	文學
萍踪憶語	賴景瑚	文學
讀書與生活	琦君	文學

滄海叢刊已刊行書目㈢

書名	作者	類別
不疑不懼	王洪鈞	教育
文化與教育	錢穆	教育
教育叢談	上官業佑	教育
印度文化十八篇	糜文開	社會
中華文化十二講	錢穆	社會
清代科舉	劉兆璸	社會
世界局勢與中國文化	錢穆	社會
國家論	薩孟武譯	社會
紅樓夢與中國舊家庭	薩孟武	社會
社會學與中國研究	蔡文輝	社會
我國社會的變遷與發展	朱岑樓主編	社會
開放的多元社會	楊國樞	社會
社會、文化和知識份子	葉啓政	社會
臺灣與美國社會問題	蔡文輝 蕭新煌 主編	社會
日本社會的結構	福武直 著 王世雄 譯	社會
三十年來我國人文及社會科學之回顧與展望		社會
財經文存	王作榮	經濟
財經時論	楊道淮	經濟
中國歷代政治得失	錢穆	政治
周禮的政治思想	周世輔 周文湘	政治
儒家政論衍義	薩孟武	政治
先秦政治思想史	梁啓超原著 賈馥茗標點	政治
當代中國與民主	周陽山	政治
中國現代軍事史	劉馥 著 梅寅生 譯	軍事
憲法論集	林紀東	法律
憲法論叢	鄭彥棻	法律
師友風義	鄭彥棻	歷史
黃帝	錢穆	歷史
歷史與人物	吳相湘	歷史
歷史與文化論叢	錢穆	歷史

滄海叢刊已刊行書目(二)

書名	作者	類別
語言哲學	劉福增	哲學
邏輯與設基法	劉福增	哲學
知識·邏輯·科學哲學	林正弘	哲學
中國管理哲學	曾仕强	哲學
老子的哲學	王邦雄	中國哲學
孔學漫談	余家菊	中國哲學
中庸誠的哲學	吳怡	中國哲學
哲學演講錄	吳怡	中國哲學
墨家的哲學方法	鐘友聯	中國哲學
韓非子的哲學	王邦雄	中國哲學
墨家哲學	蔡仁厚	中國哲學
知識、理性與生命	孫寶琛	中國哲學
逍遥的莊子	吳怡	中國哲學
中國哲學的生命和方法	吳怡	中國哲學
儒家與現代中國	韋政通	中國哲學
希臘哲學趣談	鄔昆如	西洋哲學
中世哲學趣談	鄔昆如	西洋哲學
近代哲學趣談	鄔昆如	西洋哲學
現代哲學趣談	鄔昆如	西洋哲學
現代哲學述評(一)	傅佩榮譯	西洋哲學
懷海德哲學	楊士毅	西洋哲學
思想的貧困	韋政通	思想
不以規矩不能成方圓	劉君燦	思想
佛學研究	周中一	佛學
佛學論著	周中一	佛學
現代佛學原理	鄭金德	佛學
禪話	周中一	佛學
天人之際	李杏邨	佛學
公案禪語	吳怡	佛學
佛教思想新論	楊惠南	佛學
禪學講話	芝峯法師譯	佛學
圓滿生命的實現(布施波羅蜜)	陳柏達	佛學
絶對與圓融	霍韜晦	佛學
佛學研究指南	關世謙譯	佛學
當代學人談佛教	楊惠南編	佛學

滄海叢刊已刊行書目(一)

書名	作者	類別
國父道德言論類輯	陳立夫	國父遺教
中國學術思想史論叢(一)(二)(三)(四)(五)(六)(七)(八)	錢穆	國學
現代中國學術論衡	錢穆	國學
兩漢經學今古文平議	錢穆	國學
朱子學提綱	錢穆	國學
先秦諸子繫年	錢穆	國學
先秦諸子論叢	唐端正	國學
先秦諸子論叢（續篇）	唐端正	國學
儒學傳統與文化創新	黃俊傑	國學
宋代理學三書隨劄	錢穆	國學
莊子纂箋	錢穆	國學
湖上閒思錄	錢穆	哲學
人生十論	錢穆	哲學
晚學盲言	錢穆	哲學
中國百位哲學家	黎建球	哲學
西洋百位哲學家	鄔昆如	哲學
現代存在思想家	項退結	哲學
比較哲學與文化(一)(二)	吳森	哲學
文化哲學講錄(一)(二)(三)(四)	鄔昆如	哲學
哲學淺論	張康譯	哲學
哲學十大問題	鄔昆如	哲學
哲學智慧的尋求	何秀煌	哲學
哲學的智慧與歷史的聰明	何秀煌	哲學
內心悅樂之源泉	吳經熊	哲學
從西方哲學到禪佛教 —「哲學與宗教」一集—	傅偉勳	哲學
批判的繼承與創造的發展 —「哲學與宗教」二集—	傅偉勳	哲學
愛的哲學	蘇昌美	哲學
是與非	張身華譯	哲學